評伝
ジョージ・ケナン
対ソ「封じ込め」の提唱者

John Lukacs
ジョン・ルカーチ
菅 英輝
［訳］

法政大学出版局

John Lukacs
George Kennan: A Study of Character

ステファニーの思い出とパメラの存在に

ジョージ・F. ケナン（1947 年撮影）

［出典：The Harris & Ewing Collection at the U.S. Library of Congress, Washington, DC］

目次

評伝　ジョージ・ケナン

――対ソ「封じ込め」の提唱者

凡例

一、本書は、John Lukacs, *George Kennan: A Study of Character*, New Haven and London: Yale University Press, 2007 の全訳である。
一、文中の（ ）および［ ］は原著者によるものである。
一、原文中の引用符は「 」で括り、大文字で記された文字等についても「 」で括った箇所がある。
一、原文中の（ ）および——で括られた箇所については、一部取り外して訳出した。
一、原文中でアンダーラインおよびイタリック体で記された箇所は、原則として傍点を付した。
一、文中に訳者が挿入した語句および簡単な訳註は〔 〕で示した。
一、引用文献中で邦訳のあるものは適宜参照したが、訳文はかならずしもそれに拠らない。
一、原著各章の節にあたる部分は単に番号で区切られているが、訳者のほうで適宜タイトルを附した。
一、原著は脚註方式をとっているが、本書では註番号を（1）というかたちで記し、巻末にまとめて掲載した。
一、邦訳の書誌情報はできる限り示した。複数の訳がある場合には原則として最新のものを優先した。
一、原著の明らかな間違いや体裁の不統一については、訳者の判断で整理した箇所がある。
一、索引は原著をもとに作成したが、一部訳者のほうで整理した部分がある。

1
孤独な青年時代

ケナン評伝の難しさ

ジョージ・ケナンは一九〇四年に生まれた。その年のアメリカの人口はおよそ八一〇〇万人だった。それから一〇一年後に彼が逝去したときの人口は、およそ二億八〇〇〇万人だった。人口増加にともない、国民も国も変わった。本書が刊行されるとき、大多数のアメリカ人は彼の名前を憶えていないのではないかと心配だ。だとすれば、それは残念なことである。彼は非凡な人であり、アメリカ人の国民性に見られる最善で最高の特性のいくつかを表象し、体現したからだ。それを証明するものが本書の内容を構成している。

ケナンの伝記をこれから執筆しようとする者にとっては、大きな困難が待ち構えている。彼は名士ではなかった。そのような存在ではさらさらなかった。彼がアメリカ政府の非常に重要なポストに就いていたのは、数年のことでしかなかった。ケナンの名前を認識できる人たちの数は少なくなってきているが、そうした人たちにとっても、彼の名前が記憶され、その重要性が理解されているのは、主として政府の要職にあったその数年間におこなったことゆえである。たしかに、一九四〇年代のおよそ三、四年のあいだに彼が残した業績は注目に値する。ケナンについて書かれた研究は、この期間に彼が果たした役割を扱っている。だが、この期間は、彼の人生のなかで短い束の間の部分を占めるにすぎない。この数年間に焦点を絞るのは間違っているし、不十分である。この点は、ケナンの伝記を書こうとする者が直面しなければならない問題だが、それは問題のひとつであるにすぎない。

いまここで、この非凡な人物が歩んだ人生の主要な軌跡について、かいつまんで話しておかなければならない。彼は、中西部に住む大多数のアメリカの上位中流階級《アッパー・ミドルクラス》の出身であるにすぎなかった。それなりにしっかりした家庭に生まれた子どもではあるが、人口の大きな割合を占める中産階級の人びとのなかでとくに目立った存在ではなかった。彼の家系には暗い雰囲気が漂っていた。ジョージ・フロスト・ケナンという名前のミドルネームであるフロスト（霜）という言葉そのものに冷たい感じがあり、彼はイニシァルとして以外は、このフロストをけっして使用しようとはしなかった。ケナンは生まれてまもなく母親に先立たれた。母の死は、彼の心を長いあいだ萎縮させることになった。父親の再婚は、子どもたちにはほとんど慰めにはならなかったし、いわんや幸せをもたらすこともなかった。若いころのジョージ・ケナンは内気で、真面目で、そのうえ引っ込み思案であった。そうした気質は生涯をとおして、彼の性格を特徴づけるものとなった。

ケナンはプリンストン大学に入学するが、学生時代はかなり貧乏で、しかもひどく孤独であった。彼の知的関心もはっきりしはじめる。設立されてまもない国務省外交局の採用試験を受け、欧州のいろいろな都市に配属される。若いノルウェイ出身の女性と結婚し、四人の子どもをもうける。ロシア語を学び、ロシア語に精通し、モスクワに赴任、まず第二次世界大戦が勃発する前、続いて第二次世界大戦の終わりの二年間をモスクワで過ごす。ロシアの膨張と共産主義の侵略の危険に対抗すべきだと主張し、それを文書にする。遅まきながら、ワシントンでは突如として、彼の声に耳を傾ける人たちが現われる。本国に呼び戻され、合衆国政府の最高位の部局で重要なポストを与えられる。ソ連を「封じ込める」ときがきたという趣旨の持論を、あらためて主張した論文を執筆。その論文は、彼の名声を高める主要な手段となり、今日にいたっている。その後、助言を求められる機会はますます少なくなり、職を辞することになる。

そのときのケナンは、長い人生のうち残り半分以上をこれから生きることになるなどとは思いもよらなかった。それは当然なことだ。五〇年ものあいだ知的にも活発な生活を送り、この間、病気に邪魔されたり、体を損ねたりしたこともなかった。ただ、自国のことについて不安に駆られていた。すばらしい、価値ある書物を著わしたが、その大半は歴史書である。そのなかには、六〇歳になった年に執筆した傑作である回顧録も含まれる。多くの人の尊敬を集めたが、彼に付き従う人の数は多くなかった。プリンストンに居を構えながら、妻とともに学究的な生活をひっそりと送った。徐々にではあるが、彼が筆を擱くようになるのは、齢一〇〇になろうとするころであった。一〇一歳一カ月と一日目に他界し、長寿をまっとうした。幸運なことに、大きな個人的危機や胸躍らせるような劇的な冒険によって中断されることもない人生であった。そのことは、伝記作家と称される人にとって、問題であるかもしれない。

しかし、まったく性質の異なる、計り知れないほど大きな問題、あるいは障害といってよい問題もある。それは、彼が書き残した資料が膨大なものになるという点だ。不足しているどころか、多すぎるのだ。内容も貧弱ではなく、含蓄に富む。分量も少ないのではなく、膨大である。けっして不十分なのではなく、おそらく無尽蔵といってもよい分量なのである。彼が書き残したものは、それほど膨大なのだ。彼は文章家であった。キボンはかつて、つぎのように書いた。「文字の使用は、文明人と知識もなく熟慮もできない野蛮な輩とを区別する最たるものである」。一八世紀にギボンがこう書いたとき、それはあらためて繰り返すのも嫌になるほど自明の理であった。しかし二〇〇年後には、物を書くというジョージ・ケナンの行為すなわち、彼による「文字の使用」は、この点の違いを除けば、ますます知識と省察を欠くようになっている多くの教養人たちと彼を区別する主たる特色となった。

二〇歳になったころ、この内気で孤独な若い学究は、ひとり自分自身のために物を書きはじめた。おそらくひとつの事例を除けば、プリンストン大学で教授に求められて書かなければならなかった論文に、とくに注目すべきものはなかった。多くの物書きの場合がそうであるように、ケナンの著述欲は読書欲、とくにイギリスの古典を読むという欲求と分かちがたく結びついていた。そのことはたいへん重要であったが、それだけではなかった。サマセット・モームはこう述べている。若者が「物を書きたいという創造的な欲求を持っている自分を発見することは、……性の起源と同様に不可解な神秘である」。私にはそうは思えない。つまるところ、物を書くという行為は自己表現の一形態なのだ。T・S・エリオットはこの点をよく理解していた。彼はつぎのように述べている。物を書く動機というのは、自分の脳裏から離れないものを意識的かつ明瞭に表現することによって、それを克服したいという欲求である。この点は、八〇年間をとおしてジョージ・ケナンに当てはまることであった。彼は自分の考えをはっきりさせるために物を書いた。そして、ときたま彼がそう望んだときには、他人が頭の整理ができるように物を書くこともあった。彼はそうした欲求の源泉、すなわち執筆の目的というより動機を分析することもなかったし、知ろうとしてもおそらくわからなかっただろう。彼は自分だけでなく、他人の精神分析をしたいという欲求など持ち合わせていなかった。

しかしケナンは、日記、手紙、旅行日誌、自分のための覚書を書き続けた。繰り返すが、八〇年ものあいだ筆を執り続けたのだ。彼の伝記を執筆する者にとって、このことは途方もない問題を提起する。論文、著書、それを上回る未刊行物や往復書簡は、とてつもない分量にのぼる。歴史家や伝記作家たちは通常、これとは逆の障害と苦闘する。もっと資料がないか、と願う。ジョージ・ケナンの場合、史資料が多すぎるのだ。伝記はさまざまな理由で、作家だけでなく読者も惹きつける。そのため、われわれはいまや、伝記というものが隆盛を極める芸術のひとつの形式（そして、おそらく唯一の芸術の形式）であるような時代に生きている。その結果、伝記作家たちは、百科事典的なものを書こうとする傾向がある。彼らは扱う対象について余すところのない、ほぼ網羅的な伝記を書こうとする。しかしケナンが残したものは、あまりにも膨大な量にのぼるだけでなく、しばしば、あまりにも含蓄に富んでいる。研究者やこれから作家になろうとする人たちは通例、公文書館に埋もれている何百ページもの文書や原稿を読みまくるという、うんざりするほどの、そしてしばしば困難な仕事に直面する。そのなかから、何かを立証したり例証したりする数行の文章を抜粋する作業をおこなう。だがケナンの著作には、あまりにもすぐれた文体で表現された、啓発的な文章が含まれているため、論評を志す人たちは、そうした文章を言い換えたり、それに改善を加えたりすることはほとんどできないか、まったくもって不可能である。

ジョージ・ケナンは文章がうまく、しかも明晰に書くことができるとわかっていた。彼は自分がひときわ優れた、偉大だともいえる作家であると知っていただろうか。私にはそうは思えない。彼はしばしば自分だけのために、ときには友人たちのために物を書かなければならなかった。著名な作家になりたいとは思っていなかった。彼は生涯のうちで一、二度、自らが崇拝するアントン・チェーホフの本格的伝記を執筆したいと思ったことがある。その場合でも、チェーホフの権威ある伝記作家になりたいと思ったからではない。彼はときおり日記を付けているということを、家族も含めてほとんど誰にも明かさなかった。ときどき、家族や友人たちに宛てた手紙に日記の一部を使用することはあった。彼は、そうしたやり方が変だとは思わなかった。旅行記のいくつかを集めて出版するよう友人が強く勧めても、そのことに乗り気ではなかった。だがその後、一九八九年に『人生からのスケッチ』(*Sketches from a Life*)という、いくぶんよそよそしい題名の本を出版した。もしそれが問題だとすればの話だが、最後にもうひとつの問題について触れておく。将来、ジョージ・ケナンの伝記を執筆したり研究しようとする人で、彼の人生の精神状況や内面の苦悩を知りたいと思う人は、書きためられた彼の著作のすべてに目をとおしても、こうしたことについてほとんど知ることはできないだろう。それは、ある種フロイト的な意味での抑圧の結果ではない。たんに自己に対するケナンの正直で、しばしば厳格な慎み深さのせいばかりでもない。そうした慎み深さは、陰鬱な気分や絶望感に陥らないように彼を守ってくれるわけではなかった。その程度のことは、われわれにもわかる。しかし、彼の関心、しかも非常にしばしば深遠で洞察力に富んだ関心は、潜在意識に向けられたものではなく、意識的な思考に向けられたものであった。自分自身の思考および他人の思考のなかに、彼が見たものへの関心であった。意識的な思考の働きとその証左、それがもたらす複雑さと諸問題は、豊かで広範に及び、奥が深く、彼にとってはそれで十分であった。ケナンをこれから研究する人や彼の伝記を執筆しようとする人たちにとっても、そのはずである。

以上述べてきたことから、どういうことが言えるのだろうか。それは、後世の米国民にとって、作家であり思想家でもあるケナンは、政治的な意見を述べるケナンよりもはるかに重要であり、そうであるはずだということだ。アメリカについて語るケナンは、ロシアについて語るケナンよりもはるかに重要で風雪に耐えられる。歴史家であり評論家でもあるケナンは、政治家としてのケナンよりもはるかに価値あるものを残してくれている。しばしば控えめで、自らについても確信を持てないでいたが、彼の性格はヘンリー・アダムズのそれ以上に揺るぎなく、また人の興味を引く。彼は作家としても、そして思想家としても、アダムズよりすぐれていた。彼が残した業績の質の高さは主として、彼の知性や性格、それに自己の才能の意識的な活用によるものである。そこでつぎに、ジョージ・ケナンの性格がいつ、どのように形成され、固まっていったのかについて目を向けなければならない。

祖先から受け継いだもの

繰り返し語られ、書かれ、言明されてきたことがある。アメリカ人は独立独行の人というのがそれである。それはおおかた真実であろうが、それだけでは十分ではない。それには無視できない例外が存在したからだ（現在もそうした例外は存在すると思われる。それが無視できないのは、そうした例外的なアメリカ人もまた、ほかに劣らずアメリカ的だからだ）。独立独行の人とは、その人の人生、経歴、業績が、その祖先、家系、社会的来歴によって決定されないか、少なくとも、ほとんど影響されない人のことである。それゆえに、独立独行の人の業績は主に、その人が自らの意思で放棄するか拒絶したものの結果を示すものである。古典的なアメリカの事例はベンジャミン・フランクリンで、彼は私的な自我というよりむしろ公的な自我を持った、アメリカ史上最高の広報マンである。

ジョージ・ケナンはもっと違っていた（両者の違いは際立っていた）。彼は心底から私的なアメリカ人で、祖先を尊敬し崇拝していた。それ以上に、彼の性格に生まれつき備わっている特色は、祖先によって形成された。九〇歳を過ぎて以来、彼はケナン家の系図を完成させるという目的を超えて、ケナン家の歴史にますます大きな関心を示すようになった。こうしたことは、家系に関心を持つ父親が、ある年齢に達すると心を刺激され、しばしば起こることである。ほかの人と違ったのは、ジョージ・ケナンは九〇歳の終わりにさしかかって、進んでそうした仕事に取りかかることになった点だ。それは広範な調査、読書、そして旅までともなうもので、多くの経費と努力を要した。その結果、彼は九七歳になって注目に値する著書を完成させた。この本の構成内容と執筆スタイルは、この年齢になっても、知的な衰えの兆候がまったくないことを示している。

『アメリカの家族――ケナン家、最初の三世代』(*An American Family: The Kennans, the First Three Generations*, New York: W. W. Norton, 2000) は簡潔で哀愁を帯びている。ケナン家の人びとは、スコットランドのダンフリーズ出身である。ジェームズ・ケナンは一七二〇年ごろアメリカに移住し、ニューイングランドの女性と結婚した。本書のここでの目的は、ジョージ・ケナンの場合もそうであったように、日付と名前を探す必要がある場合を除いて、系図調べにあるのではない。その意図は、驚くほど途切れのない系譜に注意を喚起することである。ケナン家はスコットランド人の血を引き、宗派は長老派教会である。全員が小さな町で農業に従事した。トーマス・ケナンもそのひとりで、彼は長老派教会の牧師として奉職したが、妻の死後は農業に復帰した。(ジョージ・ケナンの著書の記述はトーマスで終わっている。) 世代と生活の場が移り変わるなか、彼らはしだいにニューイングランド、つぎにニューヨーク州北部、そしてウィスコンシンと、西に移動した。ジョージ・ケナンの祖父にあたる(1)トーマスは、ウィスコンシンでケナン家としては初の専門職業に就いた。市民としての名望もある弁護士となった祖父のことを、ケナンは子ども心に憶えていた。

本書はケナンに関する包括的伝記ではなく、ジョージ・ケナンという人物についての伝記風の研究を意図しているので大まかにならざるをえないが、彼が祖先から明らかに受け継いだと思われる四つの特徴に目を向けてみたい。そのひとつは、身体的な類似点である。淡青色の目、意思の強そうな口元、自己抑制的な寡黙さ（おそらく、不安や怒りといった感情を抑えるということも含めて）、そして広い印象的な前頭部。第二の特徴は、自分自身や家族の誇りである。より正確にいうと、ジョージ・ケナンが生涯をとおして持ち続けた自立心である。ケナンについて書いている人たちが強調するのは、一九四〇年代末の「賢人」(2) のなかで、同僚や友人たちのような、世故にたけた、裕福な、洗練された育ちの良さを欠いていたため、彼が引っ込み思案であったという点だ。こうした評価は、不十分で誇張されていると思う。彼は内気だったが、それは感情を押し殺していたからではなく、彼の人柄によるものだ。彼が控えめだったのは、劣等感によるのではなく、他人に左右されない彼の自尊心のゆえであった。

第三の特徴は、彼の家族史のなかでふたたび繰り返されていることだが、彼自身、少し誇張しながらも、祖先の美徳の源泉をニューイングランドに求めている点だ。なるほど、ケナン家はニューイングランド人の大多数を代表していないわけではない。彼らは西に移動し、アメリカ中西部でのちに州、町、コミュニティとなった地域に定住した。しかし彼らの子孫は、その後長いあいだニューイングランド人であり続けただろうか。ニューイングランドの風習や伝統の痕跡は残ったが、それらはまた変化し、変貌し、捨てられさえした。この点で、ジョージ・ケナンは、ニューイングランド的要素を誇張していると思う。彼の知性、気質、閃き、帰属の真の源泉はそれよりもはるかに広く、深い。国務省外交局を退職後、ケナンはその気になればプリンストン大学ではなく、ハーヴァード大学に職を得ることができたであろう。しかし彼は、けっして典型的なボストン人になりたいとは思わなかっただろう。なるほど、ニューイングランドの起源を遠くさかのぼれば、それはスコットランド的で英国的である。ジョージ・ケナンの身体的特徴（ときには知的な特徴でさえも）と閃き（こちらがより重要であるが）は、北方的であるが、また同時にヨーロッパ的でもある。すなわち、それはスコットランド的、英国的、あるいはボストン的である以上に広い何かである。ケナンは鋭敏な二〇世紀初頭のフランスの小説家（ヴァレリー・ラルボーだったのではないかと思う）が、かつて「北方へのノスタルジア」（la nostalgie du Nord）と表現したものを持っていた。この言葉の英語訳は正確ではあるが、なんとなく言い尽くせないものが残る。

祖先から継承したと思われる第四の特徴は、彼の祖先の多くに典型的なものではないかもしれないが、それでもジョージ・ケナンの人となりを構成する決定的な要素である。それは女性的ともいえる、非常に細やかな感受性である。男性的というより、明らかに女性的である。それは非常にしばしば実直で、ときおり融通性に欠けるが、青臭さの残る男らしさと矛盾することなく、調和を保ちながら共存していた。彼の執筆した家族史においては、男性、つまり夫と父親の歴史に対象を限定しているが、しばしば立ち止まっては、彼らと結婚し子どもを生んだ女性たちに賛辞を送っている。ケナンは、日常の家庭生活における立派な功績以上の美徳を彼女たちに見いだしている。彼の全生涯をとおして、多くの男性に対する以上に敬意と賞賛を惜しまなかった女性たちが幾人かいた。

家族関係とケナンの性格形成

ジョージ・ケナンの誕生日は一九〇四年二月一六日だが、生まれて二カ月後、母親が他界した。父親は元教師の女性と再婚したが、彼女は神経質で冷淡であり、ケナンと姉妹にとっては良き継母ではなかった。要するに、ジョージ・ケナンの幼少期は幸せではなかった。

すでにみてきたように、彼の父方の祖父はケナン家で初の著名人であった。トーマスの息子でケナンの父であるコシュート・ケント・ケナンは一八五二年に生まれた。それほど著名でも、成功したわけでもなかったが、自分の父親よりも学があった。ドイツ語とフランス語を習得し、バッハからワグナー、シュトラウスにいたるまで、ドイツ音楽に熱中した。ケナン家で初めてミルウォーキーで生まれた。ミルウォーキーは当時、ドイツ系と民主主義の影響の強い新興都市であった。アメリカ史における逸話ゆえに、コシュートという彼のファーストネームは一風変わっていた。ハンガリー革命および一八四八~四九年の独立戦争の指導者で、ロマンティックな英雄ラヨース・コシュートは、一八五一年に政治家たちの後押しのもと、鳴り物入りで慌ただしく合衆国を訪問し、多くの群集を魅了した。ヨーロッパ人としては、年老いたラファイエット侯爵が一八二四年に訪米して以来の歓迎ぶりであり、それゆえ彼の訪米は売り込みがなされた。その華やかな（しかしやがて消え去ることになる）英雄崇拝が、トーマス・ラスロップ・ケナンにとって、息子をコシュートと名づける原因となったに違いない。彼の孫にあたるケナンは、その名前を嫌うことになった。その理由はおそらく、その後ヨーロッパ史への造詣を深めるにつれ、ジョージ・ケナンが、コシュートやジュゼッペ・ガリバルディといったロマンティックで大衆受けのする革命家を好きになれなかったからだろう。

　ジョージは一人息子だった。だが、父親の存在は、温かみに欠ける継母から受ける心の傷みを埋め合わせるものではなかった。知的な意味での埋め合わせはあったかもしれない。ケナンの父は立派な蔵書を有していた。なかでも、彼の父はまた、たいていは仕事であったが、しばしば欧州に旅した。（彼は比較税制に関する著名な専門家であった。）一九一二年、彼は税制を研究するために、数カ月間、家族全員をドイツのカッセルに連れていった。この旅は、早くから欧州に興味を持ち、語学の才能もあったジョージに決定的な影響を及ぼした。受容力のある多感な年齢のときに、彼は、ドイツ語を短期間でかなりの程度習得した。しかし、父親とはそれほど親しい間柄ではなかった[3]。

　ジョージの父と継母とのあいだに生まれた息子がいた。名前はケントといった。継母は継子たちをそっちのけにして、ケントをかわいがった。ジョージは、このことで心を痛めることはなかった。彼は生涯をとおして、異母兄弟であるケントと親愛なる関係を維持した。（ケントは真面目な音楽学者で孤独な人であったが、ジョージよりわずか数年早く他界した。）ジョージにとって、情緒的、感情的、知的な埋め合わせは、容易にしかもありきたりではない暖かさでもって、彼の姉たちが与えてくれた。ジャネット、コンスタンス、フランセス三姉妹のうち、とくにジャネットから与えられた。ケナンは生涯をとおして、ジャネットに長い手紙を書き続けた。若き三姉妹たちはお互いまったく異なっていた。フランセスは反逆者で、継母と袂を分かち女優の道を歩み、アラスカからニューヨークにいたる全米各地を転々として、ボヘミアン的な生活を送った。ジョージ・ケナンがフランセスを愛し、彼女の反逆者的な自立心を慨嘆するのではなく尊敬したことは、彼の自立心、すなわち自らが抱く確たる信念と原則の上に超然と聳え立つ、あのまれに見る、驚嘆すべき自立心の兆しなのかもしれない。継母から得られなかった必要な愛情以上の何かを彼が得たのは、姉たちからであり、彼女らの存在ゆえであるというのは憶測ではない。また、ジョージ・ケナンの一見（しかし、まさに一見したところということでしかない）率直で厳格に見える性格のなかに人を魅了する二重性のひとつとして、女性的な繊細な気質を示す傾向が認められるが、この点も姉たちに負うところが大きい。

『回顧録』の第一巻のなかで、ケナンは子ども時代や幼年期、つまり彼の人格形成期の大半の時期のことについて、ほとんど触れていない。第一巻は「一九二五～一九五〇年」という副題が付されていることが、多くを物語っている。このことは、彼の自伝が、大学卒業後の二一歳のときから本格的に始まっていることを示している。彼は一七歳までの時期にわずか六ページを割いているにすぎない。だが、ケナンは頭の回転が速く、想像力も豊かであった。そして、彼の性格の多くもまた、一八歳でプリンストン大学に入学する以前に形成されている。自分の性格のことについて、ごく手短だが気持ちを込めて記述している。ケナンは回顧録の読者に、二つの困難について語っている。ひとつは単純に、人は昔のことを多くは記憶していないということ、もうひとつは、「人は森のなかを提灯片手に通るようなものである。目前の道はほんの少し先まで照らし出されているにすぎないし、すぐ背後の道もほんの少し明りがあるだけである」。しかし、それ以上は暗くて見えない。これが彼の本音だとは、かならずしも思えない。むしろ、少年期のことを多く語ることで読者を退屈させたくないのだと思う。多くを語らない理由は、不幸せな子どものころの記憶を思い出さないようにしたいからだとも思えない。むしろそれは、自伝についての彼自身の考えに合致することなのである。すなわち、自伝の本質とは、読者が知るべき事柄を伝えるという目的のために、おそらくみずからの専門職の経験を縷々語ること以上に、そこから学んだことを語ることである（というのは、彼は本来作家であると同時に教師でもあるからだ）。そう考えると、『回顧録』第一巻のなかでの記述の奇妙な配分割合の説明がつく。ケナンは人生の最初の一七年間に六ページ、一九〇四～四四年までの最初の四〇年間に二〇〇ページ足らず、そして、その後の一九四四～五〇年までの時期に四〇〇ページもの分量を割いている。

しかし、青少年期に関する数ページの記述には、彼の性格のひとつの重要な特徴について、思いがけなくも何かを学ぶにほぼ十分なものが含まれている。青少年期のことについてほとんど記憶していないという、少々大げさな言い訳をしたあとに、つぎのような示唆的な文章が続く。「青少年時代の自分を語ろうとするには、もうひとつの困難がある。おそらく多くの人びとの場合と比べても、私の青春の意識のなかでは、外的現実と内的現実との境界がはっきりしなかった。のちに年齢を重ねるにつれて弱まってはきたが、とくに少年期の私は、自分自身の特異な秘密の世界のなかに閉じこもっていた。その世界は他の人びととはほとんど共通点がなく、また他から認められそうもないものであった」。その後に、彼の鋭敏な想像力を示す記述が続く。それは、信仰というより想像力、認識と切り離すことのできないある種の想像力といったほうがよいだろう。たとえば、町の公園に住む妖精やその他の神秘的な生き物について語られる。この記述がなければ非常に短い章になるはずのところで、ほぼ二ページを割いて記述する必要があると感じたことは、たいへん示唆的である。それは、彼をよく知っている人以外は理解できない何かを明らかにしている。そしてそれは、彼の精神のなかにある詩心の面（単なる詩心以上のもので、彼の精神の詩的要素を成すものであるかもしれない）を示すものである。それは洞察力のある読者であれば、彼の政治や歴史に関する記述における、もっとも直截的で具体的な事例のなかから垣間見ることができるだろう。

「痩せて緊張した、内向的なプリンストン時代の学生」、と自分のことを表現するずっと前に、彼の自立心と反抗的性格を示す多くの兆候を見てとることができる。たとえば、「土曜日の午後のブーニックのダンス教室に出席させられると、そのことに腹を立て座り込みのストライキを決めこんだり」した。そうした行動はほかの機会にもしばしば見られた。彼はセント・ジョンという名の「薄汚い陸軍士官学校(4)」が大嫌いだったが、父親と継母に通うように強いられた。士官学校での学業成績は芳しいものではなかった。親しい友人も少なかった（もっとも、卒業記念アルバムには、「クラスの詩人」と記されていた）。より重要なことは、士官学校の校長がジョージ・ケナンの才能を認めていたことだ。(ジョージの父親以上に)校長の助言と指導もあって、彼はプリンストン大学への入学に応募した。そのため、愛する姉のジャネットは、彼の入試の勉強の手伝いをした。

ケナンの家族と彼の精神の形成について、もうひと言触れておきたい。彼と父親との関係は緊密ではなかったが、ジョージは父親を尊敬し愛していた。実際、彼は父親の性格について憂いに沈んだ洞察をおこなっている。彼にとってみれば、典型的なヴィクトリア風の性格の持ち主だったのは、父親ではなく祖父であった。祖父は町で初めて功を成した名士で、「ヴィクトリア時代特有のマンネリズムや気取りを身につけ、それに非常な喜びを覚えた人であった。父親もまたそれを真似たが、似つかわしくなかった」(5)。この文章は大いに示唆に富む。なかでも、ジョージ・ケナンも父親も、ともにヴィクトリア気質のアメリカ人ではなかったということだ。ケナンはときおり、一八世紀の遠い祖先に見られた厳格な資質を理想的とみなした。だが他方で、彼はしばしば、二〇世紀に生きる宿命を負っていると語ったり考えたりした。ジョージ・ケナンが受け継いだもの(よくはわからないが、おそらく母方から受け継いだもの)は、ロマンティックな想像力である。それはときおり、彼を明晰な暗い予感へと導いた。それは、彼をよく知っている人たちが見たり承知したりしている独特の気質である。しかし、この気質は理性とは反対の、もしくは理性に反抗するような、感情の持つ二重性といった、エマーソン的な(もしくはボストン的な)ものではなかった。それはむしろパスカル的なものので、理由は存在するものの、理性が知りえない理由を心も持っているというのが、彼の理解だった。

どうしても取り上げる必要のある、もうひとつの重要な家族関係というのがある。ジョージ・ケナンの祖父には、ジョージ・ケナンという同名の従兄弟がいた。彼はジョージの父より六歳年上であった。このジョージ・ケナンなる人物は、アメリカでもっとも偉大な最高のロシア研究者、学者、作家であった。彼は、一九二三年までミルウォーキーではなく、ニューヨーク北部で暮らした。ある日、ジョージと父親は彼を訪ねた。彼の継母は、この訪問を心地よく思わなかったようだが、そのことは、ここではたいして重要ではない。重要なのは、このたびの訪問、この年老いた人物の語る声と話、そしてその家に飾られたロシアのお土産や工芸品は、この若き訪問者に非常に強い印象を与えたということだ。偶然にも、それから一〇年以上も後に、彼自身の生活と仕事もロシアと関係することになった。ギルバート・チェスタートンはかつて、「偶然とは、正確には言い表わせない神様の地口のようなものだ」と書いた。この金言は、驚くべき正確さでこの二人のジョージ・ケナンに当てはまる(6)。ここでは、若きジョージ・ケナンの言葉を引用するのが最適だ。「老ジョージ・ケナンには子どもがなかった。私は自分の父からは、その長所よりも短所の多くを受け継いだという意味で申し分のない息子だと認めており、その父の思い出を大事にしているが、その私は同時に、卓越した尊敬すべき同名の人物の仕事を、私の力の限り立派に推進するという不思議な運命に結びつけられていたと感じる」。そしてそれは、やがて現実のものとなった。

プリンストンでの大学生活

一九二一年九月にジョージ・ケナンがプリンストンに到着したとき、一七歳の少年の性格はおおむね形成されていた。四年後にプリンストンを後にするときの彼は、入学のときと大きな違いは認められない。このことは、彼のプリンストンでの四年間が無駄だったというのではなく、同年代の多くの若者の人生と比べると、性格形成にそれほど影響を与えなかったという意味である。

ケナンは、プリンストンでは幸せではなかった。彼はすぐにそのことに気づいた。「私はどうにもならない粗野な中西部人だった」。他人の目にはそう映ったかもしれない。他人の目にどう映ったと彼が思ったか、といったほうがよいかもしれない。とにかく、ケナンはそうした印象を否定するのに別にためらいはなかった。彼はプリンストンに他の学生より少し遅れて到着し、クラスの最年少であった。寄宿舎はかなりみすぼらしいと感じた。運のよいクラスメートたちが住んでいる大学の構内からは遠く離れ、人づき合いも少なくてすむ場所にあった。新学年も終わりにさしかかるころ、悲しい体験が待っていた。彼は、クリスマスに家に帰る汽車賃を父に無心しないことにした。プリンストンへの入学が父に負担をかけすぎていると思う、なんらかの理由でもあったのだろうか。それはわからない。お金を稼ぐために、一二月中旬、市街電車に乗ってトレントンに出かけ、郵便配達人としてアルバイトをすることにした。雪の降る寒い日だったが、初仕事の途中、凍った路上で転んでしまった。順番に揃えてあった郵便袋の手紙が歩道や路上に散らばった。その手紙を拾い集め、すっかり目茶目茶になった配達先を探すという、どうしようもない作業をする羽目になった。そうした一二月の夜、クリスマスのために学生たちが帰省した人影のないプリンストンの寄宿舎にトレントンから戻る夜というのは、彼にとってどんなにみじめに感じられたことだろう。クリスマス・イヴまでには、彼もミルウォーキーまでの普通列車の乗車賃二八ドルを手に入れた。かくして彼は、クリスマスの日に、埃をかぶった列車で、ほかに乗客とてないなか、家路についたのだと想像される。帰宅したケナンは猩紅熱で倒れた。姉妹たちは、感染を心配して家から出されてしまったため、彼女たちの慰めも世話もない状態で、ミルウォーキーの陰気な家の三階の部屋に隔離された。プリンストンには復活祭のころまで戻らなかった。一学期間休んだことになる。

　その後、事態は良くはなったが、それでも目立って好転したわけではない。伝統あるダイニング・クラブへの入会の誘いもなかった。(7) プリンストンでは下層の「のけ者」のひとりであった。口数が少なく孤独で、友人もほとんどいなかった。友人といえば、従弟である、カンザス州出身のカトリック教徒のインテリ（バーナード・ガフラー）で、彼との友情は長いあいだ続いた。もうひとりはミソロンギスという名の貧乏学生であった。ミソロンギスとジョージは、おそらくより裕福な旧友たちに倣ってのことだと思われるが、三年生の夏を欧州で過ごすことにした。二人は貨物船で出発した。友人同士ではあったが、二人は必ずしも共通の関心を持っていたわけではなかった。ジョージ・ケナンのほうがより真面目で、かなりの時間をロンドンで過ごした（このとき彼は弁護士になることを考えていた）。二人とも無一文同然の状態であり、イタリア船籍の汽船の安チケットを探すことにして、この大旅行をジェノヴァで終えた。ここでジョージ・ケナンはアメーバ赤痢に感染した。三年間で二度目の深刻な病気であった。彼はその翌年に卒業した。

教授陣のなかでケナンに強い印象を与えた教官はいなかったようだ。このことは、彼が大学四年間の在学中に知力を養わなかったというのではない。彼は単に多くの文献を読むことを要求されただけでなく、とくに英文学に関する読書に熱中した。このことと関連して、ケナンが『回顧録』のなかで述べている注目すべきエピソードがある。猩紅熱にかかって数カ月後に、授業に復帰したときのことだ。彼は英語の必修科目のひとつを、主に反抗心から、サボった。若い教官（その名前をいまでは思い出せない）は彼を呼び出して論じたが、それは「単刀直入ではあっても、不親切ではなかった」。その結果起きたことについて、彼はつぎのように記している。「私は、あのころの年の人間にありがちな意地から、アメリカの大学の英語教育の欠陥をテーマにした一文を書いて教官の親切に報いた。この文章が最高点の評価を付して返却されたとき、私は寛大と自制という忘れえない教訓を教えられたのであった。……そのころ私がどんな状態だったかを述べるのは容易ではない。……私は個人的にも気持ち的にも、自分をごくありふれた弱さと情熱に悩まされている、ごく当たり前の若者だったと思っている。夢想家で、意志薄弱で、対人関係ではいくらか意気地なしのところがあった。……私の最大の財産といえば、適度な明断さと開放性を備えた知性であった。それは、放っておかれればだらしなく、引っ込み思案だが、挑戦を受ければ、猛烈に活気づいてくる性格のものだった。……当時の教育上の伝統からいえば、プリンストンはこの知性を精いっぱい鍛えてくれた」(8)。

この正直な回想に関してひとつだけ断っておくと、ケナンは「意思の弱い」人間ではない。自立的に物事を考えることで得られた適度の自尊心のおかげで、彼は「どうにもならない粗野な中西部人」

であるという劣等感を抑えることができた。洗練された上級生（かりにそういうものがあったとして）を模倣したり、彼らを見習いたいと願ったという様子はない。たしかに、ここにやってくる前には、プリンストンについてロマンティックな夢をいくぶんか抱いていた。ケナンは、ミルウォーキーでの最後の年にスコット・フィッツジェラルドの『楽園のこちら側』（*This Side of Paradise*）という作品を読んでいた。この小説が、彼にかなり深い影響を与えていたことを忘れてはいなかった。たしかに、彼はその繊細な感受性ゆえに、ヘミングウェイよりもはるかにフィッツジェラルドの愛読者であり崇拝者であった。(9) しかし生涯をとおして、富者や強者と完全に対等であると認められたいとか、富や俗っぽさに対する憧れを示したことは一度もない。反面、彼が見せる気乗り薄な態度は、少なくともときおりは、誇張されていた。(10) 全米に散らばる多数の知的な西部の若者にとって、おそらくアメリカ東部の都市が放つ魅惑的な華やかさは憧憬や憧れの的であったが、彼らの頭のなか（や心のなか）に一九二〇年代にしばしばあった何かを、ケナンも持っていた。それは若いころのイヴリン・ウォーが抱いたような、イギリス人の社会的な願望のアメリカ版の類である。だが、そうしたアメリカの若者の願望は、社会的なものというよりむしろ知的（かつ音楽的）なものであった。そして一九二〇年代のプリンストンは、イチゴとシャンパンで卒業生を送る同年代のオックスフォードとは違っていたが、それはそれでケナンにとっても、結構なことであった。しかし、彼はプリンストンでは最後まで孤独だったし、反抗的でさえあった。セレモニーというのは皮相的で欺瞞的だと考えていた。「自分が大学を卒業したとき強くそう感じたので、卒業証書の授与式を除いて、卒業に関するセレモニーはすべて欠席した[11]」。

2 国務省外交局の時代

外交官試験を経て在外勤務へ

ジョージ・ケナンは二一歳でプリンストン大学を卒業した。級友たちの大半よりも若かった。成績は普通であった。（成績がもっとも良かったのは歴史の分野であった。）彼は何を志望したらよいのか、どのような分野の仕事に就いたらよいのかまったくわからなかった。クラスの卒業記念アルバムの将来の職業欄には「未定」とある。彼は法科大学院に行くことを考えていたが、そうした衝動は萎えた。法科大学院は費用がかかりすぎると考えた節《ふし》がある。だが、彼には、おそらく生涯で初めて、ほどほどの金銭的余裕が生まれた。母親の遺産をいくばくか手にしたからだ。卒業後ただちに、ボストンとジョージア州のサヴァンナ間を往復する沿岸定期船の海員として夏のアルバイトを始めた。すこしばかりの収入を得たが、戸外の仕事と海辺の空気は彼の健康には大いに役立った。彼はこの仕事を始める前に、外交官試験を受けてみる決心をしていた。

時機も良かった。一九二五年に外交局は、将来性のある職業として、かなりの数のアメリカの若者の関心を集めはじめた。一九二四年に待望のアメリカ外交局が創設された。いわゆるロジャーズ法の成立によって、従来ばらばらで、しかも政治化されていた外交部門と領事部門が統合され、名称を新たにした外交局が専門職（採用試験も含む）として創設されたのだった。奇妙なことに、この立法は対外問題に日ごろ無関心で、概して孤立主義的であった共和党大統領と議会のもとで成立した。だが、アメリカ外交局という組織は歓迎すべき改革であり、第二次世界大戦とその後の時期に巨大な官僚組織に膨れ上がったことで弱体化し、融解してしまうまでは、有益な結果をもたらした。

ここで、一九二五年に、当年二一歳になっていたケナンの世界観について触れておくことにしよう。彼の『回顧録』では、この件についてひと言触れているだけである。だが、例によって、このひと言は大いに示唆的である。「大学を卒業したばかりのころ、私は、漠然とウィルソン流の自由主義の受け売りをしていたことを思い出す。アメリカの国際連盟加入を上院が拒否したのは残念だとか、自由主義経済と競争の価値を信奉しているとか、それに対応した高率関税反対だとかいった内容のものであった」。以上の要旨を検証してみよう。このような考えは、典型的な共和党色というわけではなく、むしろ古典的なリベラルのそれであった。まもなく、ケナンはウィルソン的自由主義を放棄することになる。彼は国際連盟の有効性と重要性に関する幻想を捨て去る。関税のような経済問題は彼の知的アジェンダとして非常に低い位置を占めるようになり、ときには埒外におかれることもあった。しかし、この若者の世界観を要約した引用文は、一九二〇年代とその後一〇年間とで、アメリカの世界認識が大きな分岐点にさしかかっていたことを映し出している。それは、いわゆる孤立主義者と国際主義者の分岐点、共和党と民主党の違いにかならずしも対応しない分岐点、両政党内部でしばしばお互いを分け隔てることになる分岐点であった。一九二五年の時点では、プリンストン、ハーヴァード、イェールの卒業生の大半は共和党員だったし、自らをそのようにみなしていた。だが、彼らのなかで優秀な頭脳を持っていた者は（外交局に応募する決心をした者も含めて）、孤立主義者ではなかった。彼らはいずれにしても、国際的な思考の持ち主だった。[1] ケナンも同様であった。彼はカルヴィン・クーリッジ大統領を評価していなかった（彼はかつて、クーリッジが、現在でいうところの写真撮影の機会のためにホワイトハウスから出てきて、しかめっ面をして大きなインディアンの羽毛の頭飾りをかぶって写真に納まっているのを、その目で見かけたことがある）。

一九二五年九月、ケナンはワシントンにある寄宿舎の一室を借りた。風変わりなアル中だが、非常に有能な老スコットランド人が、外交官試験の準備をする人たちのために私塾を経営していた。ケナンは、歴史の知識、欧州に関する知識、文章力、ドイツ語の能力など、いくつかの点で有利だった。しかし孤独で内気な彼は、筆記試験と口頭試験に合格する自信がなかった。それでも、一生懸命勉強に励み、学生仲間や外交官志望者との社交にはあまり加わらなかった。筆記試験に合格し（一〇〇名以上の志願者のなかから一八名が合格）、その後に口述試問もパスした。ようやく外交局勤務が認められ、一九二六年九月に外交官研修所での研修に参加するよう義務づけられた。

その前に、ケナンは夏の大半をドイツで過ごすことにした。ドイツ滞在中、（オズワルド・シュペングラーを含めて）たくさんの書物を読み、姉たちに長文の手紙を書いた。いまや、ドイツ語をほぼ完璧に読み、話し、書くことができた。（ドイツ文学やドイツ史への彼の興味は、ロシア問題への関心に次ぐか、それにほぼ匹敵するまでになった。）外交官研修所での七カ月間の研修義務期間中、東欧課に数週間配属されたが、そのときはまだロシア語の勉強を開始していなかった。しかし、彼はそのつもりだった。一九二七年初め、二三歳の誕生日が過ぎてまもなく、最初の在外勤務を命じられたが、それはジュネーヴのアメリカ領事館での一時的任務だった。

一九二七年は、二〇年間の国際連盟の歴史のなかで、その威信が頂点に達した年だった。カルヴァン主義的な過去の大半を脱ぎ捨てたジュネーヴは、きらびやかでとても国際色に溢れていた。意外にも、あの上流社会の刺激に富んだ、社交的で国際的な雰囲気は、ジョージ・ケナンにとって苦にならなかった。ジュネーヴではくつろげなかったが、不安はなかった。ずっと後になって、副領事以上の高い役職ではなかったものの、合衆国政府の代表としての彼の地位は、多くの重要な仕事を含むものであることを初めて思い知らされた、と回想している。ジョージ・ケナンには悪いが、それはおそらく、自負心の高揚以上のものであった。すなわち、それは、そこそこの義務を適切に果たすことができるという満足感であった。

つぎに、ハンブルクでの副領事として初めて正式に任地に赴いた。ハンブルクでのケナンは大いにくつろいだ。（長い生涯をとおして、彼はハンブルクに愛着をもった。[2]）単なる日常業務というより、急に舞い込んでくる多種多様な業務が机の上に山をなし、副領事の一日を満たしてくれる仕事を実際に楽しんだ。一九二八年のハンブルクは欧州大陸最大の港湾都市であり、ジョージ・ケナンは、とくに北欧の空と海に生涯愛着を感じた。以前にもまして、彼は日記を付けまくった（運よく、その大半は保存されている）。それらは、ハンブルクで暮らしているときに彼が受けた知的刺激の産物であった。日記を付けることは、日々の仕事の負担となる作業ではなかった。その逆に、自分の印象や体験を記述する作業は、彼の精神の負担となるというより頭を軽くし、休めることになった。したがって、人間の思考の働きというのは、物理界の法則とは一致しない。彼がそのことに気づいていたかどうかはわからない。ただいえることは、ハンブルクでの在任中、できるだけ学びたいと思ったということだ。彼は、当時評価の高かったドイツの新聞や雑誌をむさぼるように読んだ。昼夜を問わず、多くの講演会に出かけた。彼はもはや反抗的ではなかったが、依然として落ち着かなかった。ケナンの外交官としての職業は、ありきたりでなく、興味深くはあったが、それでも官僚職であることに変わりはなかった。この仕事は彼の精神を満たしておらず、大学院で学ぶため再入学すべきだと考えた。世界のことについてもっと知りたかった。そこで、貨物船に乗って大西洋を西に横断する長い冬の旅に出かけた。ワシントンに戻ったら、外交官を正式に辞めるつもりであった。そこで最初に出会った人が、外交官養成所でのケナンの元教官で上司であったウィリアム・ドーソンだった。「彼は私の守護神になって、馬鹿な行為から私を救ってくれた」(3)。ドーソンは、特殊な言語と地域研究を目的として、欧州の大学で三年間の大学院課程を履修できる機会を若い外交官に与える制度がある、とケナンに教えてくれた。ケナンは履修科目にロシア語を、そして大学はベルリンを選択した。いまや賽は――彼の賽は――投げられた。

ロシア研究の時代

その後五年間の在外勤務が続くが、その大半は西欧ではなく、東欧であった。二八歳で妻と暮らしを共にするようになるまでは、依然として孤独な生活を送った。この五年間に、さまざまな変化と、多くの小さな境遇の浮き沈みがあったが、それ以上に、この時期に注目されるのは、多くの学問的蓄積であり、それこそ、おおむね、上司に求められていたものであった。彼の場合、それ以上の意味があった。研究、学習、執筆の積み重ねは野心の結果ではなかった。断じてそれが第一義的なものではなかった。それは仕事への情熱というより、知的刺激、それもたんなる知識以上の、想像力豊かな理解に到達することを可能にする知的刺激のもたらしたものであった。

あらゆる官僚的な制約にもかかわらず、彼が置かれている仕事上の環境は、研究や読書を可能にしたという点で、幸運であった。当時はそう感じていなかったが、のちにそう考えるようになった。一九二八年夏から一九三三年初夏まで、ケナンは、ドイツ、エストニア、ラトヴィアのそれぞれの首都、ベルリン、タリン、リガに派遣された。当時、世界最大の国であった合衆国とソ連とのあいだには、まだ外交その他、公式の関係はなかった。(4) しかし、アメリカによるソ連承認はいずれやってくるだろう。それは革新主義者やリベラルだけでなく、多くの実業家によっても主張され、促進されはじめていた。アメリカ史にしばしば見られるように、巨大な新興国家との貿易による経済上、金融上の利点について、過大な期待が寄せられていた。そうした期待とは関係なく、「新生」ロシアに関するできるだけ多くの情報を収集させる目的で、幾人かの若き外交官をロシアに近いリガに駐在させ、ロシア研究を支援するという外交局の理にかなった慣行が続けられた(5)。

ジョージ・ケナンは一心不乱にロシア研究に専念した。その熱心さゆえに、仲間や友人関係にさしさわりが生じなかったわけではない。彼は寂しいというより孤独であった。(全生涯をとおして続いた友情は、彼の同期で同僚であったチャールズ・ボーレンとの関係であった。) タリンでもベルリンでも、あるいはリガでも、ロシア語を学び、読み続けた。彼は、ボルシェヴィキ革命後に祖国を去ったロシアの家族との個人的な付き合いを、できるだけ深めるよう努力した。同時に彼は、ドイツ語の本を大いに読んだ。英語と同じくらい頻繁にドイツ語で物を書くこともあった。言葉の微妙な違いがわかるようになるくらいロシア語に興味を抱いただけでなく、突き動かされるように学習した。それは誰にでも達成できることではなかった。ロシア史やロシア古典文学といわれるものを熱心に読むこともまた、誰にでもできることではなかった。チェーホフの伝記を初めて執筆してみようと思ったのは、そのころであった。

一九二八年にベルリンでの数週間の短期任務を経たのち、ケナンはタリンに赴任した。そこではかなり孤独であった(「愛犬のコッカー・スパニエルだけが私の楽しい相手であった」)。平坦なエストニアの田舎に出かけ、多くの遺跡や、わずか一〇年ほど前にはロシア領だったことを示す明らかな痕跡を探してまわった。数カ月後には、リガに配属された。リガはタリンとは違い、刺激的だった。タリンより規模が大きいだけでなく、ロシアにもっとも近い最重要港湾都市であった。リガは田舎であったが、非常にコスモポリタンでもあり、旧サンクトペテルブルクを想起させるようなところでは、昔のロシア風な事物や、旧ロシアの習慣や伝統の面影がいまでもたくさん現存していた。なかでも歓楽街は、ときに驚くほどロシア的であった。天候は陰鬱だが、しばしば――とくに夏の夜は――驚くほど美しかった(6)。

一九二九年の秋、ケナンはベルリンに赴任し、勉強のためベルリン大学に入学した。彼はその努力目標のかなりの部分を達成した。私生活の幅も広がった。大いに見聞を広めたが、彼の知っているベルリンは、イギリス生まれのアメリカ人作家クリストファー・イシャーウッドの描く、熱狂的でゆがんだベルリンではなかった。ロシア人の友だちは多少いたが、なかには、あるロシア人家族の二人の息子のように、九月のある日、はるばるシュテッティンまで同伴すると言い張る者もいた。シュテッティンから、彼は自分の米国製小型車で、おそらく人生でもっとも重要な旅を開始した。非常に重要だといったのは、この旅が意味のある結果につながったからだ。結婚するために、彼は船でコペンハーゲンまで行き、そこからノルウェイのフレゼレグスハウンに着いた。花嫁はアネリーズ・ソレンセンといい、数カ月前にベルリンで出会った綺麗なノルウェイ生まれの女性であった。それは寒い、陰鬱な旅であった。彼はコペンハーゲンで、軽いインフルエンザにかかった。ノルウェイでは、彼女の家族が自分をどう受け入れてくれるのか不安だった。彼は気をもむ必要はなかったであろう。そのノルウェイの家は心地よい温かみがあった。その温もりは、生涯をとおして、その家族の一員だという感覚を彼に与えた。アネリーズの名前は、その特異な『回顧録』のなかに一度しか出てこない。しかし彼女は、愛すべき妻以上の存在であった。やがて、彼女は、数えきれないほどの機会に数多の激励をとおして、情緒面と知的な面で彼を支えることになった。

二人はウィーンへの短い新婚旅行に出かけ、それからリガに戻った。リガでの二人の生活は楽ではなかった。アネリーズは娘のグレースを身ごもっていた。アメリカ議会が、経済的不況のため外交官の給与と手当てを削減する措置をとったので、彼らは以前と比べて収入が減っていた。二年後の一九三三年、その夏も終わろうとするころ、ケナンはワシントンに帰国することになった。二人はノルウェイのアネリーズの実家に赤ん坊を預けなければならなかった。ふたたび貨物船で大西洋を横断し、フランクリン・ローズヴェルト大統領が議会の承認を得て、ソ連との外交関係を樹立する条約に署名する数週間前にワシントンに到着した。じきに、ジョージ・ケナンの人生に新たな章が記されることになる。研究と知識の習得に没頭したあの重要な五年間が、終わりを迎えることになった。

そしていまや、どんなに有能なジョージ・ケナンの伝記作家でも直面しなければならない問題に筆者も直面している。三三歳の時点でのケナンの経歴は、まだ印象深いものではなかった。しかし彼は、物書きとしての非凡な才能を発揮するようになっていた。彼は当時、欧州に関する最良で最高のアメリカ人作家であったし、現在でもそうであり続けている。ヘミングウェイも含めて、何百人もの他の作家と比べても、彼のほうがすぐれている。これは驚くべき意見ではある。彼の崇拝者も含めて、人びとはまだこの点を認識していない。認識すべきである。欧州について書かれたアメリカ人作家による作品のなかでも、ケナンのような作家は、以前にはいなかった（そして今後とも現われないかもしれない）。彼自身もそのことに気づいていなかった。そして、このことがいまや、筆者にとっての問題である。ケナンは『回顧録』の第二章（「ロシア研究の時代」）を書きはじめるにあたって、あの五年間の月日を説明するのに、言い訳がましい長い説明文を付けている。「筆にするのも苦しい年月であった」と記す一方で、「よく物を書いた」と認めている。その記述の大半は「人間よりも風景」であった。「それらは単調でいささかメランコリックな文章であった。読者は、ひとつだけを例外にして、私のそんな文章に煩わされることはないだろう」。いやいや、そんなことはない。そこで問題が生じる。彼の文章は非凡であり、言葉づかい、色彩と形状、野花と家々、曇った天候と町の雰囲気、男女の身なりや表情、といった事柄の説明は、たんなる印象論的な描写をはるかに超えたものである。こうした記述は、景色、場所、人間についての、深い、洞察力に富んだ、鋭い、高度な理解を示しており、過去についての知識に十分な裏づけを持ち、したがって画家の作品には存在しない、そして他の作家の文章にもめったに見られない歴史的広がりを表現している。それゆえ、真面目な伝記作家にとって、ケナン自身が書いた文章を引用したり、そっくりそのまま再現したりする以外に方法がない。彼はそうした難しさを、少なくともある程度はわかっていたに違いない。だからこそ、三〇年後に彼は、『回顧録』[7]の記述部分を埋めていくために、自分の日記の一部を使用することにしたのだ。彼はそれ以上の文章を書くことはできなかったし、それはわれわれとて同じである。

　しかし幸いにも、本書の範囲は性格の研究に限定されている。まだ三〇歳になっていない年齢なのに、彼の知的、そして精神的特徴は、はっきりと識別できる。疑念は感じていた（一九三二年にリガで、「こうしたメモを記す意義はあるのだろうか」と書きとめている）。だが、自負心もあった。あるいは、「私の思考過程は誰にもけっして理解されないだろう」と述べているように、むしろそれは、悲しくも強力な自己主張というべきかもしれない。

　彼はなによりも、反マルクス主義者で反共主義者であったが、当時もいまも、よく見かけるタイプとは異なっていた。彼は、恐怖や憎悪を含んだ、大衆的、ポピュリスト的なイデオロギーとしての反共主義すなわち、ヒトラーおよびそれ以降の、アメリカ人を含む多くの人びとが、自らの政治的な立場を有利にしようとして、しかも長期にわたって利用することができたようなイデオロギーを信奉する大多数の人たちとは違っていた。ほかの人たちにとっては、一九二〇年代と一九三〇年代の共産主義とソヴィエト・ロシアは興味深いものであった。というのは、共産主義とソ連は、何か新しいもの、すなわち当時ひどい綻びを見せはじめていた、混乱した資本主義的秩序に少なくとも代わりうる選択肢であるように思われたからだ。ジョージ・ケナンは、そうした見方に興味をそそられることはなかった。マルクス理解、そしてそれ以上に経験をとおして、彼は、いわゆる階級闘争というのは歴史における、あるいはまた人間の本性における、主要な力ではないということ、諸民族や諸国家間の闘争のほうがはるかに重要であること、そして民族が階級よりももっと決定的に重要であることを、驚くほど早い時期に予見することができた。同時に彼は、共産主義を侮るということもしなかった。一九二七年にハンブルクで、ドイツ共産主義労働者のデモを見て、彼らの生真面目で、厳しい顔の表情に感動を覚えた。一九三二年にリガで、彼は長時間にわたってひとりの共産主義者と話をし、その会話をメモに書きとめた。より重要で重大な結果をもたらすことになったのは、ソ連に最初に赴任する以前に形づくられた彼の認識であった。それによると、ロシアは共産主義であろうとなかろうと、ロシアであったし、それは不変だということ、ソ連の共産主義者たちが海外でどのように認識されようと、また彼らのイデオロギー、宣伝、主張がどのようなものであろうと、ロシアの新指導者たちは、教条主義的なマルクス主義者たちとは異なるということであった。全生涯をとおして、ほぼ死の直前まで、ジョージ・ケナンは共産主義のシンパに大いにてこずることになるが、またおそらくそれ以上に、あらゆるタイプの教条主義的な反共主義者にも非常に苦労することになる。

一九三三年の冬から春にかけてヒトラーが権力を掌握するが、それまでは、ケナンの『回顧録』にはこの間のことについてなんら言及がない。彼の大量の文書、日記、書簡からもリアクションを知ることはできない。彼は当時リガに滞在し、その後はワシントンにいた。彼は単なる気まぐれ以上の興味を持ち、ドイツで起きている出来事について読んだり、見守ったりしていたに違いない。ひとつの点だけは確実にいえる。ケナンはワイマール共和国の弱点と不人気の原因に気づき、理解していた。ワイマール期のベルリンに見られた芸術的・知的な生活の多くを高く評価していたが、同時にドイツ共和国の議会制民主主義はがたがきていることに気づいていた。彼は、第一次世界大戦後のドイツ（および欧州）にとって最善のことは、立憲君主制の採用であっただろうと考えた。そしてその後も、彼はそう書くことになる。民主主義の手続きのせせこましさへの批判や苛立ちは、ドイツに限定されたものではなかった。一九三三年初め、まだリガに赴任中、一領事として、長文の、思慮に富む報告書を作成し、承認間近のソ連と交渉する条約の立案が開始されていたワシントンにそれを送付した。ケナンはこの報告書のなかで、数年前に独ソ間で結ばれた条約の文言が、ソヴィエト政権によって「経済スパイ」罪で起訴された場合、なぜ外国人保護を保証することに役立っていないのかを非常に注意深く指摘した。その後、警鐘を鳴らした彼の報告書が、国務省（およびローズヴェルト大統領）によって無視されたことを知った。これは、長年にわたって彼の悩みの種となる、ほんの最初の事例にすぎなかった。それは、世論や国民感情を害さないために争点や問題点を無視したり、軽視したり、曖昧にしたりすることで、ときには致命的となるアメリカの性向であった。

生涯をとおして、ケナンは、真の国益よりも国内政治が優先するという考えは間違っているし、不道徳だとみなした。生涯をとおして、そうした状況を慨嘆する多くの事例に出会った。しかし、こうした窮状に対する懸念は、とくにアメリカ的現象にとどまらなかった。三〇歳になるはるか以前から、そしてモスクワへの最初の重要な（かつ歴史的にも意義深い）赴任以前から、ジョージ・ケナンは、共産主義だけでなく、自由民主主義を心底から、そして知的観点から批判してきた。この点は、彼の友人や賛同者であっても無視したり、曖昧にしてすますべきでないことであった。

スターリン統治下のモスクワ勤務

一九三三年一一月、フランクリン・ローズヴェルトは、ウィリアム・ブリットを初代ソ連駐在アメリカ大使に選んだ。ソ連を承認する条約が署名された数日後、誰かがケナンをブリットに紹介した。ブリットは、ケナンのロシア語の知識も含めて、ただちに強く印象づけられた。二人は時を移さずモスクワに赴いた。ブリットは数日後ワシントンに帰国し、モスクワのアメリカ大使館事務所や邸宅の設営を事実上、ケナンに一任した。したがって、大使館員が到着する前の数カ月間というもの、ケナンはソ連における首席代表であった。その後、彼は使節団の正規の外務書記官として勤務した。

ブリットとケナンは当初からお互いを認め合っていた(8)。ウィリアム・クリスチャン・ブリットは、貴族的なアメリカ人集団のひとりであった(この形容詞をアメリカ人に用いるのはとても嫌だが、この場合は例外で、「上流階級」とか「富裕」といった言葉はピッタリこない)。彼らは、ハーディング、クーリッジ、フーヴァー政権期の共和党議員の狭量な孤立主義に反対して、フランクリン・ローズヴェルト(結局のところ、ローズヴェルトも彼らと同じ社会階級の一員である)の周りに結集するのを自然なことだと感じ、とくに国際分野において彼の役に立ちたいと思った。アスター家、デューク家、ハリマン家、ビドル家の二人、それにブリットは、そうした人たちであった。ブリットは一四年前に、レーニンとロシア共産主義者たちとの興味深い体験をしていたが、そのことでウィルソンから不名誉なほどの拒絶に遭い、このことに激しく反発した。その後、しばしば海外で、ロマンティックでわくわくするような時期が続いた（彼はまた、小説も書いた）[9]。いまやブリットはふたたび、国家のお役に立ちたいと強く思うようになった。彼は快活で、世慣れしていて、知的であった。彼の欠点は、気短さと人の恨みを買う点であった。ブリットの死後数年が経過して、弟のオーヴィルが集めて編集した彼の書簡集の刊行にさいして、ケナンは思いやりのある、そして心温まる序文を寄せた。

ケナンはモスクワで四年間暮らし、職務をこなしたが、そのうち三年間はブリットの下で勤務した。ケナンがひどい病気を患い、ウィーンで治療を受けることになったため、この間仕事は中断された。ケナン夫妻は一九三五年の多くの日々をウィーンで過ごした。モスクワでの日々は、とくに初めのうちは悪いというより良かった。大使館員のあいだには、ほとんど溢れんばかりの冒険心、知的であると同時に社交的でもある仲間意識が存在した。一九三四年以前には、多くの実際上の困難が存在したものの、諸外国の外交官は、代表的なソ連の芸術家や知識人と気軽に接触可能であったばかりでなく、モスクワで異例の特権を享受することができた。一九三四年一二月以降、そうした状況は変わることになる。スターリン支配下における粛清という最悪の暗黒時代が始まった。外交官たちはいまや、多かれ少なかれ、隔離された状態に置かれた。彼らの移動は制限された。ケナンだけは、ロシアの人びとをはじめ、残存するロシアの伝統や、ロシア人の生活にいまだ残るロシア時代の面影についてもっと知りたいという、彼の強い心からの欲求を満たすために、あの広大な国をあちこち旅行しようと試みた。彼は同僚たちの友情に支えられた。彼らはケナンの性格を高く評価し、その知性の独特のすごさを理解してくれた。チャールズ・ボーレンとロイ・ヘンダーソンは、生涯の友であり続けた。別の意味において、ビル・ブリットも同じであった。

彼ら全員が、あのスターリン時代の暗闇に包まれた、恐るべき抑圧を目撃し、肌で感じた。ソヴィエト共産主義の発展についてなんらかの幻想を抱いていたとしても、いまや彼らは永久にそれらを捨て去った。しかし、ひとつの重要な意味で、ソ連で起きていることに関するケナンの見解はユニークであった。彼の見解は日記、手紙、文書、報告書に見られる。彼の共産主義に対する拒絶は、もちろん長年におよぶが、彼の経験は失望させられるようなものでもなかった。彼はマルクス主義者にはほど遠かった。だが、スターリンとその同志の政治のなかに彼が見たものは、マルクス主義の背後には、古くから続いているロシア的な要素、ところどころにビザンティン的な要素さえ存在するということであった。異質な人間や外部世界に対する先祖伝来の猜疑心と恐怖感、これこそはソヴィエト政権の残虐性と不誠実さのほぼすべてを説明するものであった。ある文書（「ソ連の戦争問題」）のなかで、ケナンは、ソ連が西側と同盟関係に入ることはないと予言した。一九三八年五月、ワシントンへの一時帰国のさい、彼は外交官養成所で講演をおこなったが、そのなかで、「ボルシェヴィズムがロシアをどの程度変えたのかという陳腐な問いを当面放棄し、ロシアがどの程度ボルシェヴィズムを変えたのかという問いにわれわれの関心を向けるならば、われわれはより真実に近づくだろう」と語った。

ケナンはブリットほど短気ではなかった。米ソの有益な関係へのブリットの期待はひどい幻滅に変わり、それゆえ彼は一九三六年に駐ソ大使を辞任した。（ローズヴェルトは、こんどは彼をパリに派遺したが、その仕事ぶりは賞賛に値するものとなる。）ブリットの後任は、ローズヴェルトによって指名された百万長者のジョセフ・E・デーヴィスであった。デーヴィスはロシアとスターリン政治の性格について、頑なに無知を通した。彼は、不条理な粛清裁判も含めて、ソ連政府の説明を全体として妥当かつ穏当なものだと受けとめていた。デーヴィスがモスクワ入りしてすぐに、大使館スタッフが集まり、抗議して辞職すべきかどうかを協議した。もちろん、彼らは辞職を思いとどまった。

それよりかなり前から、ケナンは米ソ関係の先行きが暗いと予想するようになった。「それはローズヴェルト自身の見解、なかでも大統領が対ソ政策の顧問として選ぶことになった人びとの見方からひどくずれていた」。われわれはこうした事例をたくさん見ることになる。しかしワシントン政治からのケナンの孤立は、いかにソ連に対処するかという問題よりも大きく、深くなっていった。一九三六年夏、彼は二カ月間の休暇をとり、郷里の中西部、イリノイ州の姉の家（彼の妻は先に到着しており、そこで二人目の赤ん坊が生まれた）、そしてウィスコンシン州にある姉の夏の別荘で過ごした。孤独を求め、記憶をたどるため、ウィスコンシン州中部で自転車を借りて一〇〇マイルの距離を辿りなおすことにした。彼は悲しさと寂しさを感じた。彼が見たもの（少なくとも見たと思ったもの）は、もはや周知の世界ではなかった。彼はそれが義務であるがゆえに、母国に対する忠誠心を持ち続けるだろう。「だがそれは納得づくの忠誠心ではなく、不本意な忠誠心、すなわちアイデンティティにもとづく忠誠心ではなく、原則にもとづく忠誠心なのであった」。傍点箇所はケナン自身によるものである。およそ三〇年後に書かれたものだが、ウィスコンシンを再訪したさいに、ふたたび彼は、姉のジャネット宛にまったく同じような趣旨の手紙を書いている(10)。

でも、「不本意」か「納得づく」かはさておき、外交局に対するケナンの忠誠心には疑問をはさむ余地はなかった。孤独は仕事を辞める口実にはならなかった。それに、ケナンの性格には禁欲的なところもあった。すなわち、有無をいわせない義務感のようなものがあった。そのうえ、暗い気分や疎外感に繰り返し襲われたものの、彼は作家であったし、そうであり続けた。意識的かつ明確に表現することで、特定の関心事に没頭しがちな気持ちを衝動的に抑制しようとする必要性を持ち続けていた。ケナンにあっては、そうした欲求は自分本位ではあったが、利己的ではなかった。それは、人びとに忘れていることを思い出させたり、教示したり、彼なりのやり方で教えてあげたいという、ますます募る気持ちと切り離すことのできないものだった。

このへんで、先に言及した民主主義に対するケナンの嫌悪感の問題に戻ろう。この点は、ケナンの伝記を手がけようとする者が無視したり、忘れたりすべきではない事柄である。いくつかの点で、この問題は生涯をとおして彼につきまとった。一九三〇年代には、彼の信念は民主主義の改革ということにとどまらず、議会主義と民主主義に対する批判を含んでいた。一九三五年、ウィーンで病気から回復しつつあったケナンは、職務に復帰することが許され、現地のアメリカ公使館で政治報告や分析を作成した。同公使館は、有能なアメリカ公使ジョージ・S・メッサースミスの指揮下にあった。当時のオーストリアは権威主義政権の統治下にあり、議会や選挙は停止され、社会民主党および国家社会主義党も含め、政党は活動を停止させられていた。ケナンはオーストリア政府を是認した。さらに一歩踏み込み、彼はそうした権威主義政府は、全体主義的な警察国家の独裁に対してのみならず、非効率的な議会制民主主義に対しても健全で歓迎すべき代案だと信じていた。[11] 三年後、ケナンは本の執筆に取りかかった。それは、移民の制限のみならず普通選挙権の制限をともなったアメリカ合衆国の漸進的改革を唱えるものだったが、幸いなことに執筆を断念した。また、彼の公式の文書と私的書簡の双方において、ユダヤ人批判やユダヤ人に対する圧力を肯定するような言い回しが見られる（後者についてはとくに、議員が移民問題で圧力をかける場合がそうである）。[12] ここで、つぎの点をつけ加えておきたい。（イタリアのベニート・ムッソリーニ、ポルトガルのアントニオ・サラザールといった）特定の独裁者に対して共感を示しているのは、彼だけではない。たとえば、当時、ウィンストン・チャーチルも同様な傾向があった。

一九三七年の晩夏にケナンのモスクワ勤務は終わり、ほかの任務のためにワシントンに帰国するよう命じられた。しかし、ワシントンの国務省では、新たな変化が起きていた。この変化は不運であり、不吉であり、おそらく陰険でさえあった。それは、ジョセフ・E・デーヴィスがモスクワのアメリカ使節団の指揮をとるようになって数カ月後に起きた。通常ロシア課として知られていた東欧課は一九二四年に創設され、有能で勤勉なロバート・F・ケリーによって率いられていた。彼は真摯な研究目的で東欧課を創設しただけでなく、すぐれたロシア語関係文庫を充実させた。一九三七年の夏、ロシア課は行政命令によって突然廃止され、新設の東欧課に吸収され、二つのデスク（Desk）に縮小された。そのうちのひとつがロシアを担当した。この組織編成の動きは、誰だとは特定できないが、少なくとも部分的には当時の親共派の影響の結果だったと信じる理由がある。生涯をとおして、ほとんど、あるいはまったくといってよいほど陰謀論を信じなかったケナンだったが、その彼が、官僚組織間の妬みやけちな策謀にくわえて、裏工作の影響がロシア課の廃止につながったかもしれないと考えたことは意味深長だ。彼はおそらく、正しかったのではなかろうか。

ケナンは縮小されたロシア・デスクを一年間担当することになったが、興味ある仕事がそれほどあるわけではなかった（そのうえ、給料も妻と二人の子どもをかかえてワシントンで暮らすのに十分ではなかった）。一九三八年九月、ケナンは、まもなく国家として消滅することになるチェコスロヴァキア共和国の首都、プラハのアメリカ公使館に一等書記官として赴任した。

プラハ勤務とミュンヘン会談

プラハでのケナンの一年間というのは、本書のなかで一節を設けるに値する。この時期のケナンには、多くのみごとな（そして予言的な）洞察と同時に、（振り返ってみると）いくつかの驚くべき偏見とを見てとることができる。ずっと後になって、彼はプラハでの一年について『回顧録』のなかでまとめている。『回顧録』のスペースの大半およびプラハを扱っている章の大部分は、彼の政治報告で埋められている。プラハでの彼には、そのための時間はたっぷりあった。この時期のヨーロッパ史を研究している真面目な研究者にとってはもちろんのこと、将来ケナンの伝記を執筆しようとする者にとって、あえていうが、彼の報告は貴重である。彼は、執筆への情熱（抑えがたい欲求ではなく）を失うことはけっしてなかった。その後ベルリンに赴任してからのケナンは、行政的な仕事が着実に増えていったため、物を書く時間をとれなくなった。（合衆国は建て前上、依然として中立国であったので、ベルリンのアメリカ大使館は、交戦国となった西側諸国の公使館が退去した後の権益を委託された。）彼はまた有能な上司の下で仕事ができて幸運であった。たとえば、ウィーンでのメッサースミス、プラハでのウィルバー・C・カー、ベルリンでのアレキサンダー・カークなどがそうである。彼らは昔ながらの職業外交官で、しかも立派な品性の持ち主であった。

ケナンはパリからプラハに向かう最後の定期飛行機便に乗って、劇的な瞬間にプラハに到着した。それはミュンヘン会談の当日であった。まさにその日、当時チェコスロヴァキアとして知られていた国家が事実上消滅した。チェコはフランスとイギリスに見捨てられ、国土のかなりの部分をヒトラーに引き渡すよう命じられた。ヒトラーは、もしチェコが要求に抵抗するようであれば、欧州を戦場にすると脅したのだ（そして彼は本気であった）。チェコは抵抗しなかった。ケナンには、何が起きており、何が起きるかを理解できる知識が十分備わっていた。彼はそれほど驚かなかった。世界中の人たちと同様、彼は戦争が起きなかったことに安堵した。だが、こんどもまた、彼はほかの人たちとは違っていた。やがて人びとは、ミュンヘン「合意」（settlement）は大失敗であったと思いはじめた。それは、チェコスロヴァキアにとっての失敗だけではなかった。フランス（そしてイギリス）は、彼らのチェコに対する義務を果たし、ヒトラーに屈服するべきではなかったと思いはじめた。ケナンはそう考えなかった。この点で、彼はチャーチルも含め、ほかの多くの人たちと異なっていた。チャーチルは当時も（そしてその後も）、ミュンヘンについては間違っていた。というのは、一九三九年の英仏は、弱点もあったが、一九三八年当時より戦争に対する備えができていたからだ。しかし、そのことがここでのわれわれの関心事ではない。ここで触れる必要があるのは、この若きアメリカ人の洞察と知識である。彼は、チェコに関する少なくとも二つの根本問題を即座に理解し語った。ほかの多くの有識者たちは一九三八年当時、これらの点について理解していなかったし、今日でも一般に認識されていない。そのひとつは、スターリンのソ連は、（一九三五年に締結された）チェコとフランスとの軍事同盟にもかかわらず、同盟を尊重して行動を起こすということはなかっただろうし、一九三八年にチェコを防衛するために戦争するということもなかっただろうという点だ。もうひとつは、チェコは主として、ウッドロー・ウィルソンとフランスの要請に従ってハプスブルク王朝の支配から切り取られて誕生した人工国家であり、いずれ瓦解する運命にあったという点だ。ケナンは一九三八年にチェコ国民に同情を寄せていたし、ヒトラーと国家社会主義にはいささかの共感も抱いていなかったが、そのことに気づいていたし、そうなるだろうと考えていた。彼の信念は歴史的な推論に依拠していた。ケナンはつぎのように考えた。第一次世界大戦後におこなわれたオーストリア＝ハンガリー帝国の解体は大きな過ちだった。同盟国側、とくにフランスが、帝国の解体を促進し、その後、役にも立たない一連のもろい同盟関係を中・東欧でつくりあげたことは、ひどい過誤だった。チェコ国民とその政府は、外交政策だけでなく、政治体制全体をこの同盟網に合わせて構築した点で自らも過ちを犯した。ケナンの報告、書簡、回想録は、チェコ国民はプラハ、その他のチェコの都市に残るあのすばらしい建築物や住居も含めて、彼らの文明が数百年前のハプスブルク家に負っている恩恵にもっと感謝すべきだったという信念で溢れている。これはほんの一例でしかないが、長い歴史をもつ欧州に対するジョージ・ケナンの愛情と敬意の念を感じ取ることができる。この点は、彼の考えに非常に特徴的なものである。それは歴史についての熟慮、すなわち過去への郷愁にもとづく幻想以上のもので、そのときの現実に対する根本的な理解、すなわち彼の理想主義と現実主義が混じり合わさったものなのである。

ミュンヘンのドラマからプラハのドラマの期間（一九三八年九月三〇日から一九三九年三月一五日までの時期で、この間ヒトラーは突然、チェコスロヴァキア国家を完全に消滅させる決定を下し、ドイツ軍をプラハに侵攻させた）、ケナンの報告は驚くほど正確で洞察に満ちていた。彼は、ドイツがミュンヘン会談以降、チェコという国家をどう扱ってよいか良くわかっていなかったことを認識していた。チェコは国家として生き残っていたが、当然のことながらドイツに従属し、ほぼ独立を喪失した状態であった。三月一五日の劇的な夜明けに始まり、その一日のすべてに関するケナンの叙述は、例によって真似のできないものだが、彼はいまやヒトラーが致命的な間違いの一歩を踏み出したと察知した。すなわち、ヒトラーは、すでにおおむね彼の手中にあったものを強奪し、そのことによって西側世界に対して、彼は信頼できないどころかそれ以上に悪質であり、約束を反故にして、自分がそう望む場所と時期にドイツを突進させることになるとの、確たる印象を与えてしまった。ドイツ軍のチェコ侵攻前にも、ケナンの疲れを知らない精神は、チェコの後進地域であるスロヴァキアとルテアニアへの長い、一人旅に彼を駆り立てた。そこで彼はこんども、かなり正確につぎのように予測した。スロヴァキア民族主義はドイツを利するだけであること、また（当時としてはユニークな洞察であったが）ルテアニアはハンガリーに復帰するだろう、と。実際そのとおりになった。彼はまた、当時、誰も気づいていなかったことを察知した（しかもそれ以来、その意義を認識している歴史家はまれである）。それは、ルテアニア（カルパチアン＝ウクライナとも称された）によるハンガリーへの復帰をヒトラーが黙認したことの重要性であった。というのは、そのことは、一時的ではあっても、ヒトラーがソ連に対抗するためにウクライナ民族主義を助長するという考えを断念したことを意味するからであった。われわれは、このことが、ヒトラーとスターリンとの和解に向けたまさに第一歩であったことを知っている（あるいは、そのことを知るべきである）。ケナンは一九三九年三月の時点では、この結論にまだ到達していなかった。だが、五カ月後にナチ＝ソヴィエト条約の締結というセンセーショナルなニュースが世界に伝えられたとき、ケナンはそのことにかならずしも驚かなかった数少ない部類のひとりであった。

ここで、プラハでのケナンの考えだけでなく、彼の振る舞いをも特徴づけた二つの偏見――より正確には、彼がのちに改めることになる性向といったほうがよいかもしれない――について少し触れておかなければならない。そのひとつは、東欧の弱小国、ならびにこれらの国の人たちの国民としての存続可能性に対する彼の懐疑心であった。この点は、国によって、また時の変遷とともに変化した。

ロシアとドイツを非常に高く評価していたこともあり、彼は、両国に挟まれた小国の（すべてではなくとも）多くが完全な独立を保持するのは残念ながら幻想であり、それゆえ、その論理的帰結として、欧州のこの地域に大きな関心を示すことは合衆国の利益にならない、と考えた[13]。この種の無関心、心底からの侮蔑というよりむしろ計算された無関心は、彼の回顧録にもはっきりと現われている。何がしかの支援が可能であったとしても、一九三九年三月一五日のあの悲劇の日曜日に恐怖心に駆られた少数の人たちに対して、たいした支援の手を差し伸べることはできなかった。ケナンは、悔やむでもなくそう回想している。そうした人たちのなかには、絶望のなか、アメリカ公使館を訪れたユダヤ人の知人も含まれていた。彼は、彼らを公使館の建物の外に出し、家に帰るように伝えるほうが適切かつ最善だと考えた。そのことはもちろん、当時のあの異常な状況のなかで、アメリカ外交局の一外交官の任務と限界に完全に見合った行動であった。だが、彼の行動は当時の彼の性格をいくぶんとも映し出している。三五歳に達していたジョージ・ケナンの性格のそうした一面は、冷淡さを示しているのだろうか。いやそうではなく、それは自覚的なもので、物事に動じない冷静さの現われである。

第二次世界大戦の勃発とベルリン勤務

第二次世界大戦の開始早々、ジョージ・ケナンはプラハからベルリンに異動を命じられ、ベルリンの地から政治報告を送り続けた。そのことは、国務省内には、彼の政治報告の才能を認めていた者がいたことを示している。もっとも、ケナンはそう思い続けた。ベルリン大使館における彼の行政上の仕事は膨大であったが、彼は執筆活動をする十分な時間と機会を得た（むしろ、彼みずからそういう時間をつくったといったほうがよい）。ベルリンとドイツにおけるほぼ三年間に書き残されたものの質というのは、何物にもかえがたいほど貴重である。筆者としては、もっと書き残しておいてくれていたらと惜しまれる。なにはともあれ、この時期は第二次世界大戦のそれこそもっとも決定的かつ劇的な局面であった。ヒトラーのドイツが、もう少しで戦争に勝利を収めるのでは、と思われた時期であった。一九四一年一二月までのベルリンは、世界で最重要首都だったといえなくもない。ヒトラー政権と戦争によって課されたあらゆる不快と困難にもかかわらず、ケナンはベルリンで「かなり気楽に」構えていた。彼はこの都市をよく知っていたし、ドイツ語に通じ理解できた。以前にも述べたように、彼はロシア語と同じくらいドイツ語に精通していた。ケナンの人生とキャリアは最終的には、第二次世界大戦後に決定的な変化を遂げた。それは、ベルリンの地から送られたドイツについての報告ではなく、ロシアの地から送られたロシアについての報告がきっかけとなった。彼が戦争開始から二年間に考え書きとめたことは、かなりの関心事であるはずだ。だが、もっぱらわれわれ読者にとって、しかもいま振り返ってみて、そういえることだ。

　ケナンは戦争が起きたことを残念に思った。そして、自国の役割について思いをめぐらした。彼はフランクリン・ローズヴェルトの外交を嘆いた。だが、政府の外交の意味を説明したり、それに異論を唱えたりするのは、彼の仕事の一部ではないことを承知していた。ケナンはドイツ第三帝国の消滅と敗北を願ったのだろうか。彼はそれを願った。ドイツの消滅ならびにドイツ国民の敗北を願ったのだろうか。そうではなかった。だが、このような区別も単純すぎる。彼は、ドイツ的なものを国家社会主義と同一視することによって国民全体を非難してはいけないことをわかっていた。だが、両者を完全に切り離して理解することはできないことも承知していた。ヒトラーと国家社会主義に対する彼の見解は、西側世界のおおかたの見方とは異なっていた。なかでも、おそらく米国民の見解とは違っていた。当時、合衆国でベストセラーとなっていたエドガー・モウラー著『時計の針を逆に回すドイツ』（*Germany Puts the Clock Back*, London: J. Lane, the Bodley Head, 1933）に言及しながら、ケナンはつぎのように書いた。ヒトラーとナチはアナクロニズムの正反対であり、彼らの考え、行動、手段は古臭くも反動的でもなく、新奇で革命的だった。しかもヒトラーは、その後生き残ることになるドイツの国民、民族、国家の統一を完成させたのだ、と。

同時にケナンは、ナチが押しつけようとしたイデオロギー的一体化の試みに対して、ドイツ人がそれほど影響を受けなかったのを目撃し、そのことに印象づけられた。ケナンはとくに、ベルリンでの体験を書きとめている。そのような例がすくなからず存在した。『回顧録』を執筆したとき、彼は自分の日記に依拠した。一九三九年初冬のハンブルクで、若いみすぼらしい売春婦と話し込んだことに関して、『回顧録』のなかで四ページ近くも割いている。こうした記述は彼の性格の一端を示す、心の温かさを反映しているが、それはまた、そうしたものがなければ、彼なりの冷徹な論じ方としか映らないものである。数十年後、ドイツの友人たちはこのことに気づき、ケナンに感謝の念を抱いた。

一九四〇年の初夏、ヒトラーは、いともたやすく西欧を侵略し征服した。そして、まだ完全に勝利したわけではないが、ドイツは戦争に勝利しつつあるように思えた。そうした、何をどう考えてよいかわからないような状況下の数週間、数カ月の間、ケナンの脳裏に何が去来していたかをわれわれはほとんど知らない。ケナンは戦争勃発前には、英仏の決意と力をそれほど高く買っていなかった。一九四〇年の五月と六月の時点で、チャーチルについてどう考えていたのか何もわからない。ヒトラーに対するイギリスの抵抗には喜んだものの、チャーチルと彼のレトリックに関しては賛成していなかったことは大いにありうることだ。[14] 六月一四日、ドイツ軍はパリに入城した。その三日後、フランスの陥落は既成事実となった。まさにそうした日々のなか、ドイツ当局は、ケナンが列車や車を使って、占領したオランダを訪れることを許可した。その二週間後には、パリを訪れることも認められた。[15] 彼は自らが目撃したことについて考え抜いたすえに、こんどもユニークな結論に達した。ケナンはつぎのように考えた。ドイツの欧州支配は長くは続かないだろう。また、ドイツ民族主義の粗野で一途な性格は、究極的には、なんら良い結果も有益な結果も生み出さないだろう。ドイツ以外の国々において熱烈な国家社会主義者であり、かつてそうだった人たちでさえ、かならずやドイツの国益とは異なる彼ら自身の国益を維持していかざるをえないだろう、と。以上のことはもちろん、長期的な観点から見て初めて起こりうる話であろう。だが、それ以前にも起こりうることである。「いかなる国民といえども、世界的覇権を確立することができるほど偉大ではない」。一九四〇年に書かれたこの一文は、ジョージ・ケナンの世界観だけでなく、おそらく合衆国の世界観の多くを——おそらくそのすべてを――簡潔に言い表わしている。生涯をとおして、彼はこの世界観にもとづき主張し、考え、語り、そして書いた。

ベルリンでケナンは、大使の見解と個性に大いに印象づけられた。アレキサンダー・カークは、ドイツ人は戦争にけっして勝つことができないと確信していた。ドイツ人たちはいつ、どこで止まるべきかわかっていなかった。彼らは止まることができなかった。この見解はケナンの印象に残った。ケナンにはもうひとつ、大使に恩義を感じていることがあった。カークは、プロイセンの貴族ヘルムート・フォン・モルトケと緊密な関係を持っていた。モルトケは、ヒトラーの支配とナチ体制に心底からの懸念を抱き、これに激しく反対していた。カークは一九四〇年一〇月にベルリンを後にしたが、この偉大で善良な人物との接触と対話を維持するようケナンに依頼した。ベルリンでは、モスクワとは違い、そうした接触は必要な慎重さがともなっていれば、少なくとも当時は、維持することが可能だった。彼らはジョージ・ケナンに深い印象を残した。(16)

一九四〇年の暗い陰鬱な秋、ケナンの妻と子どもたちは合衆国に帰国した。それから長いあいだ、ケナンはベルリンで一人暮らしであった。一九四一年の春および初夏になると、ベルリンのアメリカ大使館に残っていた館員の大半は、ドイツとロシアとの戦争がまもなく勃発すると感じざるをえなくなった。独ソ戦は六月二二日の日曜日に開始された。その二日後、ケナンは、ロシアと東欧問題を担当する国務省の重要ポストにあった友人ロイ・ヘンダーソン宛に長文の手紙を書き送った。彼はケナンの手紙を保管していた。その手紙の核心はつぎのようなものだった。「いまだかつて――その当時もそれ以降も――私はソ連が現実にも、将来的にも、「合衆国にとっての」ふさわしい同盟国ないしは提携国だと考えたことは一度もない」。ケナンはこの文章を、後年の著書のいくつかで引用することになる。彼はまた、つぎのように書いた。「私が強く感じるのは、こんどの独ソ戦において、ロシアの大義に道義的支持を与えるといったような、チャーチルが踏み切ったように見える進路にわれわれが追従しているように見えることは米国内でいっさいなすべきではないということだ」。「わが国の利己利益がそれを要請する場合の物的援助」は、それが必要な場合には賛成だが、ソ連を同盟国として処遇することには反対である。ケナンにとって、それは道徳的義務であった。いちどだけ、ケナンは間違った。共産主義者や共産主義に対するチャーチルの軽蔑はケナンよりずっと強かったが、この戦争をとおして、事態をケナン以上にはっきりと、しかもよりよく見通していた（実際、スターリンがヒトラーと手を組んだ一九三九年の時点でもそうである）。ドイツによる全欧州の支配か、さもなければロシアによる欧州の東半分の支配か、二つに一つの選択肢しかなかった。いちどだけ、ケナンのリアリズムには欠けているものがあった。問題は、単に合衆国の見通しのなさや、スターリンとソ連に対する、見た目にも実際的にも明らかなフランクリン・ローズヴェルトの期待だけではなかった。ドイツと戦っているロシアに対する英米の物的支援は、ロシアを戦争のパートナーとして含めるのを拒絶することと矛盾しない、と考えるのは幻想であった。ヒトラーのドイツは非常に強力であったため、ドイツの敵国のうちの一国や二国で戦っても勝ち目はなかった。英米ロのいずれも、単独ではドイツを打ち負かすことはできなかった。英米、英ロのいずれか二国でも勝てなかった。これら三カ国が一緒になって、ヒトラーとドイツ帝国を打ち負かさなければならなかったのだ。

ベルリンにあって、ケナンは非常に孤独であった。彼は妻と子どもたちに二年近くも会っていなかった。家族が離れ離れになることは、外交官のキャリアにおいては、しばしばやむをえないことだった。イギリスによる最初の空爆に見舞われたベルリンの暗い夜の日々は、彼をいっそう憂鬱にさせた(17)。それから一九四一年一二月には、パール・ハーバー攻撃とドイツの対米宣戦布告のニュースがもたらされた。そのことはもちろん予測可能であったし、予期されたことであった。その後、五カ月におよぶ困難な日々が続き、この間、ドイツの外国人居留地に残っていた人たちは、ワシントンからドイツに帰国するドイツの官吏と交換に解放されるまで、バート・ナウハイムにあるホテルに抑留された。ケナンはいまや、およそ一三〇人にのぼる男女や子どもの世話をすることになったが、彼らのうちの幾人かの振る舞いと要求は、彼をひどく苛立たせた。(彼らに割り当てられた食べ物はひどく制限されていたが、それ以外の抑留の環境はまあまあであった。)幾人かの人たちに対してときおり苛立ちを感じた以外は、この抑留期間中の彼の指導力は賞賛に値した。そこでは、ケナン特有の才能が表面に現われた。たとえば、彼は、ロシアに関するテーマを含む真面目な講義で彼らを慰める役目を引き受けた。ケナンは彼らのリーダーだった。そしてまた、彼らの教師でもあった。おそらく意識してのことではないだろうが、彼は残りの人生において、非常にしばしば、自らに課した教師としての仕事を果たそうとした。

ケナンは、国務省という官僚組織が、彼らの抑留問題に取り組むさいの気乗り薄なやり方と、相対的な無関心さに腹を立てた。それには十分な理由があった。その後、抑留生活は終わりを告げた。スペインとポルトガル経由で、ケナンと抑留者たちは六月初旬、好天に恵まれた大西洋を船で横断して帰国の途についた。

この節を閉じるにあたり、筆者はジョージ・ケナンとドイツについて、あらためて締めくくりをしておかなければならないと思う。ケナンはしばしば、ヒトラーの外務大臣でおべっか使いのリッペントロップが、ルランド・モリス代理大使に投げつけた言葉を想起する（そして『回顧録』のなかで、そのことを回想することが適切だと感じた）。モリスはドイツの戦争宣言文を受理するためにドイツ外務省に呼ばれた。そこには、「貴国大統領はこの戦争を欲しておられた。いまそれが与えられたのだ」とあった。ジョージ・ケナンは、リッペントロップのような人物とはまったく異なり、彼を軽蔑していた。だが、戦争宣言の文言は、残念ながら正しい、とケナンが感じたと信じる理由がある。ケナンは、ローズヴェルトと同政権のドイツに対する性癖と政治に反対であった。それはちょうど、彼らのロシアに対する期待に彼が賛成ではなかったのと同じだ。いつ、どのように、そしてなにゆえに、彼が戦争中に反対の意思を表明したかをこれからみていくことになる。ケナンはドイツへの対応については、ときおり、これまでと同じ行動に出た。彼のドイツ国民に対する理解は、ロシア国民（もちろんロシア政府ではない）に対する理解と同じであった。戦争終結直後のドイツ国民に対する不当なまでの厳しい処遇は間違っていた。有無をいわせない「非ナチ化」政策は誤りだった。ニュールンベルク戦争犯罪裁判は間違いだった。彼はそう信じていた。合衆国の公式な対独政策は、対ロ政策と同様、一九四七年になってようやく変わった。前者は、ケナンが作成し提言したこととは無関係に変化した。後者は、ケナンの提言に沿って、彼によって促進されたが、これからみていくように、それは彼の考えに完全に合致していたわけでもなく、また長続きはしなかった。

リスボンからロンドンへ

一九四二年六月、ジョージ・ケナンが合衆国に帰国したとき、二カ月間の休暇を与えられた。彼はそれに十分値した。ケナンは妻と一緒に物件を探し回り、ペンシルヴェニア州南東に農場を購入した。それは賢明な決定だった。というのは、この農場は、ほぼケナンの全生涯をとおして、二人の第二のわが家（とにきは第一のわが家）となったからである。そのうえ、一九四二年以降は、赴任中のこの外交官が、妻や家族とやむをえず離れ離れに暮らす頻度は少なくなり、その期間も短くなった。たとえば、幸いにも、ケナンが一九四四年にふたたびモスクワ勤務を命じられたさいに、妻は同伴を許された。モスクワに赴任する前に、彼はリスボンとロンドンで二つの重要ポストに就任した。

リスボンで、ケナンは、到着後一年も経過しない時期に大使が急死したため、アメリカ大使館の責任者となった。リスボンでは二つの重要な任務があった。ひとつは、諜報に関する機微で機密の仕事であった。もうひとつは、中部大西洋に位置するポルトガル領アゾレス諸島に基地を確保するという合衆国の目的に関するものであった。欧州の最西端に位置するポルトガルは中立国であり、まさに大西洋への玄関口に位置していた。リスボンは一九三九年以降ずっと、多くの諜報機関、諜報員、秘密活動に従事するプロやアマの使節団がひしめき合っていた。そうした人たちのなかには、ドイツと同盟関係にあるが、西側連合国、なかでも合衆国から将来支援を得たり、合衆国の考えを聞きたがっている国々の代表たちも含まれていた。ケナンと彼らとの接触の記録は非常に少ないが、あるにはあった。そして、彼らとの接触をとおして、彼は東欧諸国の複雑で（しかも後の悲劇的な）運命に対するさらなる洞察を得ることができた。

より重要だったのは、アゾレス諸島の問題だった。この問題でのワシントンのアプローチはぎこちなく、下手であった。ケナンはそのことに怒っていた。ここでは、そうした複雑な状況について記述する必要はさらさらない。ただ、彼の心は、この問題に関するごたごたで何年ものあいだ悩まされ続けた、と指摘するにとどめる。究極的には、ゴルディオスの結び目（そう表現することが可能だとすれば）は、ローズヴェルト大統領自身によって、いともあっさりと切断された。大統領はこの若き外交官に接見し、彼の意見を聞き入れた。

この時期に三つの確信が、ケナンの頭のなかで明瞭なかたちをとった。そうした確信は、彼の脳裏にずいぶん以前からあったので、「明瞭なかたちをとった」というのは、正確ではないかもしれない。だがいまや、それらはより先鋭化した。そのひとつは、国務省という官僚組織の機能不全に対する怒りであった。そこから発出される訓令は時宜を得ず、不合理で、しばしば馬鹿げていた。もうひとつの悩みの種は、当時急速にひどくなっていたが、それ以上に急激に伸張しつつあった合衆国の軍事機構の横柄な要求に、（それ以外の点では意気軒昂な）国務省が唯々諾々と従うことであった。海外駐在武官たちは、その無知ゆえに、しばしばケナンを絶望的にした。それから、ケナンの大統領に対する評価の問題があった。この点もまた、一九四三年に突然でてきたものではない。彼はローズヴェルトの政治手腕、そしておそらくは大統領の性格そのものについても、以前から疑念を抱いていた。それでも、ローズヴェルトが、ほかの連中のことなど気にすることはないとケナンに告げて、即座に、しかも「シガレット・ホルダーを屈託なく振りながら」ポルトガルの結び目を切断したとき、すなわち、大統領の親書をサラザール博士〔ポルトガル首相〕に書くと言ったとき、ケナンは安堵し、感謝した。だが、そのことで、この国の指導者の政治手腕に対する彼の見解が変わることはなかった。（彼はポルトガルの指導者サラザールをより高く評価していたと思われる。）

一九四四年一月、ケナンはヨーロッパ諮問委員会において合衆国を代表するために、ロンドンに派遣された。同委員会は、戦争末期にドイツ占領地区について立案するために設置された。相反する訓令は、またもや彼を悩ませた。ふたたび彼は、数日間ワシントンに帰国し、大統領に謁見しなければならなかった。ヨーロッパ諮問委員会の英ロ代表と合意できる占領区域の画定問題のほかに、ケナンはドイツに関するワシントンとホワイトハウスの態度を大いに懸念していた。彼らは戦争終結時に、ドイツ人の処遇とドイツの地位に関して、ロシアとなんらかの満足すべき合意に到達することができると信じていた。ケナンはこの問題について、二つの長文の覚書を作成した。ひとつは、一九四三年にワシントンにいる同僚に宛てたもので、もうひとつは、一九四四年春にロンドン駐在のアメリカ大使に宛てたものだった。当時、合衆国の対独政策と立案に責任を有していた高官の誰も彼の覚書に目を通さなかった、とケナンは考えている。おそらくそうだろう。かりに目をとおしていたとしても、たぶん、彼の警告はまったく成果を生み出さなかっただろう。さらにいうなら、彼の悲観的見方は誇張されていたように思える。ケナンの意見は不人気であったり、時宜を得ていなかったかもしれないが、彼の性格は影響力のある少なからぬ人たちに一目おかれはじめた。

ハリマン駐ソ大使のもとで

ジョージ・ケナンとチャールズ（チップ）・ボーレンは一九三〇年代にモスクワで朋友となった。二人の背景、気質、個性は違っており、考え方や意見もまたときおり異なった。だが、二人ともお互いを尊敬し、気に入っていた。彼らの友情は、人と人との真の友情の本質はほとんどつねに知的な条件を満たしている必要があるということを示す事例である。友人の肉体的ないしは物理的な資質というより、知的かつ精神的な資質を心から認め合うことから生まれた友情だ。ボーレンは、一九四四年にケナンがモスクワに赴任するのに一役買った。この任務は、ケナンのキャリアにおいてもっとも決定的な意味を持つことになった。

このとき、モスクワ駐在アメリカ大使は、フランクリン・ローズヴェルトの信頼の厚いアヴェレル・ハリマンだった。大使館にはポストが空いていた。ハリマンは、大使館で二番目の地位であり、多くの問題を担当する公使兼任参事官を必要としていた。ボーレンは、ケナンの名前をハリマン（そしておそらくローズヴェルトにも）に提案した。ハリマンは、ケナンの資格、そしてもちろん彼のロシア語の知識に強く印象づけられた。ボーレンは、ハリマンとケナンとのディナーを手配した。そのとき、ポストの提案がなされ、ケナンはもちろんその申し出を受け入れた。この出来事が起きたのは、ケナンがロンドンでひどい胃潰瘍を患い、ワシントンに戻ってきたとき、ありがたいことに、彼の農場で五週間の休養期間を与えられた後のことであった。国務省は自分をどう扱えばよいか決めかねている、ケナンはそう思った。そうではなかった。ボーレンは、ケナンがロンドンから帰国するずっと以前から、ケナンについてハリマンに話をしていた。この点がケナンらしいのだが、会食のさいに、彼は、自分のソ連についての考えは現在のローズヴェルト政権のそれと必ずしも同じではない、とわざわざ告げている。彼とボーレンは食事の後、お互いに議論を交わしながら、長々と散歩をした。

ボーレンは賢明にも、ケナンから何が期待できるかをハリマンに伝えた。何があってもケナンをモスクワに連れていくということになったのは、ハリマンの功績である。ケナンとハリマンの関係の進展は両人の功績である。二人の個性はまったく異なっていた。ハリマンはアメリカの億万長者で、堂々としていてハンサムであった。知的ではないが、うわべだけの洗練さ以上のものを持ち、顔が広く、大いに世情にも通じていた。ケナンは、世慣れしているというより知的であった。それだけは、われわれにもわかる。一九四四年の時点では、気質や性格の違いにくわえて、二人はこの世界大戦とソ連についての見方という点でも異なっていた。ハリマンは米ソ関係について、ケナンよりも視野の広い見方をしていた。合衆国がこの戦争でロシアをどれほど必要としているかを、彼は知っていた。それゆえ、彼の視野はケナンよりローズヴェルトのそれに近かった。ハリマンは戦時の同盟という事実は、ソ連政府の性格ゆえに他のすべての問題よりも重要であり、しかも、米ソ間の協力は戦争中だけでなく、戦後も必要だと考えていた。ハリマンは、ケナンが違う考えを持っていることを知っていた。ケナンは、モスクワに到着したほぼその日から文書や覚書を起草しはじめたが、ハリマンがそれらに目を通したかどうかは不明である。彼は意図的にそれらの起草文書を無視したのではなく、おそらく当面は脇に置いておくことにした。筆者はどちらかというと、そう考えている。ケナンがモスクワに赴任してから約六カ月、長く見積もっても八カ月が経過したころから、しだいに、ゆっくりとではあるが、ハリマンは、ソヴィエトの行動と野心に関して蓄積された証拠をますますケナンと同じように理解し、解釈するようになった。それからさらに六カ月経過した時点では、二人の見解にはもはや、それほど大きな違いは見られなくなった。

ケナンがモスクワに向かったのは一九四四年六月末であった。それは、ポルトガル、イタリア、北アフリカ、中東を経由する、長く過酷な旅であった。容赦ない猛暑は、ケナンをくたくたに疲れさせた[18]。飛行機での旅だったにもかかわらず、イタリアからロシアに着くまでに二週間を要した。モスクワに到着するとただちに、彼は目撃していることについて熟慮し、書きとめはじめた。

ケナンは先入観を入れずに観察しようと考えた。すなわち、ソ連と英米との戦時同盟と、そのことに必然的にともなうあらゆる論理的帰結は、ひょっとすると、一九三〇年代末のあの暗黒の時期とは異なるものにソヴィエト体制を変えたかもしれないと思った。しかし、彼はただちに、そうした見方を否定し、ソ連を友好的だと信じたり、この国を信頼したりすることは無益な幻想であるだけでなく、合衆国の利益そのものにとって危険である、との結論に達した。

しばしばそうであったように、ケナンは孤独感に悩まされた。大使館に出勤したケナンは新しいスタッフと顔を会わせたが、彼が数年前にモスクワを離れたときの館員は誰もいなかった。（もし彼らがなんらかの反応を示したとしての話だが）ケナンの意見に対する彼らの反応は、「退屈そうな無神経さ」といった感じだった。今回もそうだが、この点は誇張されていると信じるにたる理由があるかもしれない。しかしいずれにしても、このことは、彼が熱狂的なエネルギーを発揮して、できる限り歩きまわって見聞を広め、書きまくる、すなわち、彼の数多の印象や考えを、ほとんど時を移さず書きとめることにつながった。そしてそのことは、われわれには、末永く恩恵をもたらすことになった。もちろん、物を書くという行為は、生涯の大半をとおしてケナンの習性であった。しかし、彼は、ロシアに戻ってからの最初の半年のあいだ、これほど多くの事柄を書き綴ったことはなかったかもしれない。それはすべて日記を付けることから始まった。モスクワに到着してから一週間もたたないうちに、ケナンは元気を取り戻し、モスクワとその周辺の田舎をできるだけ出かけるよう心がけた。モスクワでの生活を始めて一〇日もすると、彼は身分を明らかにしないようにしながら、日曜日をまるまる使って、郊外行きの列車で旅行に出かけ、人びとの話に耳を傾け、そのうちの幾人かと話をするなどして、見聞を広めるよう心がけた。彼の日記は、そのときの郊外への旅の印象について、何ページにもわたって記している。数日後、彼は、政府の役人である知人との長い会話をどうしても記録に留めておく必要性を感じた。この会話は注目すべきものであった。というのは、ケナンのような好意的な外国の観察者が、あらゆるロシアの現地住民と無理やり切り離された状況にあるという厳しい制約に不満を述べたのに対して、このロシアの知人は、このときだけはまったく公然と、これを退けたうえで、さらにこうつけ加えた。もうひとつ注意しておかなければならない理由がある。ロシアは目下、戦争に勝利しつつある。この国は勝ち誇っている。外国人はそうした事態が起きるときには、とくに用心すべきである。なぜなら、そのようなときには、当然のことながら、ロシア人たちは自分たちの力にひどく自信を持つようになっているからだ。ロシア人たちが、困難にぶつかって、外国からの支援を必要としているときとは異なる対処が求められる、と。それから数日後、ケナンは広々としたモスクワの街路の一角に立ち、五万人近いドイツ兵の集団が通過するのを目撃した。延々と続く多数のドイツ人捕虜たちはもつれる足を引きずりながら、モスクワ市民に印象づけるために、最高位にあるソヴィエト当局者たちによって明らかに仕掛けられた行進を続けた。ジョージ・ケナンの心は、大半は若者であるこれらのドイツ兵たちに対する同情と悲しみでいっぱいだった。例によって、彼は、国民全体が非難されるべきではないし、そうすることはできないと思った。私はあえて書くが、彼は、「閣下、人間が矯正不可能だなどと見なしてはいけません」というエドモンド・バークの言葉に同意しただろう。

ケナンは、ひと月後に欧州の将来にとって決定的となる、まさにその時期にモスクワにいた。ヒトラーのドイツが敗北するのは、いまや確実であった。西欧ならびに、フランスのほぼ全土とパリの解放は、急速に進行していた。東欧では、ロシア軍はいまや、戦争前のソ連領土をほぼすべて奪還していた。彼らはポーランドの中央部に進軍し、(チャーチルの願いに反して)英米軍が歩を進めていない欧州南東部にまさに進駐しようとしていた。東欧におけるロシアの圧倒的優勢は何を意味するのだろうか。それは、ワシントンにとっての第一の関心事ではなかった(この点はロンドンのチャーチルにとってより大きな関心事だった)。だが、それはジョージ・ケナンの頭のなかでは第一の関心事であった。そして、ロシア軍が大挙してバルカン地域(そしてハンガリー)に進入してくる前から、主たる関心事はポーランドであった。そして彼は、最前列の席で、そこでそのとき起きていたことを目撃し、熟考することができた。

ポーランドに関しては二つの重大な問題があった。そのひとつは、戦後の新生ポーランドはどのような姿〔ポーランド西部国境問題〕をとることになるのか。もうひとつは、ポーランドはどのように、そして誰によって統治されることになるのか。最初の問題はすでに暗黙裡に、そして大筋において、ローズヴェルト、チャーチル、スターリンによってその数カ月前に開催されたテヘラン首脳会談で合意されていた。第二の問題はいまや、ますます重要になり、先鋭化していた。ケナンがモスクワに到着して一カ月もたたないときに、二つの不吉な出来事(スターリンによる決定)が発生した。ケナンはその疑いのない重要性をただちに認識した。そのひとつは(七月二九日の出来事)、ロシア軍がポーランドに進駐するなかで、ソ連が、ポーランド委員会をルブリンに設置すると発表したことだ。同委員会は共産主義者と親共産主義者たちから構成され、将来樹立される全ポーランドを代表する政府の中核をなすことはかなり明白であった。もうひとつは、ワルシャワまであとわずか数マイルの地点でロシア軍の進軍を停止するという決定であった。ワルシャワでは、ポーランドの地下組織である、いわゆるポーランド国内軍が八月一日に蜂起し、ドイツ軍をワルシャワから追い出すための英雄的な闘争を開始した。ロンドンには、合法的なポーランド亡命政府が存在していた。この亡命政府は、政治亡命者による実態のない集団以上のものであり、彼らが成し遂げたことのなかには、一〇万人のポーランド陸軍兵士と航空兵士を招集したこと、そしてこれらの兵士たちは、ほぼいたるところで英軍兵士と共に戦ったことが含まれる。一九四一年にスターリンは、亡命政府を承認せざるをえないと感じたが、一九四三年には彼らと断交した。一九四四年七月のいまとなっては、ロンドン・グループとルブリン・グループとが一緒になって政府を樹立したとしても、それをスターリンが受け入れる可能性はほとんどなかった。ケナンは、モスクワでの合衆国政府代表ならびにオブザーヴァーとして、その渦中にあった。彼は多くは語らなかったが、ロンドンにある、自由なポーランド政権の運命は尽きたと確信した。そしてつぎに、ワルシャワ蜂起の期間中、ほとんど信じがたいほどの硬直的で冷酷なロシア側の振る舞いを目撃したことで、彼は憤りがこみ上げてきたが、それはときおり押し殺した怒りに近いものに変わった。明らかにスターリンは、ポーランド国内軍が単独でワルシャワを奪還したり、解放したりするのを見たくなかった。[19] ドイツ人とポーランド人双方に殺し合いをさせる、それがロシアにとって最善であるかもしれない。

まさにそのようなとき、ジョージ・ケナンは、一九四四年八月というこの瞬間に西側諸国がスターリンとロシア人に対して、東欧における政治目的を明確にするよう要求を突きつけて対決すべきだ、との結論を下した。そして彼は、数十年後に同じ結論に戻ることになる。ケナンは、この点ではおそらく正しかった。ロシアの戦後目的についてなんらかの合意を取りつける必要、もし可能ならば、できるだけ早くその合意に彼らを縛りつける必要性については、たしかに正しかった。戦争が終結して一年とか、二年とか、三年とか経過したのち東欧におけるロシアの行動にアメリカが懸念を抱くというのは、馬が逃げ出したあとに馬小屋の戸締まりをするのと同じだということを彼が見抜いていたことは、まったく正しかった。この時期のケナンの分析は先見性があり、その最善の特徴は、彼のいつものリアリズムによるものだった。主たる問題は共産主義ではない、とケナンは書いた。すなわち、スターリンが欲していたものは、かならずしも共産主義者たちではなく人びとであったが、それはモスクワに完全に服従する人びとであった。ロシア゠ポーランド問題に関するケナンの診断において、ほかにも二つの鋭い、透徹した要素が認められる。そのひとつは、またもや歴史的なものであり、イデオロギー的なものではなかった。一三〇〇年前のロシアによるポーランドの処遇を振り返ってみたとき、彼はそれが繰り返されていることを理解した。そのときも、ロシア皇帝とロシア帝政政府は、ロシア国家にポーランドを完全に吸収してしまうことはしなかったが、早晩、こうしたロシアの譲歩や約束は無意味だということが明らかになった。ポーランドはロシアに服従する付属物となる運命にあった。ケナンが考察に値すると考えたもうひとつの要素は、心理的なもので、ロシア人の心に見られる古くからの、奇妙な気まぐれについての特異な洞察から生じるものだった。一九四〇年、スターリンの命令に直接もとづくものだったか否かは別として、ロシアの秘密警察はカチンの森で、一挙に四〇〇〇人を超えるポーランド人将校を虐殺した。スターリンがポーランドに独立ないし、ほぼ独立した政権の存在を容認しない理由のひとつは、少なくともカチンの森事件に言及することは許さないということにあった、とケナンは考えた。なんといっても、残虐行為は、疑惑や罪悪感を引き起こすものだし、ロシア人の場合は、おそらくそれがとくに当てはまるからだ。

この点に関しても、ケナンは――おそらくという以上に――正しかった。だが、ポーランドに対する当時の彼の異常な関心と、東欧に関する彼の大局的な見方とのあいだには、何か矛盾するものを認めざるをえない。一九四四年以前と、その後何年ものあいだ、ケナンは、合衆国の死活的利益のなかに東欧は含まれない、また合衆国は東欧で起こることや、起こるであろうことを認めるべきではない、合衆国（それにイギリス）の利益は欧州大陸の東側半分より以西にある、と信じていた。彼は、ロシアによる東欧支配はいまや不可避であり、それゆえワシントンはこの問題についてのいかなる声明も出すべきではない、と予測した。この点において、おそらくケナンは間違っていた。なぜなら、東欧に関する（あるいは実際のところ、世界のほぼどの地域に関してであっても）そうした合衆国の無関心の表明は、世論の受け入れるところではなかっただろうし、ロシアを勢いづかせ、なんらの制約を受けずにことを運ぶことを可能にしただろう。しかし、それでもケナンは、利益圏も含めて地理と歴史という観点からつぎのように考えた、そしてほとんどいつも正しかった。すなわち、ちょうどロシアが、カリブ地域、南米および太平洋地域といった近隣地域において合衆国の利益を理解しなければならないのと同様に、われわれは、ロシアの利益圏についての解釈を認めるべきではないが、それに配慮しなければならない、と。

ケナンがおおむね正しかった問題が、もうひとつあった。それは、当時明確なかたちをとりつつあったもので、国連のような超国家機構によって確立された、基本的な新国際秩序に対するアメリカ人の期待に関するものだった。ケナンは、国連創設に関する準備段階の立案には関与していなかった。だが、彼は、そうした期待が米ソ関係のもっとも重要な問題の妨げになったり、その点を曖昧にしたりすることを懸念していた。ソ連の国連加盟を確保するために、合衆国による致命的な譲歩がなされるだろうこと、この目標の実現に力を入れることが、同時に魅力には欠けるが実際にはより重要な諸問題への取り組みを怠ることになる、ということを正確に予見した。それ以降、ケナンの国連に対する関心は懐疑的で限られたものとなった。そしてそれゆえに、彼の非常に印象に残る文書や覚書のなかのひとつである、「七年後のロシア」と題された三五ページの論文に触れておかなければならない。後年、ケナンは、この論文を有名な一九四七年の「X」ないしは「封じ込め」論文よりすぐれており、しかもより重要だと位置づけた。「X」論文より影響力が大きかったかというと、そうではない。だが、こちらのほうがより感銘を与えるかといえば、そのとおりである。それが歴史の皮肉であるのみならず、傑作も含めたあらゆる種類の作品の宿命でもある。

そして、「七年後のロシア」は、ロシアの物質的、経済的、国内的、文化的、知的、政治的、精神的な状況と明らかな傾向性についての、深遠な、しかもそこかしこにすばらしい分析と説明が見られる傑作だ。こうしたロシアの状況と傾向性がどのような意味を持つのか、そしてこれらのことから何が期待できるのか（そして何か期待できないのか）。こんどだけは、ケナンはこの研究論文――調査以上の、本格的な論文――を自分だけのために書いたのではない。彼はそれを大使に提出し、大使はそれに目を通したが、ほとんどコメントをするでもなく、ワシントンに送付した。ここにも、作家と歴史家の願望と才能と同時に、ジョージ・ケナンの願望と才能の一端がうかがえる。すなわち、それは教師の願望と才能の一端を示すものであった。「七年後のロシア」という論文の、書かれていない、言外の副題は、「ロシアに関するハリマン大使の教育のため」というものであった可能性は十分ある。この論文が執筆されてから六〇年以上経過したいま、筆者は、大部分の歴史家たちによって今日にいたるも認識されていない諸々の現実への、ケナンの驚くべき洞察のひとつにとくに言及しておきたい。たとえば、一九三〇年代の粛清の時期に本当のところ何が起きたのかに関する彼の結論は、「国家が共産主義のドグマの束縛から解放された」というものだった。また、彼は、スターリンは徹底的な独裁者、お山の大将であって、国際的な革命家ではない、との結論を下していた。（残念ながら、ロシアの粛清に関するもっともすぐれた、もっとも信頼に値する歴史家のなかには、スターリンが残忍なことをおこなったのは、彼が極端な独善的マルクス主義者であったからだとみなす者もいる。）

ケナンは、三五ページを超える長文を読む時間と気持ちが大使にあるかどうかわからなかったが、どうやらハリマンは目を通したようだ。三〇年以上も経過した後、ケナンはつぎのように記した。「しばしば私は、自分が彼にとってとんだ厄介者だったに違いないと思うことがある。例によって、もやもやした哲学的な考察に頭を使い、自分の仕事でもないことにやたらと関心を抱き……大統領が考えることであって、私などが考えることではないと、彼が思っているに決まっている事柄について、美文調の散文の束をつぎからつぎへと持ち込む――しかもよりによって、それは、すぐに片づけなければならないこまごまとした仕事で混んでいるときであった」。読者のみなさん。この種のすばらしい慎ましさは撞着語法ではなく、二人の関係にも当てはまります。というのは、ケナンとハリマンはいまやお互いに対する評価を高めつつあったからです。[20]

一九四五年のケナン

一九四五年は二〇世紀史における大きな、おそらくは最大の転換点であった。この年には第二次世界大戦が終結をみた。それは実際のところ、世界戦争の時代の終わりであった。ドイツによる欧州支配の二回目の、そして最後の試みが終わった年でもあった。それはまた、人類史上初めて、二つの原爆が投下された年であった。大日本帝国の終焉やその他、多くの事柄の終わりであった。それはまた、欧州、ドイツ、そしてベルリンの分断が始まった年であった。米ソ関係が徐々に転換し、来るべき冷戦と二年後の合衆国の冷戦政策の決定へとつながる年でもあった。

しかし一九四五年は、ジョージ・ケナンの人生における転換点ではなかった。それはいまだ到来していなかった。一九四五年をとおして、彼のいつもの悲観論は相変わらずのままだった。ケナンの心は陰鬱な気分に覆われていた。彼は多くの形跡から、ロシアについてアメリカが抱く期待の浅薄さに対する自己の警告は、耳を傾けられることも、気づかれることもなく、また目に止まることもないことを、来る日も来る日も悟らされた。ただ満足すべき唯一の展開は、いまやハリマン大使が情勢認識をケナンとますます共有するようになったことであった。だからといって、そのことは、ハリマンがすべての事柄について彼に同意するということを意味しなかった。また、一九四五年には、ハリマンは数週間、ときには数カ月ものあいだモスクワを空けることがあった。ケナンの精神面での健康を支えていたのは二つあった。ひとつは、妻と子どもたちの存在であった。アネリーズ・ケナンは安定と良識の支柱であり、夫がしばしばひどい悲観的気分に落ち込むのを抑えることができた。もうひとつの要素は、物を書くという抑えがたい習慣であった。ただ自分のためだけに物を書いていると考えているときでさえ、そうであった。

ケナンは、ヤルタ、サンフランシスコ、ポツダムの各会談の準備と運営には関わらなかった。そのことはまったく気にならなかった。彼は会談の重要性には疑念を抱いていたし、会談の結果の多くにそっけない態度を示した。国際連合のような新たな国際組織は最高の重要性を有しており、おそらく連合国による勝利の最高の結果であるというアメリカ人の（そして新ウィルソニアンの）信念に、ケナンが正しく批判的であったことをみてきた。彼は、モスクワとの協定に関する通り一遍の公表の限界と、しばしばそれが無意味であることを知っていた。それ以上に、歴史についてのケナンの知識と人間性についての彼の理解は、ある種の永続的な平和を確保することに専心する国際機構よりも、国民的利益や国家的利益のほうがより強力であったし、これからもそうであるという彼の基本的確信を支えるのに十分であった。

　ときには抗しがたいほどのケナンの悲観論には、正当な理由があったのだろうか。答えはイエスでもあり、ノーでもある。ローズヴェルト大統領に比べると、トルーマン大統領の対ソ姿勢にはかなり明確な変化が見られた。だが、ケナンは当時、この点にはほとんど、またはまったくといってよいほど重要性を認めなかった。この新任の大統領は頑固な性格の持ち主であったため、ホワイトハウス入りしてわずか数日後には、訪米中のモロトフ外相に向かって厳しい口調で話すほうがよいと感じたことは確かだ。だが、その翌日、彼はいくぶん態度を軟化させた。その後一九四五年の残り八カ月間と、ある程度までは一九四六年に入ってからも、ハリー・トルーマンは、スターリンのロシアとなんらかの理にかなった、持続的な関係を実現しなければならないし、それはいまだ可能であるとする合衆国の政策を放棄しなかったのも事実である。われわれは、近未来についてのケナンの見方は、これとは違っていたことを知っている。非常に示唆的なのは、自国の政治的習性に対する彼の辛辣な批判である。一九四五年の全期間をとおして、彼の日記はそうした批判で埋め尽くされている。ケナンはそのかなりの部分を、三〇年以上も経過した後に書かれた『回顧録』において再録するのが適切だと考えた。一九四五年の数カ月間、アメリカの政治家、元職と現職を問わず、大使、上院議員、下院議員が多数モスクワ入りした。スターリンはほとんど全員と接見した。ケナンは、彼らの全般的な無知や関心の浅薄さに愕然とし、振る舞いそのものに仰天させられることもしばしばだった。数少ない例外は、スターリンとの面会のために五月末にトルーマンによって派遣されたハリー・ホプキンスだった。ホプキンスはすでにケナンと面識があり、彼に敬意を払っていた。ケナンは、スターリンによるポーランドの処遇に影響を及ぼしたり、いわんや変えさせたりすることはまったく期待できない、とホプキンスに告げた。ホプキンスはケナンの意見に耳を傾け、彼の意味することを理解した。だが、ホプキンスもケナンも、ともに打つ手はほとんど何もないとわかっていた。モスクワを訪問し、モロトフおよびスターリンと笑顔で歓談したアメリカのお偉方のなかには、一、二年もたたないうちに、過激で教条主義的な反共主義者となる人たちが含まれていた。中国駐在アメリカ大使に就任するためにモスクワ経由で赴任するパトリック・ハーレー「将軍」は、中国に対するロシアの慈悲深い態度についてモロトフが与えた保証をことごとく是認し、かつそのことをワシントンに報告した。このことは、モスクワ大使館の全職員を仰天させた。驚愕した大使館員のひとりは、中国問題の専門家ジョン・パットン・デーヴィスだった。数年後、ハーレーはこの人物を悪辣に攻撃し、彼を共産主義のシンパや協力者だと非難した。（ケナンは公然と彼を擁護した。）つぎに、アイゼンハワーが八月に意気揚々とモスクワを訪れた。この将軍は笑みを満面に浮かべ、ジューコフ将軍と抱擁を交わし、米ソ間の友好に乾杯した。八年もたたないうちに彼は大統領に就任し、ロシアとのいかなる協定も無駄であると米国民に告げた（しかもチャーチルには、ロシアは「売女」だと言った[21]）。

一九四五年が終わりに近づくころ、アメリカ丸という巨大な国家の進路はその最初の、微妙だがそれとわかる変化を見せはじめた。だが、モスクワでのケナンの憂鬱な日々は続いた。彼は、外交政策を国内政治利害に全面的に従属させる合衆国の傾向をいやというほど承知していた。典型的な事例は、ケナンの直属の上司で国務長官に就任したばかりの、ジェームズ・F・バーンズのモスクワ訪問であった。ハリー・トルーマンは政治的な理由で、バーンズを不運なエドワード・ステッティニアスの後釜に選任していた。一九四五年一二月のモスクワ外相会談がなんの成果もあげられないと予見したのは、ケナンだけではない。それでも彼は、バーンズの軽率さに衝撃を受けた。彼はバーンズの本心を見抜いていた。バーンズの主たる(そしておそらく唯一の)目的は、それがいかに無意味で取るに足らないものであっても、なんらかの合意に達してワシントンに帰国することだったということ、さらには、モロトフとスターリンが、バーンズのそうした意図を十分すぎるほどわかっていた、と見抜いていた。米ソ間の深刻な対立はかならずやってくるが、合衆国および米国民はその準備ができていない、とケナンは思った。

ロシアがヨーロッパ戦勝の日(V - Eデー)の発表をおこなった朝、大使館の建物の前で、ソ連史上初の予期しない大衆デモがモスクワ市民のあいだで起きた。このときケナンは、大使館の代理大使であった。それは、戦争中、合衆国がロシアにおこなってきた多大な支援に対する、民衆による自然発生的で巨大な感謝のうねりだった。ケナンの性格からして、感情面で張り詰めた緊張感があった。しかしその忘れがたいデモの当日、彼は冷静な気分であった。ケナンは、このロシア民衆の感情のほとばしりは当局の気持ちや考えにそぐわず、しかも長続きはしないだろうとわかっていた。だが、ロシア国民（ならびにこの国）に対するケナンの深い愛着は変わらなかった。一九四五年の数少ない楽しい体験のひとつは、モスクワから離れたいくつかのロシアの土地を訪れることができたときにやってきた。訪問地で彼は、あらゆる種類のロシア人たちと話をすることができた。と同時に、ロシア人の国民性の風変わりで嫌な面、古くからの国民性は、共産主義のせいに帰せられるものではないことを理解していたし、ときにはそのことを強調することもあった(22)。

一九四五年のジョージ・ケナンは先見の明があり、預言者であり、自国民にそっぽを向かれたカッサンドラーであった。一五〇年前にチャールズ・ジェームズ・フォックスが、彼の偉大なる論敵エドモンド・バークについて語ったことは、ケナンにも当てはまった。「賢人だが、……生まれるのが早すぎた」。ケナンの当時の世界認識において、十分には現実主義的であるとはいえない点が二つあった。ソ連の対日参戦が合衆国にとっていかに重要だったかを認識していなかった。スターリンは対日参戦の約束をローズヴェルトにおこない、その約束を果たした。しかし、ケナンの主たる関心と優先事はつねに欧州に関するもので、極東ではなかった。彼は実際的・道徳的な理由から、合衆国は東欧については何もできないので、何もすべきでなく、また何も言うべきではないと信じていた。彼はまた、ヤルタでの「解放ヨーロッパ宣言」のようなものは、嘆かわしく、見せかけにすぎず、役に立たないと信じていた。なぜなら、東欧はいまや、スターリンの勢力圏となっているからであった。奇妙なことに、いやそれほど奇妙なことではないかもしれないが、スターリンもまた、まったく同じように考えていた。ヤルタと、あのくすんだ仰々しい宣言についてのスターリンの解釈は、ローズヴェルトは暗黙裡に実際の状況を理解していたというものであった。すなわち、「我々のものは我々のものである。彼らのものは彼らのものである」（のちにスターリン自身が語った言葉）。この点はそのとおりであった。つまり、欧州の分断は第二次世界大戦の不可避的帰結であった。だが、硬く口を閉ざしたまま、欧州の分断を黙認することは、いやしくも可能だっただろうか。この民主主義の時代に、スターリンの鉄のカーテンの背後で起きていることに関心がないなどと公言することが、政府にできただろうか。それゆえ、スターリンを心配させ、強く印象づけたのは、東欧、より正確にいうならば、いまやロシアの支配下に置かれたこの欧州の地域で起きていることへの懸念を、合衆国が表明したことであった。東欧で起きていることが、いわゆる冷戦の開始につながったのだ。

一九四五年の時点でのケナンは、東欧よりもドイツに関心を持っていた。彼はポツダム会談よりははるか以前に、ドイツに関して米英ソ間に合意を見ることはできないだろうと予見していた。最善かつもっとも実際的な方法とは、ドイツの分断を受容し、ソ連の占領下にない西側半分に相当する自由ドイツの再建にとりかかることであった。これが、「ドイツとの戦争終結時におけるロシアの国際的地位」と題する長文の骨子であった。ケナンはこの長文を一九四五年五月に執筆し、ハリマンに提出した。（彼はこの一文がワシントンで目に止まるとは思っていなかった。だが、ホプキンスがそれを読んだといういくばくかの証拠がある。）これもまた、彼のペンから生まれた、もうひとつの優れた一文、いやむしろ小論文というべきものである。筆者はぜひとも、ケナンのもっとも驚くべき、予言的な観察のひとつに読者の注意を喚起したい。その観察のひとつとは、共産主義とマルクス主義は過去の、時代遅れのものとなったというものだ。「純粋なマルクス主義は時代遅れになった。そして、マルクス主義の炎がそれとわかるほどにクレムリンの権力を鼓舞することがあるとしても（この点は疑問だが）、……革命的マルクス主義の炎は明らかに消滅してしまったのだ。その後に残されたものが、防衛と帝国主義的拡張を理由に、愛国心と民族主義的感情をかき立てることは可能である」。観察の二つ目は——おそらく本書の目的にとってはさらに示唆的なことだが——、東欧を支配するロシアの権力は長くは続かないだろうという彼の予言であった。「ロシアは、現在主張している領域のすべてにわたって、その権利の保持を長くは続けられないであろう。その場合、戦線はいくぶん後退させなければならないだろう」。傍点の箇所はケナン自身のものである。この小論文の別の箇所では、彼は「消化不良」という形容詞を用いた。数カ月前、チャーチルがドゴールに向かって東欧について語っているときに、まさにこれと同じ言葉を使ったということを、ケナンは知る由もなかった[23]。またこの小論文では、スターリンに関する巧みな描写がなされている。そのなかには、そこかしこに、スターリンが少なくともある種の偉大さを備えていることを、あるがままに認めていることも含まれる[24]。

しかし縷々述べてきたが、結局のところ、一九四五〜四六年の時期のケナンは、ふたたび絶望的なほど孤独だと感じていた。バーンズによる役立たずのモスクワ訪問の後、彼はさらなる一文を書き上げた。それは、ロシアの役人への対処方、扱い方、話し方に関するアメリカ人向けの実践的指導文、一種の教師用案内であったが、それをワシントンに送ることはなかった。彼の気分は、久方ぶりに職を辞したほうがよいと思うほど、ふたたび落ち込んでしまった。

3

アメリカ丸のブリッジに立つ一等航海士

モスクワ発、ケナン長電文

モスクワ大使館にひとり残されるなか（ハリマンはこのときも、数週間モスクワを離れていた）、ジョージ・ケナンは病気を患っていた。一九四六年二月のことである。病床に伏した状態だったが、大量の日常業務を処理しなければならなかった。彼は国務省から送られてくる通常の電文に目を通した。それは、財務省からの問い合わせであった。世界銀行と国際通貨基金への支持を求める標準的な合衆国の提案に、ソ連政府が同意することを渋っているという内容であった。その理由は何なのか。ロシアはいったい何を望んでいるのか、といった問い合わせだった。この問い合わせに対するケナンの反応は怒りであった。ロシアはなにゆえそうした行動をとるのかについての、もうひとつの嘆かわしいほど無知な質問であった。悪いことに、それは財務省からの電文だった。財務省の上層部の人たちの見解、とくにロシア（およびドイツ）に関する見解は、つねに無知だというわけではないにしても、ナイーヴなことで知られていた。ケナンは最初、彼らの問い合わせに対する簡単な回答で済まそうと考えた。さらりと片づけてしまおうとしたのだ。だが、病床のベッドのなかで熟考するうちに、考えを変えはじめた。ここには少なくとも、もうひとつの真面目な覚書、この場合、ソヴィエト体制がどうしてそう振る舞うのか、またそのように振る舞うと期待できるのかの要約を作成する機会が存在した。この財務省の人びとからの問い合わせは、国務省のロシア・デスク以外の誰かが読むなどということはほとんど考えられなかったとしても、ともかくそうした説明をする口実、手段を提供した。ケナンは有能な秘書であるドロシー・ヘスマンを呼び、ベッドのなかから、八〇〇〇語からなる長電文――のちにたいへん有名になる――を口述筆記した。

歴史、そして人の人生というものは、意図せざる結果で満ちている。「かなえられた願い事」というより、むしろ「意図せざる結果」である。なぜなら、ケナンは、この「入念な衒学的努力」（彼は後年こう呼んだ）から多くのものを期待していなかったからだ。彼にとって、それは、真剣に物を書くという、自らに課した仕事にすぎなかったし、義務感によってだけでなく、自分の考えを明晰にしようとするもうひとつの衝動によっても突き動かされていた。そのうえ、長電文の影響は急激かつセンセーショナルなものだった。電文は二月二二日の休日、ワシントンの誕生日にワシントンに届いた。それはただちに回覧され、増刷され、送付され、陸軍長官、海軍長官によって読まれ、トルーマン大統領自身も目を通したようだ。歴史家たちは、長電文をまさしく合衆国の対ソ政策を転換させ、事実上冷戦の開始を促した重要な文書であり、手段のひとつだとみなすようになった。それは、一カ月後におこなわれる、ウィンストン・チャーチルの「鉄のカーテン」演説、その後のトルーマン・ドクトリン、マーシャル・プラン、その一年後に封じ込めを唱えるケナン自身の「X」論文に匹敵する重要性を持っていた。

電文はたしかに、アメリカ丸という国家の進路の舵取りをしている人たちの心に強烈な印象を与えた。それはたちまち、ジョージ・ケナンの人生路を変えた。彼は三〇年後にこう記した。「私は名声を博した。私の声はいまや重きをなした」。「私の官界での孤独は事実上終止符を打たれた——少なくとも二年ないし三年間はそうであった」。たしかに、ケナンの官界での孤独は終わった。だが、彼の私的な孤独については、どちらとも言えなかった。この突然の劇的な人生の転換についてケナンがどう考えていたかは、興味深く、また心の内奥をうかがわせる。良くもあり、悪くもあった。というのは、いま起きていることを目の前にして、彼は悲喜こもごもの思いだったからだ。われわれはそのことを、長電文の話の後に続く『回顧録』のなかの長い文章、すなわちアイディアというものが、とくにワシントンで、どのように伝わっていくのかについての真剣な分析からうかがい知ることができる。[1] ケナンは、「だからそう言ったでしょう」というようなことを人に向かって言うような、明らかな誘惑に屈するタイプの人間ではなかった。[2] しかし彼は非常に苛立っていた。人が言ったり、書いたりすることの結果の多くはタイミングしだい、すなわち人びとが読みたいとか聞きたいという潜在的な気持ちよりもむしろ、実際そういう気持ちがあるか否かに依存するということがわかって心を痛めた。つまるところ、長電文は、すでに明らかであったこと、ないしは明らかであったはずのことを再度強調したにすぎないのだ、とケナンは思った。振り返って考えると、彼は長電文にかならずしも満足していたわけではなかった。この電文は、古くから続くロシアよりも共産主義について、歴史や地理よりもイデオロギーについて言及しすぎていた。そうした点を強調し、それが広く受容されたことは、繰り返し彼を悩ませることになる。あまりにも多くの人びとが、いまや彼をロシアの専門家というい以上に（あるいは、むしろ）共産主義の専門家とみなすことになる。

ナショナル・ウォー・カレッジ教官時代

こうしていまや、ジョージ・ケナンの経歴のなかでもっとも重要で、もっともよく知られている四年間にたどり着いた。すなわち、一九四六年から一九五〇年までの時期、ケナンはアメリカ丸のブリッジに立つよう命じられた。それは国務省の官僚トップのひとりで、国家の進路の舵取りをする人たちに近く、上司といえばほんのひと握りしかいない地位であった。これら四年間を概観しようとする試みは、いとも簡単なようでもあるし、とても難しい場合もある。いとも簡単なのは、話の主要部分は、かなり周知のことであるか、少なくともそのはずだからだ。とても困難なのは、その充実した年月の正確な再構築のようなことを可能にする文書量が桁外れに多いからだ。しかし、本書は包括的な伝記ではなく、性格の研究である。そうした作業も容易ではない。というのは、すべての人間の性格には二面性があるし、この時期のケナン自身の意見には矛盾する点がある、少なくともそう思えるからだ。だが、彼の信念には一貫性があり、その信念は、ときおり一見矛盾したように見える（そしてしばしば表面上そう見えるにすぎない）意見の表明以上に、より本質的で、永続性があった。

世間から認められようと追い求めることは、ほとんどつねに孤独の産物である。ケナンは孤独な人だった。だが、公に認められることは彼を魅了しなかった。そして、モスクワでの彼の孤独な生活の後、いまやワシントンの慌ただしい生活が待っていた。強いられた孤独は、避けがたい喧騒に引き継がれた。こうしたことはすべて、やや突然に訪れた。長電文から三カ月後、ケナンと家族はワシントンにいた。その前に彼は最初の仕事を与えられた。彼は、新設のナショナル・ウォー・カレッジ（米国防大学）の教科課程の編成と、合衆国の各軍から選抜された最有望な若手将校への講義の手伝いをすることになっていた。彼の新設ポストと肩書きは、外国事情担当副指揮官であった。ケナンはこの任務に全力で取り組んだ。彼は失望させられることはなかった。学生将校たちの大半が、感心するほど真面目で聡明だと感じた。当面は意気軒昂だった。ケナンは、自らに課したもうひとつの仕事である家族農場の改修作業にも元気づけられた。彼と妻子たちはいまや、ワシントンからおよそ二時間の距離にあるペンシルヴェニア州東ベルリン近郊の自宅の改修、庭の手入れ、農場での作物栽培に週末をあてることができるようになった。ケナンは農場日記を付けはじめた。彼は、田舎生活の長所や楽しみについて感傷的な見解を有していた（彼にとって、そうした楽しみはつねに農作業に関するものであり、地主階層が関心を抱くようなものではなかった）。仕事は困難でいつ終わるともしれないものだったが、そのことは気にならなかった。つぎに、もうひとつの任務が与えられた。公衆の前で講演をするという経験はほとんどなかったが、どういうわけか、不安に駆られた国務省の連中は、教師としての彼の能力に気づいたに違いない。それは、ソ連について特定のアメリカの聴衆を教育し、必要ならばソ連の野望と対決する必要性について聴衆を教育することであった。彼らはケナンを講演旅行に送り出した。

講演旅行での体験は、ナショナル・ウォー・カレッジでの経験ほど彼を満足させるものではなかった。そのさい心に留めておくべきは、米ソ関係の展開において、さらには第二次世界大戦後の合衆国の世界認識の展開において、一九四六年は移行年であったということだ。政府の最高レヴェルでは、合衆国は共産主義とソ連の侵略的野望の兆候に抵抗し、対応すべき時期が到来したという認識はすでに存在していた。だがその場合でも、どこで、どのような行動がとられるべきかについて、確固たる計画はまだ存在しなかった。しかも一九四六年の時点でのアメリカの世論は、いまだ割れていただけでなく、形成途上にあった。いろいろ疑いはあっても、多くの場合、ソ連に好意的な態度をとるという戦時の幻想とイデオロギー的性向がまだ支配的であった。アメリカ史の多くの事例にみられるように、世論と大衆感情とが乖離していた。そこかしこで重なる部分はあっても、両者は同じではなかった。世論の多くは、国際秩序とソ連についての楽観的希望を放棄する気持ちにはいまだなっていなかった。半面、ソ連に対する反感は、大衆感情のレヴェルでは高まりつつあった。ケナンの講演を聴く目的で国務省によって集められた聴衆は、大衆感情というより、むしろ世論を代表する人たちであった。ケナンはそうした聴衆を相手に十数回もの講演をおこなった。彼らは異なる意見の持ち主であった。ケナンはとくに、カリフォルニアでトップ・レヴェルの原子力専門の科学者を含む学者集団を相手に講演したさいには、彼らがソ連についての進歩的な考えを再考したり、いわんや放棄したりする気がないといった、不正直でひねくれた態度を示したことにくわえ、世界についてあるがままに現実主義的に考える能力をまったく欠いていると感じた。これら大学の聴衆のなかには、共産主義のシンパだけでなく、活動的な共産党員も含まれており、ケナンの話したことをメモにとり、報告している、と感じた。だが、そういう場合でも、彼は合衆国内における共産主義の影響力の程度を誇張すべきではないと考え、そう発言した。これからも繰り返すことになるが、筆者はこの重要な指摘に読者の注意を喚起しておきたい[3]。数カ月後、ヴァージニア大学での別の講演において、彼はつぎのように語った。「いまわが国で流布しているように思われる、ヒステリックな反共主義を私は悲しむものである」。まさにそのとおりであった。

夏に国務省が手配・後援した講演が終了したのちも、さらに多くの講演の要請が届いた。ケナンは驚くほどのエネルギーを発揮した。講演や講義の内容を繰り返すことはめったになかった。それぞれの講演について、平均五〇〇〇語の文章を口述筆記したり、自ら執筆したりする習慣を続けた。同時に彼は、ナショナル・ウォー・カレッジでの講義その他の義務を続行した。講演は聴衆に強い印象を与えた。聴衆のなかには、後年、彼の使用した語句を覚えている者もいた。彼は聴衆の反応に満足していた。この点はワシントンの上司たちも同様であった。巨大なアメリカ丸の進路の転換に世論が備えなければならなかったときだけに、政府にとって、ケナンはきわめて有益なスポークスマンであった。それゆえ、一九四六年のこのときだけは、彼はワシントンの政府高官の考え方と歩調を合わせた。(このときだけはと言ったのは、その後まもなくそうではなくなるからだ。)

それから一九四七年には真の意味での転換点がやってきた。新たな進路が決定され、冷戦が始まった。一九四七年はジョージ・ケナンの人生においてではないとしても、その公的経歴における最高の到達点となった(4)。

「X」論文とマーシャル・プランの策定

早くも転機は訪れた。一九四七年一月、ジョージ・カートレット・マーシャル将軍は国務長官就任を受諾した。ディーン・アチソンは国務次官に就任した。二人とも、いまではケナンを知っていた。マーシャルは、国務省内に質の高い企画室のようなものを設置する必要性を確信していた。優秀で聡明なウォルター・ベデル・スミス将軍は、そうした組織の責任者として、ケナンをマーシャルに進言した。マーシャルは、言質を与えずケナンに接触するようアチソンに指示した。その後、二月二四日にアチソンはケナンを次官室に呼び、すでに発生していた重大問題を審議することになる特別委員会の会合に、その夜出席するよう要請した。問題とは——いやむしろ挑戦といったほうがよい——、イギリス労働党政府がギリシャへの軍事的・財政的な支援を放棄する決定をおこなったことである。ギリシャでは、王党派の民主政府と武装蜂起した共産主義勢力とのあいだで内戦のような状況が進行していた。長いあいだ、ギリシャはイギリスだけが責任を有する問題であったということを想起すべきである。イギリスは共産主義者の蜂起を打ち負かすために、一九四四〜四五年にかけて部隊をアテネに派遣していた。この行動に対して、イギリスは当時、アメリカの世論と国務省から痛烈な非難を浴びていた。[5] しかしいまや、イギリス政府は、あらゆる種類の物資的困難に悩まされ、しかも旧イギリス帝国の責任とプレゼンスの多くを放棄しつつあるときであり、合衆国に支援を求めた。イギリス政府は、合衆国はギリシャに対する責任を担う意思があるのか、現地の共産主義者たちの脅威に対抗してギリシャを支援する努力を引き受ける気があるのかどうかを打診してきた。ケナンも含め、その夜の委員会の一致した意見はイエスであった。それこそ合衆国がしなければならず、すべきことであった。

全員「賛成」ではあったが、圧倒的な賛成というわけではなかった。委員たちは、ケナンの意見の明断さと直裁さに強い印象を受けた。決定はいまだ最終的なものではなかったが、大統領と彼の顧問たちは決定に達しつつあった。だが、ケナンはそのことを知らなかった。トルーマン・ドクトリンと呼ばれることになるものがすでに誕生しつつあった――そしてそれこそは決定的な転換点、合衆国の歴史において単なる一里塚以上のものであった。中絶か、帝王切開かといった問題でも、またそのような判断を下す時間的余裕もなかった。大統領と政府の最高位にある人たちにとって、主要な問題はそれをどう実行するかにあった。すなわち、議会（および世論という曖昧な名称で通っているあのしばしば漠然とした大衆）に受け入れさせるために、それをどう売り込むかであった。二月二四日のあの忘れがたい会合が開かれた一〇日後に、ケナンはそのことを知った。三月六日に彼は、その六日後にトルーマン大統領が議会で演説することになる教書の草案を示された。この草案はケナンを相当困惑させた。彼は、友人のロイ・ヘンダーソンとディーン・アチソン次官に自らの懸念を伝えた。二人は耳を傾けてくれたが、彼の批判はなんらの影響も与えなかった。ルビコン河を渡ることになろう、そして米国民と世界は、やがてトルーマン・ドクトリンとして知られることになり、かつ今日でもその名で通っている言葉や語句を聞くことになる。

トルーマン・ドクトリンの原文——そして暗にその意味するところ——にケナンが不満だった理由は二つあった。彼にとっての不満のひとつは、ギリシャとトルコを結びつけるという、まったく不必要な行為にあった。トルコには、共産主義ゲリラや地下活動は存在しなかった。一方、ギリシャにおける共産主義の蜂起を打ち負かすことは、トルコの安全保障に対する十分な貢献となるだろう。第一の点と無関係ではない、彼のもうひとつの警告は、「少数の武装された集団や外部からの圧力」によって脅かされるいかなる国民も合衆国が支援する（そして暗黙の前提として、軍事的にも）という約束を宣言した、大統領教書の普遍的かつ包括的な文言に向けられた。ケナンは、そのような普遍的ないしほぼそれに近い約束は不要だと考えただけでなく、合衆国の国益の定義をあまりにもかけ離れたものにし、結局は誤った方向に導くことになるだろうと思った。(6)

これは、ジョージ・ケナンとディーン・アチソンが意見を異にした多くの事例の最初のものであった。二人の性格と来歴は違っていた。アチソンはケナンを、過度に知性的で、必要な実用主義的考え方を犠牲にするところさえあり、それゆえ、しばしば実際的ではないとみなしていた、といっても過言ではないだろう。このことは、アチソンがケナンにそれ相当の敬意を抱いていなかったとか、アチソンが国務長官になるに値しないというのではない（アチソンはその後五〇年以上ものあいだ、彼の後継者となる人物を上回る資質を備えていた）。だが、二人の関係は緊密ではなかった。また、アチソンの意見と世界についての見方は、ケナンのそれより変わりやすかった。一九四六年末になっても、アチソンはソ連との和解の可能性を模索していた。しかし一九四七年三月になると、アチソンは、トルーマン政権がギリシャとトルコで態度を明確にしない限り、共産主義の波が西欧を席捲する可能性があることをちらつかせて議員たちを脅かすために、もっぱら誇張された言葉でトルーマン・ドクトリンを議会に「売り込む」ほうが適切で好ましい、と考えるようになった(7)。一〇年後にアチソンは、当時ケナンがある種の欧州相互兵力引き離しを主張したことで、彼を非難した。さらに、五年後にジョン・ケネディ大統領が、キューバ危機のさいに助言を求めたとき、アチソンは助言者たちのなかでもっとも強硬なタカ派のひとりであった。だが話の先を急ぎすぎた。肝心なことは、アメリカ外交政策の進路を描く手助けをするケナンの影響力は、その高い地位にもかかわらず、きわめて限られていたということを彼が早々に学んだ、あるいは学ばなければならなかったという点だ。とにかく、アチソンとケナンは二人とも、一九四七年には、アメリカの大衆感情と世論がいかに変化しつつあったかを理解することができた。たとえば、かつての極端な孤立主義者たちが、ソ連に対抗する合衆国のいかなる極端な行動も十分ではないと主張するほどの、過激な介入主義者となった。

ケナンとマーシャル将軍との関係はまったく違っていた。マーシャルは、ケナンと知り合った当初から彼を気に入った。ケナンに対する彼の敬意は相当なものだった。ケナンはマーシャルの人柄を心から崇拝していた。彼は、一瞬たりともマーシャルの部下であることに腹を立てるとか、苛立つということはなかった。マーシャルの寡黙な廉直さに畏敬の念を抱いたこともあった。将軍の当意即妙な返答に最初は驚かされ、つぎには微笑ましくなることもあった（たとえば、いちどケナンが、ウィスキーの前に氷を入れたため叱ったときのように）。マーシャルは、国務省ビル内の国務長官執務室のすぐ隣の部屋をケナンに与えた。ドア以外は二人を分けるものは何もなかったが、その容易なアクセスをケナンはほとんど活用するということをしなかった。

本書の目的にとって重要なのは、マーシャル・プランの策定におけるケナンの役割である。この点は、歴史家や政治学者が、「封じ込め」を提唱した「X」論文に焦点を当てたことによって、しばしば曖昧にされてきた。しかし、ケナンのマーシャル・プランへの貢献は看過されるべきではない。マーシャル将軍は一九四七年四月、モスクワからワシントンに帰国した。その翌日、マーシャルはケナンを呼び、ただちに政策企画室会議を招集するよう指示した――たとえそれが、ナショナル・ウォー・カレッジでの残りの学期の仕事を中断しなければならないことを意味したとしても、それはそれでよいというものだった。ケナンは部下を集めるのに一〇日も要しなかった。彼は、ウォー・カレッジでの講義を断念しなくても、これをやり遂げることができると思った。また、自分が約束した

二、三の他の講演を取り止めることもしなかった。将来の伝記作家が留意すべきことは、ケナンの驚くべきエネルギーだけではなく、彼がマーシャル・プランの立案者だからである――おそらくは生みの親といってもよい。政策企画室長として彼がマーシャルに提出した草案は、マーシャル（そして、ときにはアチソン）が草案の文言を入念に検討した後であったにもかかわらず、承認されたし、ときにはパラグラフ全体が承認されたこともあった。マーシャル・プランは、西欧諸国の経済を復興させ、社会を安定化することを目的として、合衆国による緊急の（しかも寛大な）物資的・財政的な援助を約束したものであった。その目的は政治的、社会的なもので、軍事的ではなかった。すなわち、共産主義が絶望や混乱を利用しようとする危険が存在しているとすれば、それを減少させることであった。

ケナンは、この際立った功績をほとんど、またはまったく自分の手柄にしなかった。それは彼の性格がそうさせたのである。われわれはもちろん、彼ひとりで仕事をしたのではないことは考慮しなければならない。ケナンは、意見に耳を傾けたり、議論をしたりして、こじんまりしたスタッフと長い時間をともに過ごした。ある晩には、疲れ果て、廊下のほうに歩いていって、突然泣き出したこともあった。だが、最終草案を台無しにするような深刻な対立や個人的な意見の違いはなかった。そして、結局のところ、ケナンは彼らの参謀長であった。しかし、一九四七年五月六日のウォー・カレッジでの講義に、いくばくかの関心を払う必要がある。留意すべきは、マーシャルが政策企画室を立ち上げるよう彼に命じてから、五日もたたないうちにこの講義を準備したという点だ。この五日間に、ケナンはほかの講演の約束にくわえて、部下との最初の会合を重ねたのであった。彼の一九四七年五月六日の講義は、少なくとも、長電文や「封じ込め」論文に劣らず重要だというのが筆者の意見である。この講義は、マーシャル・プランとそれ以降の彼の信念についての非常に思慮深く、重要な要点を含んでいた。ある意味で、この講義は悲観的にすぎた。東欧を飲み込んだ後で、そして西欧に強力な共産党が存在するなか、ロシア人たちは、「欧州はそのことを知らないかもしれないが、欧州は事実上自分たちのものである……と感じる」かもしれない、と彼は述べた。それは事実ではなかったし、しかも後になってからだけでなく、当時ほかの場所で彼が述べた自身の信念、すなわち、ロシア人はいま飲み込んでいる東欧を消化するのに十分な苦労をするだろうという信念とも、矛盾するものであった。しかし右に引用した、欧州に関する発言は、あの講義のなかでみごとに展開された彼の論旨の核心をなすものではなかった。物資的条件、すなわち西欧諸国の経済は、合衆国の援助によってすみやかに改善されなければならない。しかも欧州、なかでも西欧は、合衆国の利益にとってのみならず、文明全体にとって、世界の他の地域以上に重要であった。そして、欧州のなかでは、西ドイツの地位（そしてオーストリアの地位）はとくに重要であった。ソ連とのあいだにドイツに関する合意に達したいという期待をすべて捨て去るときが、ついに到来した。西欧の復興と強化は、いまや最重要かつ緊急の合衆国の任務であった。

これらすべての点は、政策企画室（そしてこの場合は主としてケナン）が作成したマーシャル・プランの草案の内容と一致していた。この草案は、五月二三日に国務長官によって承認され、六月五日のハーヴァード大学での彼の有名な演説のなかで発表された。しかしケナンのウォー・カレッジ講義には、検討に値するほかの要素も存在した。ドイツに関するケナンの提言の場合と同様、彼は軍事的・政治的な現状を承認し、ドイツの西側地区と西欧に専念するよう提案した。だが、同時にケナンは、合衆国の支援にもとづく欧州の復興は大陸全土を対象にすべきだと主張した（しかもマーシャル将軍も彼の演説のなかで、そしてその後も、この主張を採用した）。ロシア人たちはおそらく受諾しないだろうが、この計画は彼らにも提案すべきである。力点は欧州に置かれなければならない。そしてトルーマン・ドクトリンは、世界中のすべての地域に対する普遍的な合衆国の約束とみなされるべきではない。

この時点で、ケナンと欧州についてなにがしかを語るのがよいだろう。ここには中西部出身の生粋のアメリカ人がいた。彼の祖先は、欧州大陸から遠く離れたスコットランド出身であった。彼はかつては、欧州へのアメリカの介入に批判的で、アメリカの国益の限界についての明確かつ確固たる見解を持ち、ある意味で、そしてときには、孤立主義者とみなされうるような人物であった。しかし、そうした呼称は誤解を与える以外の何物でもない。ケナンは若いころから、欧州、とくに「長い歴史《オールド・》を有する欧州《ヨーロッパ》」に知的な敬意だけでなく、精神的な敬意までも抱いていた。彼の前述の文書や講義における議論と文章の多くは、この点を反映している。ほかの人と違って、ケナンは西欧の経済的再建の必要性についてのみ主張したのではなかった。あるいはまた、そうした物的努力がいかに合衆国自身の利益と一致するかについて論じたのでもなかった。少なくともあるときに、彼は、合衆国は自国の伝統のいくつかの発祥地であり、それらの伝統を共有する欧州の当該地域の諸国民（しかも英語を話話す諸国民だけでなく）になにがしかの恩義がある、と暗に示唆した。そのような信念は全生涯をとおして、彼の政治的関心のみならず、知的関心を特徴づけた。だが、一九四七年の時点では、そこに内在的な矛盾が存在した。欧州とはいっても、どの欧州のことなのか。あるレヴェルでは、ケナンは欧州の分断を容認した。ロシアはいまや東欧を手中にした。残念ながら、そこではたいしたことはできなかった。ロシアを「鉄のカーテン」の背後に封じ込め、西欧の復興と防衛の義務を負うだけでも、合衆国にとって十分な仕事であった。もうひとつのレヴェルでは、彼は欧州（およびドイツ）の分断は、第二次世界大戦の悲惨な帰結であり、大いなる不幸なのであり、存続すべきではないと考えた。このことは、理論的に望ましいという以上のものだった。そのような不自然な欧州の分割は永続しないだろうし、永続することはできず、早晩、ロシア人は現在獲得している領域から少なくともいくぶんかは後退せざるをえないだろうと考えた[8]。しかしケナンは、そうした洞察を「封じ込め」論文やドクトリンのなかで表明したり、提案したりすることはなかった。ここで、この「封じ込め」の問題に目を向けなければならない。

「封じ込め」ないしは「X」論文の起源をたどるのは簡単だ。ワシントンには、ケナンに敬意を払うだけでなく、実際のところ崇拝するもうひとりの政府高官がいた。海軍長官のジェームズ・フォレスタルだ。（一九四六年二月、フォレスタルは、政府のトップ・レヴェルで長電文をすぐさま回覧するのに主たる責任があったようだ。）彼は自分の腕一本でたたき上げた人物で、強固な意志を持ち、ソ連と共産主義・共産主義者（彼の頭のなかでは両者はほとんど区別不能であった）の危険についての信念によって突き動かされていた。(9) 一九四六年一二月、フォレスタルとそのスタッフは、この重要なテーマについて長い論文を準備した。彼はそれを読むようにと、ケナンに渡した。ケナンはその大半に同意したが、いくつかの留保をした。文章家でもあったケナンは、一カ月後に長い返事を書いた。フォレスタルはそれを気に入り、ふたたび、ケナン論文をそこかしこに回覧しはじめた。同じころ、ケナンはニューヨークの外交問題評議会での講演に招かれた。彼はこの要請に気安く応じた。今回は、いくつかのメモを準備しただけで、文字化された原稿なしで講演に臨んだ。彼の頭のなかは、フォレスタル論文への返事として書いた事柄でいっぱいであった。つぎに、外交問題評議会の専門誌『フォーリン・アフェアーズ』の編集者としてたいへん尊敬を集めている優秀なハミルトン・フィッシュ・アームストロングが、ケナンの講演を文章化して同誌に発表することが可能かどうか問い合わせてきた。ケナンは適切にも、このテキスト（それはフォレスタル宛に書いた論文とほぼ同じであった）を発表するための正式許可を求めた。そのときの条件は、匿名でこの論文を発表するというものだった。そういう事情で、「ソヴィエトの行動の源泉」と題する論文に「X」という記号が使用されたのだ。この論文はやがて、「封じ込め」論文とかドクトリンと呼ばれるようになり、一九四七年六月末に『フォーリン・アフェアーズ』七月号に発表された。論文発表のほぼ直後に、『ニューヨーク・タイムズ』紙のチーフ・コラムニストであったアーサー・クロックは、「X」とはジョージ・ケナンだと暴露した。

「X」論文の大意は、つぎのようなことであった。ソ連と共産主義の西側へのさらなる浸透は、主として政治的手段によって阻止されなければならない。こうしてソ連の野望を封じ込めることは、いま必要なことであるだけでなく、長い目で見て、それなりの見通しのあることなのである。論文の反響はものすごく、かつ瞬時に広がった。その名声は大きくなり、しかも実に世界的広がりを持ち、それは今日まで続いている。それ以来、ケナンは「封じ込め」ドクトリンの策定者だといわれてきた。そういわれることに対して、彼は生涯をとおして闘うことになる。それは、「歴史家にとって頭痛の種であり、打ち消すことが不可能な神話のひとつ」である。これも予期しない結果の例であった。しかし、それが予期しないものであるか否かにかかわらず、歴史家は諸々の結果の総括を避けて通ることはできない。「封じ込め」が反響を呼んだのは、時機を得たからだ。一九四七年七月までには、アメリカ丸の進路が変わっただけでなく、アメリカの世論が、共産主義とソ連についてちょうどうまい具合に変わってしまったからである。ケナンが説得をしようとしていたとすれば、それは考えを変えた人たちに対してであった。[10] 彼の「X」論文の骨子は、すでに明白になっていたことをあらためて説明したものであった。このように、アイディアというのは民主主義の歴史では伝播するのである。アメリカの世論形成の担当者はもちろんのこと、アメリカ政府高官たちもまた、「封じ込め」が世界と欧州についての彼らの見方と非常に類似していると感じた。その見解とはつぎのようなものであった。共産主義とソ連を封じ込めよ。鉄のカーテンの外に共産主義とソ連が進出したり浸透したりするのを阻止せよ。西欧（のちには、「自由世界」）の防衛に合衆国をコミットさせよ。それゆえ、口に出して言うか否かは別にして、欧州の分断を容認せよ。しかも欧州のそうした状況は、ソヴィエト帝国とその東欧支配が崩壊するまで四〇年以上ものあいだ続いたため、「封じ込め」はドクトリンとみなされ（しばしば現在でもそうである）、そしてケナンはその賢明な最初の考案者とみなされ続けた。

ケナンは自分の論文と、その後に続いた大きな反響について、そのようには受けとめなかった。彼はそのことを喜ばなかった。（マーシャルもまた、同じであった。彼は論文を公表したことで、ケナンに忠告した。だが、『フォーリン・アフェアーズ』誌に論文を送る前に正式許可を得るための手続きをとったことをケナンが伝えると、マーシャルはそれで矛を収めた。）「X」論文についてケナンは、ただちに留保すべき点を思いついた。振り返ってみて一、二年後にようやくそう感じたというのではない。彼は論文に二つの欠点を見いだした。ひとつは、東欧についての言及がなかったことだ、そしてそのことで欧州の分断を容認したと暗示した。もうひとつは、共産主義を封じ込めるための努力において、政治的側面と軍事的側面について必要な区別を十分強調しなかったことだ。彼の論文は、堅実で風雪に耐えうる多くのものを含んでいた。たとえば、ソヴィエト帝国は多くの人が考えている以上に弱い構築物であり、ソ連の封じ込めは早晩、共産党の分裂と弱体化を招くだろうし、いずれそのようなときが到来した場合、「ロシア社会の弱さは名状しがたいかたちをとることになろう。……ソヴィエト・ロシアはもっとも強力な国民社会のひとつから、一夜にしてもっとも弱い哀れむべき国民社会のひとつに変貌することになろう」、といったことである。すでにみてきたように、ケナンは長年にわたって、共産主義のドグマというものがもはや、ソ連の政略の動機と目的とそれほど関係がないと認識していた。しかし、「ソヴィエトの行動の源泉」という論文は全体的には、ロシア帝国の歴史的・地理的な現実よりもむしろ共産主義の要因を強調していた。

ケナンの日本訪問と欧州分断の進展

「X」論文は世間的には成功を収めたが、ケナンはそのことに感銘を受けなかった。それでも、彼が尊敬する人びとの異論に直面したさいには、無関心を装うことはできなかった。ウォルター・リップマンは「X」論文の主張を批判する連載記事を執筆した。ケナンはリップマンが、自分の主張のいくつかを誤解したと考え、そのことに傷ついた。その結果、二人のあいだで相当数の手紙が取り交わされ、さらに内々にやり取りがおこなわれた。このことはたいして重要なことではなかったが、ケナンは孤立感を深め、しばしば自分が誤解されているという感じを強めた。ケナンは、仕事のしすぎはめったに気にならなかったし、驚くほど上手に対処することができた。だが、それ以上に、孤立感や誤解されているといった気持ちに陥りやすいケナンの性格は、彼を苦しめ、そのことはときおり健康に影響を及ぼすこともあった。「X」論文発表後の彼は非常に多忙であった。それは講演の招待のためではなく、マーシャルが政策企画室の仕事にくわえて新たな任務を与えたからだ。「X」論文が発表されてから一カ月後、ケナンはパリに派遣されたが、それは、扱いが難しいフランスを含む、合衆国の西欧同盟諸国に対して封じ込め政策を説明するためであった。彼の短期訪問は成功だった。英仏両政府はケナンの説明に感銘を受けた、そしてそれはおそらく、合衆国の外交政策の目的が変化しつつあり、両国の物質的な復興や防衛のみならず、ドイツを含めた欧州の分断を受け入れることに、全力を傾注するようになったように思えたことにもよるのだろう。

その後の数カ月間に、欧州分断は明確なかたちをとりはじめた。ドイツに関しては、いまやロシアとのあいだでいかなる合意に達することも不可能なことは明らかだった。ベルリンや東ドイツにおける支配地区、および東欧において、ロシアは、親ソ的だがある程度まで非共産主義的な人びとを暫定的に容認する政策を放棄し、彼らに代わって、モスクワに完全に従属する人びとを政権の座につけ、ソ連の事実上の衛星国にとどまらない、文字どおりの傀儡国家を築きつつあった。こうした事例に対する一部の例外はチェコスロヴァキアだった。[11] 一九四七年のマーシャル宛覚書のなかで、ケナンは、こうした状況は長続きしないと正確に予見していた。ケナンの分析では、東欧に残存する非共産主義政権に対する容赦のない弾圧が意味するものは、モスクワはもはや、鉄のカーテンによって西欧および中欧から完全に閉ざされていない半民主主義政権や国家の存在を認めないということであった。ワシントンと米国世論は、チェコスロヴァキアにおける共産主義者による政権奪取は、ますます攻勢を強め、好戦的でさえあるロシアの意図を示すものだと受けとめた。一九四八年の春およびその後の数カ月間は、「冷戦」(リップマンの言葉)はロシアとの実際の戦争のようなものに拡大するのではないかとの懸念や恐怖が広がった。しかしその前に、ケナンの日本訪問——異例かつ全体として成功を収めた任務——に触れておかなければならない。

ケナンの主たる関心と能力は、極東ではなく、欧州とロシアに関係していた。[12] だがマーシャルは、自分の戦略とマッカーサー将軍とのあいだのある種の調整を試みる目的で、ケナンを極東に派遣した。両将軍の間柄は良くなかった。二人の個性や性格も、また第二次世界大戦中の優先順位も異なっていた。マーシャルは欧州を優先し、マッカーサーは太平洋優先であった。これにくわえて、国務省と陸軍省の政策の相違もあった。しかも、これらの要因以上に重要だったのは、日本でのマッカーサーのユニークな立場、実際上の支配者、事実上の総督としての立場であった。ケナンはこの点を十分承知していた。彼の使命がより容易になったのは、陸軍省がケナンに同行させたコートランド・ヴァン・レンスラー・スカイラー将軍の人柄と知性のおかげであった。不自由なフライトだったが、二人は二月末、なかば凍えるような寒さのなか、東京に降り立った。マッカーサーはワシントンからの使節との協議に敬意を払うわけでも、また大きな関心を示すでもなかった。だが、少々苦労はしたものの、ケナンはマッカーサーに耳を傾けさせることに成功した。二人は二度にわたって密かに会談した。マッカーサーはケナンの考えのいくつかに興味を示した。ケナンはマッカーサーの虚栄心を十二分に承知していた。ケナンは、東京で二人が出会ったさいのマッカーサーの尊大な振る舞いについて書き残している[13]。全体的にいえば、少なくとも当時においては、日本で何をなすべきか（そして何がなされていないのか）について、二人のあいだに大きな違いはなかった。だからこそ、ケナンの東京での任務が不首尾に終わることはなかったのだ。

　しかし表面下では、共産主義と中国について、ケナンとマッカーサーを分かつ見解の違いは存在した。このような相違は、ケナンの東京滞在中には顕在化しなかった。だが、この点はまもなく、ケナンのキャリアに影響を及ぼすことになる。マーシャル将軍は、共産主義者と国民党とのあいだで当時進行中であった内戦を停戦に持ち込むか、別の取り決めを結ぶか調停を試みていたが、一九四六年末には、中国における彼の任務に終止符を打ち帰国していた。彼は任務を達成することができなかった。全体として、共産主義者たちが、あの内戦に勝利しつつあった。そのことは遺憾なことではあったとしても、合衆国にとって破滅的というほどのことではない、とケナンは考えた[14]。すでに一九四七年五月の時点で、前述のウォー・カレッジ講義において、彼は、中国共産主義者たちが最終的に勝利しても、それはモスクワとの深刻な問題に発展するだろう、すなわち極東におけるロシアの影響力を拡大するよりも損なうことになるだろう、と予見した。そうした予見は残念ながら、トルーマン大統領、マーシャル、および一九四八〜四九年の民主党に対抗するために用いられた共和党のスローガンと正反対のものであった。そして、そのスローガンは、その後も長きにわたって用いられた。彼らは、（あたかも中国は合衆国が喪失する対象として存在していたかのように）中国を共産主義に「失陥した」として非難された[15]。

ケナンが東京から戻ったときには、チェコスロヴァキアは共産主義者の手に落ち、さらに戦闘の可能性も含め、ベルリンをめぐる危機が発生するのではないかと思われる危険な兆候が見られた。ケナンは戦争になるとは思わなかった。しかし彼は、疲労困憊の極みにあり、胃潰瘍を患い、一九四八年四月には入院が必要になった。この年の春から初夏にかけて危機は続いており、とくに欧州においてそうであった。チェコスロヴァキアの悲劇が起こり、ロシアと東ドイツによるベルリン封鎖が開始された。欧州で最大の共産党を擁するイタリアでは、選挙を間近に控えていた。合衆国政府は、あらゆる種類の物的・政治的な手段を駆使してイタリアの選挙に介入することにした。ケナンは、共産党が選挙で勝利するとは考えていなかった。彼は、かりにそういうことになった場合、合衆国は戦時中に米軍が使用していたイタリア南部の大規模空軍基地を再占領すべきだ、と進言した。この選挙では、キリスト教民主党の大勝利に終わった。つぎに、東欧で公然化するまで国務省も予測できなかっただけでなく、気づいてもいなかったことが起きた。共産主義ユーゴスラヴィアの指導者チトーが、絶え間ない、増大するロシアの圧力に抵抗する道を選んだのだ。すると、モスクワは公然とチトーと決別し、ユーゴスラヴィアはソ連および東欧の衛星諸国の敵だ、と宣言した。この驚くべき出来事は、早くもケナンがかつて予見したことを確認するものであった。東欧に対するソ連の排他的支配はほころびを見せはじめていた。彼は、チトーのユーゴスラヴィアにどう対処すべきかについて、ただちに提言をおこなったが、それは実際的かつ賢明なものであった。

だがそのころ、政府内でのケナンの地位は低下しはじめていた。このことに影響したのは、自分の仕事は議員たちとの関係においてではなく、他国との関係において国益を代表し、それを実現するための見取り図を示す手伝いをすることであるという、彼の（反民主的というよりは）非民主的な信念であった。彼は多くの議員たちに対して、ほとんど、あるはまったくといってよいほど敬意を抱いていなかった。彼を批判をする人たちはときおり、こうした考えをケナンの「エリート主義」だと決めつけるが、それは間違っている。彼は政治家ではなかったし、政治家とはまったくかけ離れた存在であった。だがケナンはまた、典型的な外交官でもなかった。彼はその生涯をとおして、大使館主催のお決まりの晩餐会や他の外交官夫妻の社交的な無駄話をことさら楽しむというのではなかった。彼が楽しんだのは、歴史に関する知的な話題であった。自らに孤高を強いるのは、ケナンの性格の特徴であり、それはときには、彼の誠実さの現われであることもあった。しかし、そうした彼の性格は、他人にはあまりにも堅苦しいとの印象を与えた。ケナンは上司に対して、賞賛に値する思いやりと敬意を抱いていた。だが彼は、有力者や有力者となった人たちと徹底的なお付き合いを求めたりすることも、またそれを好んだわけでもなかった。いまやワシントンには、そうしたグループが存在した。（このリストはすべてを網羅するにはまったく不完全だが）ロバート・ロヴェット、ジョン・マックロイ、クラーク・クリフォード、チャールズ・ボーレンといった人たちの集まりである。彼らは、アチソンとともに（そして、のちにはダレスの配下の幾人かとともに）、西欧とドイツに関する合衆国の重要な政策決定の手助けをする仕事に就いていた。ケナンは、彼の古くからの同僚で友人でもあるボーレンを除くと、彼らとは親しい関係ではなかった。彼はときには、夜の長い週末の集まりや議論に参加することもあった。彼らはケナンを尊敬し、好意を持っていた。だが彼らはまた、彼がある種のアウトサイダーだということもわかっていた。彼らとその奥様方は、ペンシルヴェニア南部のケナン農場を週末に数回訪れた。ケナンには、招待客に庭仕事や家事の手伝いをしてもらうという癖があった。そうしたことも含めて、少々スパルタ的な状況（おそらくそれほどではなかっただろうが）ではあったが、彼らは、ホストとしてのケナンのもてなしを、気さくで、思いやりのあるものだと感じた。しかしもちろん、それよりもはるかに重要だったのは、彼らとケナンとのあいだには、表面化していない意見の不一致――むしろ力点の相違といったほうがよいかもしれない――が存在した。彼らは概して、欧州分断（そしてドイツ分断）を維持し確実なものとするために、ロシアと共産主義を「封じ込める」ことに満足しており、そのことに全力を注いでいた。ケナンは彼らとは違っていた。

ここでちょっとひと息入れて、冷戦の起源について簡単に触れなければならない。一般に受け入れられている見解は、当時も今も、大筋において正しい。合衆国はソ連の攻撃的な振る舞いに対抗して行動しなければならなかった。多くの場合、特定の主張や個別の問題に対する憤りにとらわれている二流、三流の歴史家などのなかには、とくに一九六〇年代には、こうした合衆国の反応は過剰で早計であったと主張する者がいた。彼らの主張や解釈は実態を反映していなかった。彼らが書いたことは、まさに反対のことが真実だった。一九四六〜四七年にかけての合衆国の対応は、早計だったのではなく、遅ればせながら取られた措置だった。早すぎたのではなく、（ケナンの見方では）もう少しで手遅れになるところだった。それでも、一九四七年の合衆国の反応はおおむね正しかったと当時考え、そして現在でもそう考えている人たちのあいだにも、表面化してはいなかったが、重要な相違点があった。西欧と合衆国にとっての主たる脅威は共産主義であると考える人たちと、ケナンのように、主たる問題は共産主義ではなくロシアであり、イデオロギーではなく歴史的、領土的なものだと考える人たち、この両者の違いであった。冷戦というのは、その展開過程からみれば、相互誤解の帰結だったと主張することさえできるかもしれない。一九四七年には、米国民と合衆国政府は、東欧を獲得したソ連はいまや西欧に勢力を拡大する気だと信じたが、それは真実ではなかった。一九四七年になると、スターリンは、合衆国がソ連の東欧支配に挑戦する気だと恐れはじめたが、それもまた事実とは違っていた。ケナンの考えでは、スターリンは、ドイツはもちろんのこと、欧州で勢力を拡大する用意もなかったし、その気持ちも持っていなかった（いわんや軍事的な勢力拡大など念頭になかった）[16]。この点でケナンは、間違いなく正しかった。

しかしいまや、ケナンのキャリアのなかの、しばしば曖昧にされてきた部分について触れなければならない。この点は、彼の『回顧録』のなかでも言及されておらず、後年、彼がひそかに悔やむことになる部分である。その大部分は一九四八年の出来事だが、彼が、いわゆる「秘密」作戦に訴えて、東欧で騒動を引き起こすことを主張したことだ。

そうしたことを主張した理由としては、欧州とドイツの分断の固定化を容認したくないという気持ちがあったからだ。しかし彼の念頭には、ほかの理由もあった。これは、その必要性がありながら長らく実現していなかったもので、合衆国の対外関係を支援する政府機関の設置であった。合衆国政府の進路について必要な変更がおこなわれたいま、それを前進させるための手段にも変化が必要だった。「秘密」組織の設置や実際の活動についての文献史料はほとんどない（そしてこれからも状況は変わらないだろう）。民主的であろうと、そうでなかろうと、それが政府の本質である。そしてケナン自身も、彼の私文書も含めて、こうした事柄に関する文字化された記録を残さないということについては十分承知していた。しかし、これらの事柄について素描したり、ごく手短にではあっても、かいつまんで述べるに十分な文献は残っている。第一に、ケナンは一九四八年に米中央情報局（CIA）の必要性を提言するのに手を貸している。彼は過去において（おそらく、とくに一九四三年にリスボンで）、情報問題を扱うためのかなりの経験を有している。より重要なのはつぎの点だ。ケナンがしばしば悩まされ、苛立ったのは、さまざまなアメリカの情報機関、とくに第二次世界大戦中の戦略局（OSS）とその後の国防省の情報機関の活動が矛盾し、調整を欠き、未熟で、ときには熱中しすぎることだった。だからこそ彼は、（文民が統制する）中央情報局の設置を提案したのだ。もっとも、彼はのちに、米中央情報局の活動の多く、そしてその存在そのものを後悔するようになった。実に悲しそうに、「私がこれまで犯した最大の過誤」と語ったほどだ。[17] 一九四八年の四月と五月にケナンは、「公然とおこなわれる政治戦争と秘密裏におこなわれる政治戦争のための『理事会』（directorate）」の設置を提案した。それは軍の機関の手の届かない、国務省の下部組織であった。ケナンの勧告にもとづき、彼を指導者として、特殊プロジェクト局が国務省内に設置され、それは大統領によって承認された。

まもなく、国務省内の部局という制約もまた、現実的でないことが明らかになった。特殊プロジェクト局は長続きしなかった。ケナンは、この部局とその活動を国務省に限定するのは不可能だと悟った。それでも、一九四八年から一九四九年の初めにかけて、彼は合衆国の国益にとって重要だと思われる極秘事項を取り決めることができた。そうした取り決めのなかには、特定のドイツ人をひそかに合衆国に入国させる取り決めも含まれた。彼らのなかには、ケナンが戦争中にベルリンやモスクワで知り合った人たちがいた。ロシア問題に関する彼らの知識は非常に役立つ可能性があった。[18] いっぽう、トルーマン大統領は、鉄のカーテンの向こう側での「秘密」作戦を提案する特殊プロジェクト局の勧告を受け入れた。国家安全保障会議指針一〇/二は、一一月に大統領の署名を得た。その前の八月、ケナンは「ロシアに対する合衆国の目的」と題する覚書を作成した。とくにこの覚書のなかで彼は、ソ連が鉄のカーテンを越えて西方に影響力を拡大するために軍事行動を起こすことはないだろうが、同時に、近年獲得された東欧の衛星諸国の広大な領域でソ連は非常に脆弱である、と書いた。(ソヴィエト体制そのものは一〇年ないし一五年で危機に直面せざるをえなくなるかもしれない、と示唆したときでさえ)ケナンは、東欧のソ連支配地域の最終的解体を促すにあたって、合衆国の政策はソ連本土の瓦解を目指すものであってはならないと主張した。

以上述べてきたことはすべて、一九四八年のケナンは、冷戦の闘士として絶頂期にあったということを示しているのかもしれない。だが、表面上のあらゆる証拠とは裏腹に、彼のワシントンでの影響力はすでに低下しつつあった。そして、このことが重要なのだが、冷戦と世界についての彼の見解は、他の主流派の人たちの好む方向からはますます逸れていった。「封じ込め」論文では、東欧への言及はなかったが、同論文が発表されてから一年も経過しない時期に、ほかの人たちが概して東欧を無視しているなか、彼はこの地域の潜在的重要性について考えるようになっていた。彼は欧州分断を(終わらせるというより)修正したかった。[19] 一九四八年にケナンは、ソ連＝ユーゴ紛争を非常に重要だとみなした。彼はまた、フィンランドで起きていることにも強い関心を抱いた。というのは、フィンランドはソ連の利益圏だったが、スターリンは同国を共産化しないという選択をおこなったからだ。[20] このような考え、さらには東欧諸国のうち数カ国が、将来「フィンランド化」される可能性は、一貫したケナンの見方であった。そのような見方は一九四八年に限られたものではなく、その後四〇年間、冷戦が続く間、最高の冷戦の闘士と批判されようが、宥和者と批判されようが、終始変わることはなかった。欧州分断を恒久的なものとして容認せず、欧州大陸の中心部から米ロが相互に撤退するよう提案するというのが、心底からケナンが実現したいと念願したことだった。

それは一九四八～四九年の時点での合衆国の主要政策ではなかったし、その後四〇年以上もそうだった。ワシントンの支配者層が容認したのは、東欧に限定的な影響を与える程度の政策であり、ソ連を困らせることを目的としたものであった。米中央情報局の設置、東欧におけるいくつかの「秘密」作戦、「心理戦争」と称される活動、自由ヨーロッパ委員会の設置、自由ヨーロッパ放送（Radio Free Europe）や自由放送（Radio Liberty）といった強力なラジオ放送局の設置など、これらすべては一九四八年末と一九四九年に起きた。これらすべての活動を、ケナンは当時支持した。[21] だが、彼の影響力と政策企画室の重要性は低下しつつあった。一度ならず、ロバート・ロヴェットのような人たちは、あれこれの政策のもっとも重要なことは議会の支持を確保することだ、とケナンに告げた。それから、一九四八年末に国務長官としてのマーシャル将軍の任期が終わった。その後任はディーン・アチソンで、彼の政策企画室（および特殊プロジェクト局）への関心は当初から限られており、一年後には特殊プロジェクト局の事実上の廃止につながった。

ドイツ分断の固定化と孤立するケナン

この時点で読者は、これ以降、すなわち一九四八年末以降、ワシントンにおけるケナンの役割と影響力は間断なく低下していった、という印象を持ってはいけない。将来、ケナンの伝記を執筆する人たちは、これ以降、二年間における彼の公的生活に見られる、多くのもつれた糸を解きほぐすのに苦労するだろう。振り返ってみて、一九四八年と一九四九年は冷戦のピークで、もっとも危険な時期だと思えるが、困難のひとつは、この時期につぎつぎと危機が発生したことだ。すなわち、ベルリン封鎖、北大西洋条約機構（NATO）の結成、ロシアによる初の原爆実験がそれである。この時期、ケナンはまだ政府の重要な顧問であった。さらに、ワシントンのますます増大する官僚機構から吐き出される大量の文書にくわえて、何千ページとまではいかないにしても、何百ページにもおよぶケナンの日記や私文書が存在する。これらの史料の多くは啓発的なだけでなく、たいへん示唆的である。ジョージ・ケナンの性格を叙述する以上のことを意図していない筆者のみならず、伝記作家にとっては、当惑するほどの大量の文書が存在する。しかし伝記作家は、この錯綜する出来事を解きほぐす努力をしなければならない。

ケナンはまだ極東に滞在中で、その後、一九四八年の三月から四月にかけて入院したが、ちょうどこのころ、チェコスロヴァキアの共産化、ベルリン封鎖の開始、そして突如として戦争が勃発する可能性が、ワシントンの政策決定者たちの関心を引きつけていた。ケナンは、スターリンが戦争を計画しているとは思っていなかった。彼はまた、ベルリンにおける欧米のプレゼンスを排除しようとするソ連の目的は恥ずべき、野蛮な行為だが、スターリンの観点からすれば、それは防衛的なものだとみなし、そう述べた。トルーマン大統領の決意とベルリンへのその後の空輸の成功によって、その危機的な時点で緊張が和らぎ、一年も経過しないうちに、ロシアは封鎖を解除した。しかしベルリンは、ケナンと政策企画室が、一九四八年をとおして深く関与していた、より大きなドイツ問題の一部にすぎなかった。ドイツとドイツ的なものに関するケナンの際立った関心と知識からすれば、彼はロシア問題の専門家であると同様、ドイツ問題の専門家として認められてしかるべきだった。だが、実際に起きたことはそうではなかった。一九四八年と一九四九年のケナンは、意見を聞いてはもらえたが、注意深く耳を傾けてもらえるというわけではなかった。合衆国のドイツ政策を担当していたのは彼ではなく、ほかの人たちであった。一九四八年に起きていることについて、ケナンはつぎの点ではおおむね同意見であった。すなわち、三つの西側占領地区の統合、独自の通貨と憲法を持った西ドイツ国家の樹立、西欧の他の国々としっかり結びついた西ドイツ。しかし、同時に彼は、ドイツの恒久的分割には反対だった。一九四八年秋、ロシアとの外相会談の準備がおこなわれていたとき、マーシャルはケナンと彼のスタッフに、ドイツに関する覚書を準備するよう依頼した。いまやロシアは、ドイツ分割を当然視しているように思えた（スターリンにとっても、ドイツ半分のほうが、そうでないよりもましであった）。ケナンは、プランAと呼ばれる覚書の作成者だった。この覚書は、ドイツの統一と非軍事化および全ドイツを代表する「中立」政府を進言し、あわせて、ロシアと欧米の部隊を新生ドイツの中心部から周辺部へ相互に撤退することを求めるものだった。彼はそのような計画をロシアに提案し、彼らの反応を見る価値があると考えた。だが、ケナンの計画を提案しないほうが最善だと考えたのは、ロシア側ではなく、ワシントンの権力者たちであった。

ケナンはそのことをわかっていた。彼は自分の影響力が低下したことを知っていた。（政策企画室の同僚のなかには、彼と意見を異にする者もいることを示す兆候さえ見られた。）しかし、ケナンは除け者扱いされたわけではない。彼は依然として尊敬されていたし、ときおり、注意深く耳を傾けてもらった。すでにみてきたように、ディーン・アチソン新国務長官は、マーシャル将軍ほど政策企画室に好意を持っていなかった。だが、アチソンは依然として、ケナンに職務を続行するよう命じたし、出張する機会を与えられることもあった。一九四九年の三月と四月、彼はドイツに出かけた。ベルリン、フランクフルト、ハンブルク、ブレーメンに滞在し、かなりの時間をドイツで過ごした。彼はこれらの都市すべてを、一九四一年以前からたいへんよく知っていた。日記に記された長い文章、そこに見られる描写、観察、感情は傑作である。（だからこそ、およそ二〇年後に、『回顧録』のなかで、これらの文章のいくつかを長々と再録することが適切だと感じたのだろう。）これらの文章は、かならずしも現実的なものばかりではない。ケナンの描写は陰気で悲観的だが、観察は鋭くかつ批判的である。彼は、アメリカ占領軍とその軍属の贅沢な暮らしぶりと無神経さを不愉快に感じた。この点はまさにそのとおりであった。だが一九四九年になると、西ドイツの物資的な面での暮らしは突然、驚くほど活力を取り戻しており、「経済的奇跡」（Wirtschaftswunder）はすでに全開状況にあった。このことを理解できなかったのは、ケナンの誤りである。

数年後にケナンは、一九四九年にドイツについての暗く悲観的な見方は根拠がなかったと認め、そう記した。しかし彼は、欧州とドイツの分断を長期に容認することは間違っているという信念を一貫して持ち続けた。欧州の政治地理を見回したとき、大陸の中央部あるいはその近くに位置する国々は、ロシアにも、あるいは合衆国が支配する軍事ブロックのどちらにも属さないと見ていた。たとえば、スウェーデン、スイス、オーストリア、ユーゴスラヴィア、そしておそらくはフィンランドがそうであった。ますます空頼みの状況になりつつあったが、彼はドイツもこれらの国のようになるかもしれないとの望みをつないだ。だが、そういう事態とはならなかった。その代わり、一九四九年にNATOが誕生した。これは画期的な出来事であり、合衆国の歴史における偉大な一歩であった。史上初めて、合衆国政府は、比較的平和な時期に米軍を「旧世界」に恒常的に駐留させることに進んで同意したのである。そうした動きにケナンは反対しなかった。彼が強く反対したのは、その拡大と手段に対してであった。すでにみてきたように、ロシアと共産主義を「封じ込める」ことについての彼の考えは主として、軍事的なものではなく、政治的なものであった。明らかに必要な場合にのみ軍事力を行使するというものであった。彼は復興した西欧の政治的・軍事的な同盟と同時に、カナダとイギリスとの緊密な同盟には賛成であった。ケナンは、アチソンらが、ギリシャやトルコといった国の加盟を「北大西洋」同盟に含めたのは茶番だと思った。

しかしＮＡＴＯが結成されたときには、ケナンの影響力はますます限られたものになっていた。一九四九年九月以降、政策企画室はもはや国務長官に直接アクセスすることはできなかった。しばしば表面化しない暗黙のかたちではあったが、ケナンと政策企画室の他のスタッフとの違いも生じていた。ケナンは、政策を企画する仕事は無用になったとの結論に達した。それでもアチソンは、「無給休暇」ベースで政府の仕事を続けるよう主張し、ケナンを納得させた。[22]

4 ワシントンからプリンストンへ

移行期

ジョージ・ケナンの公的なキャリアは、その後もおよそ五年続くことになる。この五年間の時期を「浮き沈み」、「宙ぶらりんの状態」、「苦難」といった、いずれの呼び方にするかは重要ではない。彼は、この五年間を「過渡期」と称した。ケナンにとって、筆者が「アメリカ丸のブリッジに立つ一等航海士」と呼ぶものから異なる人生へと、中断されながらも徐々に移行する時期が重要であることは、彼が『回顧録』のなかでこの期間に割り当てた多くの分量から明らかであろう。それは、第一巻で（五〇〇ページ中）一三二ページを、第二巻で（三二四ページ中）一八九ページを、したがって、およそ四〇〇年間におよぶ自伝のなかで三分の一以上の分量を占める。このことは、祖国と世界との関係はいかにあるべきかという大義への彼の献身が、いかに持続的かつ永続的であったかを示している。

そのことはまた、経世家から学者、外交官から歴史家への彼の人生の移行が、けっして完結したものでなかったことを示している。しかし、それは移行期であった。なかでも重要だったのは、ワシントンの自宅を手放し、一九五〇年八月、プリンストンに転居したことだった。とはいうものの、ケナンは一九五三年六月まで外交局の官吏として在籍名簿に登録されていた。

この時期は、彼と家族にとって困難な年月であった。しかし彼らは以前にも、多くの困難な年月を体験してきた。道理をわきまえた妻の物静かさと落ち着きは、ケナンにとって計り知れないほどありがたかった。彼がつらい失意の日々を送っていたときには、とくにそうだったと思われる。

朝鮮戦争の勃発とケナンの助言

一九四九年九月、ソ連による初の原爆実験のニュースが、動揺するワシントンに届いた。そのとき、ケナンはもはや現役の政策企画室長ではなかった。しばしばそうであったように、彼は求められたわけではなかったが、この出来事についての覚書を作成した。ケナンは、一〇年後、そしてさらに二〇年後にも述べることになる原則を初めて明らかにした。その原則とは、合衆国は核兵器の「先制使用」をおこなわないと約束しなければならないというものだった。彼はまた、水爆といわれる、より強力な新型爆弾を製造する必要性に疑問を呈した。しかし、ケナンが自分の覚書が回覧されることを希望していたまさにそのとき、トルーマン大統領は水爆の製造を承認した。(国務長官やその他の政府高官が、この覚書に目を通したかどうはわからなかった。）いずれにしても、彼は当時、ロシアによる原爆保有に特別な重要性を認めなかった。そのことは、軍備だけが歴史を創るのではないという彼の一般的信念に沿ったものだった。歴史あるいは、歴史のなかで競争する諸国家の政府こそが、軍備を生み出すのである。そして軍備を使用するかどうかは、国家間の関係に左右される。これは明白な真理である。くわえて、ジョージ・ケナンは、技術および技術革新がもたらす恩恵だけでなく、その有効性について疑念を持っていた。

一九五〇年二月、ケナンはめずらしく中南米への旅に出発した。この旅は彼自身の計画だったようだが、国務省は物資的にも、政治的にも支援をおこなった。その結果、不幸なことに、ケナンが現地に到着するやいなや、南米のいくつかの都市ではメディアに大きく取り上げられ、ところどころで彼に対するデモがおこなわれた。そのことは不愉快であったが、ケナンの南半球訪問の全行程は、彼の陰鬱な気質に覆われることになった。メキシコ、ベネズエラ、ブラジル、ペルーに関する彼の描写と結論は暗いものだったが、見聞した事柄については才気溢れる描写で満ちていた。たとえば、安っぽい外見と無駄、大量のゴミと派手なお飾り、暴力的な騒音とぞっとするような沈黙、誠実さや正直さを欠いた無意味で大げさな言葉づかい、そういった情景である。致命的な欠陥をかかえた文明と彼がみなしたものについての小ばかにしたような報告概要は、まだ政策企画室に残っていた同僚でさえ面食らうような内容であった(1)。

『リーダーズ・ダイジェスト』誌が一九五〇年三月にケナンの小論を発表したとき、彼はまだ南米に滞在していた。この小論は、いま振り返ってみても注目に値する。誰がどういう理由でこの小論を大衆誌に掲載することを思いついたのか、そして、この小論に「ロシアとの戦争は不可避か」という題名を付けたのか不明である。印象的なのは、その稚拙で修辞的な問いに対するケナンの答えである。それは否であった[2]。六月一一日にダートマス大学の卒業式で彼が述べたこともまた、非常に印象に残るものであった。「戦争においては、ほかのいかなる人間の企てにも見られないようなかたちで、現代版大衆ナショナリズムが頭をもたげ、われわれの時代における支配的な政治力として自己主張を始めるのです[3]」。

二週間後の一九五〇年六月二五日、日曜日、北朝鮮による韓国への侵攻のニュースが、予想だにしていない、なかば眠ったようなワシントンに突如もたらされた。ケナンはペンシルヴェニアの自宅農場にいた。彼はその日の午後、妻と車でワシントンのアパートに戻り、新聞の大見出しを見るまで何も知らなかった。彼はただちに国務省に赴いた。アチソンは、ミズーリ州から急遽、飛行機で戻ってきた大統領を空港で出迎えた。アチソンの秘書は、ケナンほか数人に、アチソンが大統領との夕食のためにブレアハウス（大統領迎賓館）に来て欲しいと言っている、と伝えた。彼が出かけようとする直前になって、アチソンの秘書は、夕食に予定されている人たちのリストに名前が挙がっていない、とケナンに告げた。これは何か、意図的な決定や悪巧みの結果ではなく、官僚的な手違いによるものだったようだ。アチソンは、ケナンがまもなく政府を離れることを知っていたので、急速な展開を見せる朝鮮危機のあいだは、政府の求めに応じるために離任の手続きを延ばすよう求めた。

朝鮮戦争期間中におけるケナンの勧告と貢献は、すでによく知られており、戦争が一九五〇年の後半に進行する時期の、とくに重要な月々を記録する膨大な文書のなかにある。ここでは、言及に値する三つの展開が見られた。第一は、彼の勧告からなる。これはつぎのように簡潔に約言できるだろう。北朝鮮の侵略に対して、合衆国は迅速かつ断固として軍事的な対応をとらなければならないという点では、ほかの同僚と同意見だった。（マッカーサーと異なり）彼はまた、軍事目的は原状の回復であるべきで、北朝鮮軍を首尾よく撃退したあかつきには、三八度線を越えて追跡するべきではないと主張した。第二の点は、ほかの人たちと異なり、ケナンがロシアおよび中国の共産主義者たちの目的と政策は同一ではないと見ていたことだ（後者の中国共産主義者たちは、ごく最近、中国本土の支配者となったばかりであった）。中国は安全保障理事会も含む国連加盟を望んでいた。中国が国連に加盟しても大きな危険は生まれない、とケナンは考えた。中国の国連加盟は、共産主義中国を合衆国が正式に承認することを意味しない。そのことによって、少なくとも朝鮮戦争を解決するための交渉のチャンスが開けるし、極東において中ソ間の不和が生じる可能性を触発する。こんどもまた、彼の勧告は聞いてもらえたものの、実行されることはなかった。さらにここで、もうひとつの出来事ないしは展開に触れるときがきた。それは、ジョージ・ケナンに対するジョン・フォスター・ダレスの敵愾心である。

そのほぼ二年前のことであるが、ダレスは「超党派主義」のために、ハリー・トルーマンによってアメリカ外交政策の顧問に迎えられた。ここは、彼の性格を説明したり分析したりする場ではない。

ダレスがケナンのキャリアと人生に影響を及ぼす限りにおいて、彼に関心を示すべきである。その点で、敵愾心という言葉の使用は強すぎるということにはならないだろう。その主たる原因が、イデオロギー的なものなのか、個人的なものなのか、筆者にはわからない。おそらく、その両方だろう。そして、ここでの目的からいって、このことは重要ではない。朝鮮に関する協議のさなか、ダレスは少なくとも一度、ケナンに向かって声を荒げてもかまわないと感じた。数日後にケナンは、ダレスが記者につぎのように語ったと聞かされた。すなわち、「彼〔ダレス〕はこれまでジョージ・ケナンを高く評価してきたが、彼が非常に危険な人物で、共産主義中国の国連加盟と三八度線での合衆国の軍事行動の停止を提唱していると思うようになった」、と。

ひと月もたたないころ、ケナンは非常に悲観的な文章を日記に書き残した。彼はそれから一五、六年後に、『回顧録』の第一巻をこの文章で締めくくることにした。その主張の核心はつぎの点にあった。ワシントンにいる人びとの考えは絶望的なほど混乱しており、大統領も含めて、誰ひとりとして何が起きているのかを理解していなかった。これはケナンの誇張の一例だが、そのときの彼の気分が生み出したものである。短期的には、ケナンは正しかったといえるかもしれない。マッカーサーは三八度線を越えて米軍部隊を北朝鮮に進軍させた。ロシアは手を拱いてほとんど何もしなかった。しかし中国は参戦し、厳しい天候のなか、米軍部隊を南に押し戻した。このときなって、アチソンは突然ケナンの支援を求め、ケナンはそれに応えた。その一連の出来事については再現に値する。一二月一日、自宅農場で引退中のケナンは予期せず、パリ駐在のボーレンから国際電話を受け取った。彼の旧友であるボーレンは、ケナンに、ソ連通としてお役に立つことができるということをワシントンに知らせるよう進言した。極東におけるソ連の存在は、いまや非常に大きな要因となっていた。翌日、ケナンは、もし必要とされるのであればワシントンに赴く意思があることを、国務省に伝えた。彼は、一二月三日、日曜日の早朝に国務省に到着した。当日はワシントンにとって、朝鮮戦争全体をとおしてもっとも陰鬱な日であった。ケナンが到着したとき、国務省職員たちは意気消沈し、パニックといってもよい状況にあった。彼らの大半にとって、朝鮮半島からの合衆国の完全な撤退は不可避になりつつあるように思えた。彼らはまた、休戦を実現するために最終的にはソ連の支援を求めることになるだろうから、合衆国は緊急にロシアにアプローチする必要があり、このことも不可避だと考えた。ケナンは、そのいずれの議論も退けた。いまロシアにアプローチすれば、間違いなく弱腰だと受けとめられるだろう(4)。ケナンがアチソン国務長官室に入ったのは夕方だった。彼は、長官が疲労困憊している様子を見て驚いた。アチソンは突然立ち上がり、ケナンに、自宅に来て夕食をともにし、必要ならばその夜は自宅に泊まるよう声をかけた。アチソンの家で二人は（酒を酌み交わしながら）長々と話し合いをした。そのもっとも厳しい夜、ジョージ・ケナンは、しばしば非常に憂鬱な感情にとらわれながらも、アチソンの決意を後押しし強めたのである。それから、ケナンのいつもの習性でもあり、そしてまた自分に忠実であろうとして、未明に起きてアチソンに手書きの手紙を書いた(5)。アチソンが朝出勤したとき最初に目にしたのは、彼の机の上に置いてあるこの手紙であった。彼はすこぶる感動し、真っ先にこの手紙を職員の前で声を出して読み上げた。

アチソンは、ジョージ・ケナンが国に対する奉仕を止めることを認めようとしなかった。彼を辞めさせたのはジョン・フォスター・ダレスだった。だが、それまでには二年半の年月の経過を待たねばならない。

休戦協定とケナンの貢献

朝鮮戦争勃発からちょうど六カ月後に、この戦争を解決すること、すなわち休戦を実現して戦争を終結させることがケナンの仕事となった。奇妙なことに、彼は『回顧録』のなかでは、このもっとも重要な努力についてほとんど触れておらず、それほど強調していない。ケナンの努力についてより詳細に語っているのは、アチソンの回顧録のほうである。そして、この出来事について多少なりとも正確に再現することは、今後の研究課題である。この状況で重要なことは、(トルーマン大統領に解任された後も、世論の声は圧倒的にマッカーサーに同情的であったが)、無条件降伏を声高に主張するマッカーサーの大言壮語は、明らかに失敗に帰していたということである。他方、「限定戦争」を検討すべきだとするケナンの主張は(これは朝鮮危機のはるか以前からの彼の信念であった)、あの不幸な朝鮮の地で現実となった。トルーマンがマッカーサーを解任したちょうど一カ月後に、アチソンの親友でケナンをよく知っていたスチュアート・オルソップは、ケナンの見解とマッカーサーのそれとを比較する記事を『ニューヨーク・ヘラルド・トリビューン』紙に掲載した。そのなかでオルソップは、「少なくとも一時的な解決」が可能であるかどうかをロシアに打診する外交努力を一度はすべきだとケナンが「信じていると報道されている」、と述べた。数日後、アチソンはワシントンに赴くようとの伝言をケナンに送った。それは、国連のロシア代表を務めるヤコブ・マリクとの接触をケナンに求めるものだった。ケナンはロシア語が堪能だったので、二人だけで密かに話し合うことができた。二週間後、ケナンとマリクは通訳を交えずに二度の秘密会合を持った。それからさらに二週間後、マリクは、ソ連政府は朝鮮での休戦に賛成である、と遠まわしに発表した。そのころまでには、戦闘はおさまっていた。双方とも、(今日にいたるまで五五年間続いている国境線である)三八度線あたりで持ち堪えるという状況が生じていた。それから一年あまり経過したとき、大統領選に立候補していたアイゼンハワーは、平和を実現するために「朝鮮に出向く」と宣言した。実際に、一九五一年六月までには、朝鮮戦争は終わりを告げていた。

戦争終結は多少なりとも、ジョージ・ケナンのおかげであった。すでにみてきたように、ケナンは極東問題の専門家ではなかった。しかし、極東情勢と中欧情勢に関する彼の分析には(早くも一九四八年の時点で書かれたものが少なからず存在した)、少なくとも類似点があった。いずれの場合も、そして両地域のいずれにおいても、ロシアがさらなる拡張をする気はない、と彼は信じた。その後、相互兵力引き離しを模索する理由がいくつかあると考えた。兵力の相互撤退は、欧州ではドイツとオーストリアの非軍事化と中立化につながり、極東では日本と韓国の非軍事化と中立化につながる、と信じていた。そのような計画が成功することになったかどうか、あるいはそうしたことが当時の合衆国にとって好都合で有利であったかどうか、それはわからない。そうしたことは、実際には起きなかった。現実に起きたのは、日本との恒久的な軍事同盟に続き、西ドイツとの恒久的な軍事同盟であった。そのいずれの軍事同盟も本質的には、今日にいたるまで、冷戦が終結しソ連圏が崩壊した後も続いている。しかし、ケナンの脳裏にはもうひとつの関連した信念があった。それは現在でも時宜を得たものである。一九五〇年の北朝鮮による侵略に対する、ケナンにとってはやむをえないと思われた合衆国の対応は別として、アジア本土への合衆国の軍事介入には、それがいかなるものであれ反対であった。ケナンはまた、早くも一九四八年の時点で、そしてその後に執筆した多くの著作のなかで、不幸にも、伝統的にアメリカ人が中国に対して抱く魅力や中国への期待に警告を発した。ケナンは、中ロ、中韓関係の歴史をむさぼるように読んだが、それは彼の見解をさらに確認するものでしかなかった。彼は中ソの対立について、それが明らかになるずっと前から予言していた。あえて私見をはさむならば、中ソの対立に関しては、ロシアに好意的であった。それは、ニクソン、カーター、レーガン、クリントン、それに五〇年以上あとのブッシュ、といったような大統領が選択することになる政策とは、まさに反対であった。

ソ連駐在アメリカ大使就任から国務省退官へ

一九五二年の春、ケナンはモスクワ駐在アメリカ大使に任命された。これは彼の公式のキャリアの頂点であった。それより六年前の彼は、モスクワで孤独な日々を送り、ロシアについての本国政府の見解に絶望していた。ケナンがいつの日か、世界で二番目の大国に派遣されるアメリカ大使になるだろうと思った人は、彼自身も含めてほとんどいなかっただろう。しかし、いまそれが現実となったのだ。ケナンは国務長官ならびにトルーマン大統領自身によって選任されたのであり、そのことを単刀直入に告げられていた。彼は、その大半が共和党議員から構成される上下両院の外交委員会によって、全会一致で確認された。

だが、控えめにいっても、ケナンはこの件では決心がつきかねていた。彼はアチソンに誰かほかの人を人選するよう検討すべきだと伝えたが、大統領が彼を希望していると言われた。ケナンは、この任務を引き受けるのは自分の義務だと思った。彼はその知識と経験ゆえに、この任務にはとくに適任であった。義務と資格という明白な条件とは別に、ケナンの脳裏には疑念と予感がよぎっていた。彼のロシア観は、アチソンのそれや、全体として政府がとっている進路とはかならずしも一致していなかった。彼は出発の挨拶に大統領に面会したことで、いくばくかの満足感を得た。大統領は、ソ連の指導者が戦争を望んでいるとは思っていない、と彼に語った。しかし、それで訪問は終わりだった。ケナンはひどく気落ちした。モスクワで自分に何が期待されているのか、モスクワとの関係で政府の主たる目的はどうあるべきかについて、大統領からも、アチソンからも、ワシントンの誰からも指示がなかったことで憂鬱になった。そこで彼は、再度、アチソンおよび彼の主要な助言者たちに最後の面会を求めた。彼らは耳を傾けてくれたが、ケナンの考えや問いにはたいして注意を払ってくれなかった。彼は悲嘆にくれてワシントンからプリンストンに戻った。

いま振り返ってみると、つぎのように言うことができるだろう。モスクワへの大使としての任命は、ケナンがワシントンで獲得し、いまだ続いている彼への敬意を示すものではあったが、国務長官の考えも含め、その当時の見解は、モスクワ駐在アメリカ大使の役割はもはやそれほど重要ではなかったということだ。モスクワでのケナンの存在は望ましいし、モスクワから送る彼の意見や報告に少しは関心を示してもらえるかもしれないが、ソ連と合衆国との関係に影響を及ぼすという点では、彼の役割は当面最小限のものでしかなかった。彼は助言をするというよりむしろ、代弁者として振る舞い続けることになるだろう。ケナンはこのことを当初から察知していた。彼の任命手続きがおこなわれているまさにそのとき、新たな展開が起きた。一九五二年三月、スターリンが突然、ドイツに関する新たな提案をおこなったのだ。この提案は全ドイツを対象にした選挙の可能性も含め、統一され、民主的で非軍事化された中立ドイツの樹立を求めるいっぽうで、東西両ドイツからの占領軍の撤退を要求するものであった。はっきりしないところもあり、困難や危険を孕んでいるとしても、この提案は検討に値するか、少なくても考えてみる価値がある、とケナンは考えた。ワシントンは違った。(イギリスもフランスも西ドイツもそうは考えなかった。)ワシントンはドイツに関して、モスクワとなんらかの合意に達する可能性を探ったり協議したりする考えはなかった。ケナンは、スターリンの覚書に対する本国政府からのなんらかの反応を得られるだろうと、一縷の望みをつないだ。だが何の反応もなかった。

ケナンは五月初旬に単身モスクワに赴任した。彼の一番下の息子（ウェンディ）が、近々生まれる予定であった。それゆえ、妻と二歳になる長男は、後日、合流することになっていた。[6] モスクワ滞在は米ソ関係が最低のときと重なった。モスクワの雰囲気について語る必要はない。彼のモスクワ滞在は一九四六年のときと比べてもはるかに悪かった。スターリンが選択したのは内向きのロシアであった。それはなかでも、その意味するところは、外交官がほぼすべてのロシア人と接触できないようにする（それは隔離以上のものであった）ことを意味した。このことはまた、たえずぴったりと秘密警察に付き添われたり、監視されたりすることを含んでいた。ケナンは、ロシアへの大きな関心とロシア国民への愛情ゆえに、モスクワに駐在する他の外交官とは比べものにならないほど、こうした状況に苦痛を感じた。それでも、彼の頭とペンは相変わらず活発であった。彼は手紙のなかで、モスクワ郊外にあるダーチャといわれる別荘で過ごし、週末に見たことを詳しく描写した。簡素な造りの小さな家や市場向け菜園でのロシア国民のはちきれんばかりの日常生活、機械を使わない小世界でのエネルギッシュな手工品、政府の宣伝や無理強いに動じることも、手が届くこともない生活。同時に、合衆国とアメリカ人に向けられる暴力とソ連政府のひどい嘘は度を越しており、ケナンは、少なくとも一度、アメリカ代表部は残るべきだとしても、モスクワ駐在のアメリカ大使は不要かもしれないと進言しそうになったほどだ。ケナンは、自国政府の活動のいくつかにも不満だった。彼はときおり、ロシアの疑心暗鬼と対抗措置を無用に刺激するような合衆国の軍事活動を、ソ連国境近くでおこなうことを抑制しようと試みたが、たいていの場合うまくいかなかった。九月初旬、彼は机に向かい、ふたたび「ソ連と大西洋条約」と題する文書をワシントンに書き送った。この文書のなかで、ケナンは西側の過剰な軍事化に警告を発した。というのは、ソ連は、新たな戦争を望んでいるわけではなく、軍事力を使ってさらに勢力を拡大する計画はないという状況にあったからだ。この特電は一九四六年の長電文に比肩するものであったが、広くワシントンの目に止まることもなく、その影響は限定されていた。しかし、なによりもケナンを苦しめたのは、モスクワでの隔離された生活体験であった。その結果、思いがけず、彼は感情を爆発させ、それは大使としての彼のキャリアを終わらせることにつながった。

感情を爆発させたケナンは、つぎのような発言を二言、三言おこなった。彼はロンドンに出張するように要請された。そこでは、欧州駐在のアメリカ大使たちの会議が開催されることになっていた。ロンドンに向かう途中、彼の飛行機はベルリンに到着した。空港で記者が彼に近づいてきて、たわいない質問をした。アメリカ大使館員はモスクワでロシア人との社交的接触をする機会は多いのか、というのがその質問だった。ケナンは頭にきて、苛立った。彼は、モスクワで強いられている孤立した生活は、戦争勃発後の一九四一〜四二年にナチ・ドイツで抑留されたときに似ている、と応じた。

ケナンはロンドンに到着した。そこで彼は、会議に参加している他のアメリカ大使と軍の将校たちが、ドイツと欧州の分断を永続させる政策にコミットしていることを知った。それはまた、ジョン・フォスター・ダレスの見解とまったく一致する政策であった。(留意すべきは、このロンドン会議は一九五二年大統領選挙の前に開催されたものであり、これがトルーマンによって任命された大使たちのコンセンサスであったという点だ。)ケナンは苦慮した。彼はモスクワ駐在大使の職を辞するべきだと真剣に考えた。その必要はなかった。彼がまだロンドンに滞在中に、ベルリンの空港で述べたことに対して、ソ連のメディアは猛烈に彼を攻撃した。数日後、ソ連政府は、ケナンは好ましからざる人物だとアメリカ大使館に通告してきた。それは、彼がソ連駐在アメリカ大使のポストから即刻本国に召還されなければならないことを意味した。彼はモスクワに戻って家族を引き取り、帰国のための荷造りをすることも許されなかった。(7)

ケナンは、自分は落第生だと思った。そうでもあり、そうでもなかった。スターリンは個人的にも、彼をモスクワから追放したがる理由はいくつもあった。彼は、ロシアとロシア人についてあまりにも多くのことを知りすぎていた。いっぽうで、ベルリンの空港で感情を爆発させたことは、度を越しており、外交的ではなかった。一カ月後に家族とともに合衆国に帰国したとき、ケナンは多くの同情を寄せられることもなかった。つぎの長い(そして厳しい)冬の月日を、彼は自宅農場で過ごした。新任の大統領アイゼンハワーもダレス新国務長官も、彼に連絡をとろうとしなかった。彼はいまだに現役の外交官だったが、仕事はなかった。ケナンは待ち続けた。(苛立ちは彼の精神に繰り返し現われる特徴であったが、それは非常にしばしば、物を書きたいという衝動の結果でもあった。)一月に入って、彼はスクラントンにあるペンシルヴェニア州法律家協会の年次大会での講演依頼を受けた。講演草稿を注意深く書き上げ、草稿は国務省から適切な許可を得た。ケナンの演説には二つの注目すべき要素が含まれていた(そして、その要素はその後も失われることはなかった)。そのうちのひとつは、世界では専制的で異質な、しかも敵対的でさえある政府が存在するが、そうした政府を打倒しようとすることは合衆国の政策であってはならないという警告であった。全体主義的な政府は早晩自滅するだろう。しかし、より重要なことはつぎの点であった。ケナンは、一八二三年にジョン・クインジー・アダムズが述べた、深遠かつ賢明な不朽の名言を引き合いに出すことで、この講演を締めくくった。「われわれは世界のいたるところで自由の友である。だが、われわれは怪物を倒すことを求めて海外に出かけることはない」。未来の伝記作家たちは、その蓄積された豊富な歴史の知識のなかから掘り出されたこれらの言葉をケナンが用いたのは、これが初めてであったということに留意すべきだろう。この有名な、風雪に耐えた言葉が合衆国の外交政策にきわめて適切だとして、六〇年以上もたった今日よく知られているのは、彼の才覚によるものといってよいだろう。彼はその残りの人生をとおして、しばしば一九九〇年代に、繰り返しこの言葉を引用することになる。

この講演のなかで、ダレスとは違って、ケナンは、東欧とロシアに合衆国が積極的に介入すべきだとする主張に与しなかった。この発言に二つの主要紙が気づき、論評した。彼はワシントンに赴き、まず誰よりもダレスに対して、この原稿は国務省の許可を得たことを説明するのが最善だと考えた。あわせて、彼は、今後ともお役に立ちたいと申し出るつもりであった。数週間後、『ニューヨーク・タイムズ』紙が、ケナンは外交局を引退するとの記事を掲載した。ダレスはケナンをワシントンに呼び寄せた。そこで彼は、ケナンに「適当な居場所はない」と告げた。その後、四月におこなわれた（そして最後の）面会のさいに、ダレスはケナンに中央情報局（ＣＩＡ）の重要ポストに任命されるだろうと告げた。ケナンはそれを希望しないと伝えた。彼は依然として、自分の才能と経験にふさわしい外交局のポストを与えられるべきだと期待した。だが、三カ月後に、彼は正式に外交局を退任することになる。その日が来るまで、ケナンはワシントンに通い続けた。国務省の建物のどこか低いフロアにある机を占拠し、そこで仕事、読書、執筆を続けた。そこでもまた、彼は孤独であった。ダレスは新規に職員を配属しつつあり、国務省内に旧友や知己はほとんどいなくなっていた。

ジョージ・ケナンの公職の最終章において、最後の予期しないエピソードが起きた。アイゼンハワー大統領のケナンへの尊敬の念は、少なくともいくぶんかは、国務長官よりも高かった。だが、アイゼンハワーもまた、ケナンがロシアから帰国した後も彼を無視し、ケナンの退官を強いるダレスの決定を止めることは何もしなかった。しかし、アイゼンハワー大統領の腹心であるC・D・ジャクソンはケナンを崇拝していた。彼はタイム＝ライフ社の強力な大御所で、政治にも首を突っ込み、しかもたいへんな勤勉家だった。彼はケナンに連絡をとり、「心理戦争」についての彼の考えをケナンに語った。ジャクソンの考えについてのケナンの反応は否定的ではなく、おそらく前向きなものでさえあったことを示すいくばくかの証拠が存在する。そのことを示す出来事は三月に起きた。以下のことは、ことここにいたっても、ケナンが政府から声がかかるのを望み、願っていたことを示している。このことからは何も生まれなかったが、一、二カ月後に起きたことにジャクソンは何か関係があったかもしれない。それは、ケナンの引退の日のわずか数週間前のことだった。アイゼンハワーは、ソ連に関する政策について大統領に助言する極秘のグループを召集する決定をおこなった。「ソラリアム」会議はホワイトハウス内にある部屋にちなんでそう名づけられたものだが、会合の大半はナショナル・ウォー・カレッジで開かれた。「調査チーム」のひとつはケナンが指揮した。彼の要約された提案は、大部分がドイツに関するものだったが、ダレスの政策とはまったく一致点がなかった。ダレスは最終日には、アイゼンハワー内閣の閣僚全員と一緒に、ホワイトハウスの中央広間の下にある大部屋で、やむをえずケナンの説明を聞くことになった（大統領はケナンの文書に少なくとも聞く耳を持っていたように思われたが、結果的には何も起きなかった）。ケナンが自分の書類を片づけ、国務省に別れを告げた六月の当日よりもむしろ、この説明を終えた日が過渡期（または宙ぶらりんの時期あるいは苦難の時期）の最後であった。別れを告げた日の国務省には、長年顔を合わせてきた親切な受付嬢を除いて、お別れを言う相手は誰もいなかった。その日のことについて、彼は『回顧録』のなかで、物悲しいみごとな二ページの文章を書き残した。

ケナンは北に向かってひとりで運転し、自宅農場に到着したが、その暖かい夏の午後、そこでも彼はひとりだった。家族は数時間ほど外出中だったのだ。しかし最後に片づけなければならなかったのは、ワシントンから農場への移動ではなく、プリンストンへの引っ越しだった。これまでみてきたように、ケナンは一九五〇年九月に初めてプリンストンにやってきた。だが、彼と家族は政府の仕事に邪魔され、落ち着くことができなかったこともみてきた。それもしばしばであった。われわれはじきに、プリンストン高等学術研究所での彼の仕事の見通しやその周囲の状況に立ち戻ることにするが、その前に彼のプリンストンでの住まいについてひと言触れておかなければならない。イギリスの小説家アンソニー・トロロープはかつて、つぎのように書いた。「翻訳をすればすべて悪くなる。ただし司祭の言葉は別だ」。これに筆者は、ケナンは別だ、とつけ加えることにしよう。最初に一家は、研究所より提供された邸宅のひとつに住んだ。つぎに彼とアネリーズは、ホッジ通りに住宅を購入した。そこは町のなかでも閑静な地区で、交通量も少なく、大きな木々が並ぶ広い通りに面していた。数年前に彼らは、古い農家とその離れにある建物をリニューアルするのに多くの作業に従事したが、プリンストンの住居にもまた手を加える必要があった。この邸宅は四、五〇年以上も前に建てられたものであった。それは彼らのニーズだけでなく、彼らの個性にもみごとに合致していたし、そのようになった。この邸宅はかつて、ほどよいアメリカの上位中流階級《アッパー・ミドルクラス》の住居だったが、またいくぶん北欧風で、ブルジョワ的な快適さの雰囲気を漂わせ、彼が気に入っていた農場よりも長い、半世紀以上におよぶ棲み家となる、安住の場所であった。

その港に、ケナンは錨を降ろした。だがこれは、心底ピッタリくる比喩ではない。この邸宅、プリンストンのこの港は、人生の終わりではなく、新たな旅の始まりであり、残りの半生——いろいろな意味で、より長い半生——の始まりであった。

5 アメリカの良心

プリンストン高等学術研究所におけるケナン

イギリスの小説家ジーン・リースはかつて、小説には筋書きがあるが、人生にはそれがないと書いた。このことはおおむね真実である。理由はいろいろあるが、ひとつには、小説の場合、作家はすべての事件、行動、言葉が最終的には結末をもつように意図するが、人生においては、非常に多くの場合、結末はわからないし、予期せざるものだし、意図されていない。だがときには、振り返ってみたとき、帰結が決定的であるがゆえに、あたかも「筋書き」があるかのように人生を明確に形づくることがある。それがジョージ・ケナンの場合である。彼は、一世紀を越える長寿を神によって与えられた。彼の人生は年代順にみても、また論理的にも、二つの時期にほぼ等分される。最初の五〇年間は学生、外交官、政府高官の時期、残り半分の期間は五〇年以上も長きにおよぶ学究、歴史家の時期である。後者の場合、最初の半分の時期よりも彼に合った、より多くの自由が与えられた場所と環境にあった。人生の最初の五〇年間が終わろうとしているころ、ケナンはアメリカ丸の操舵手となり、そのように認められはじめていた。残り半分の人生において、彼は国の宝となり、幾人かの人たちによってそのように認められた。

もちろん、これら二つの部分は完全に切り離すことはできない。年代順、そして地理的には切り離せない。だが、その他の面ではそうではない。第一幕と第二幕を結びつけるものは、彼の作家としての衝動であり、国家とその将来に対する関心であった。ケナンはいろいろなテーマについて執筆したが、その関心の力点はめったに変わらなかった。プリンストンでの彼の生活の状況や環境は、それ以前のものとは非常に異なっていた。しかし、彼の思考を突き動かしたものとその方向性は変わることはなく、全体として最後まで同じであった。

プリンストンでのケナンの生活の状況と環境について、少しここで述べておかなければならない。いくつかの点で、それは理想的であった。プリンストン高等学術研究所での彼の立場は、ほぼ無制限の自由が与えられていた。彼は自分のやりたいことをすることができた（そのうえ、彼の財政状況も安定していた）。ケナンは『回顧録』の第二巻第一章のなかで、高等学術研究所と彼自身のことについて描写しているが、そこでは、自らの思考の欠点として彼が記憶しているものと理想的な場所との、まれに見る組み合わせとして描かれている。一九五〇年に高等学術研究所へのケナンの招聘を手配したのは、ロバート・オッペンハイマーだった。オッペンハイマーに関するケナンの描写は、感謝ならびにオッペンハイマーに対する変わらぬ高い評価で溢れている。ケナンは、高等学術研究所の同僚で大いに尊敬する他の学究たちについても語っている。筆者が思うに、ときおり助言を求めたり、自分の著作の質と価値の確認（たしかに不必要なことではあるが）を求めたりする相手に対して、彼は素人が専門家に受け入れられたときに通常見られる感謝と畏怖の念を抱く症状を示した。しかし、そういった点で、彼は高等学術研究所の他の人たちと違っていた。自らを律し、物を書きはじめることを自分に強いることがいかに困難であるかを、彼に語る人もいた。ケナンにとって、そのことはまったく問題ではなかった。彼は書かなければならなかった。[1] ケナンはまた、別の点でも他の人と違っていた。多くの人にとって、象牙の塔的なメンタリティは魅力的だったが、彼にとってはそうではなかった。なかには自分自身の知識の領域に関心を閉じ込めてしまう人たちがいたが、彼はまさしく、そうした態度は偏狭で、おそらくけち臭くさえあると感じた。ケナンはいわゆる知識人であるということより、むしろ知的生活を好んだ。彼は高等学術研究所にあって、成功した中産階級の人たちのあいだで孤高の人といった存在であった。

　ケナンは、この新たに与えられた自由にともなう責任に気づいていたし、十分すぎるほどそのことを認識していた。筆者が思うに、彼は、自由であることはそうでない場合よりも困難であるということでは、アリストテレスに同意しただろう。しかし、プリンストンでのケナンの日常生活は非常に快適であった。自宅から高等学術研究所まで歩いて一五分もかからなかったし、自転車で出かけることもできた。ケナンには聡明な秘書が提供されていたが、彼女たちは、生涯をとおして彼を愛し、長いあいだ彼のもとを離れることはなかった。困難だったのは、ケナンのもとに殺到する依頼であった。講演依頼、記事の執筆依頼、原稿を読んでもらいたいという依頼などなど。要するに、彼は有名になってしまっていた。機知に富んだ人が、名士とは良く知られていることで有名な人であると述べたが、筆者が思うに、彼はその意見に同意しただろう。そしてケナンは名士になりたくはなかった。でも、この洪水のように寄せられる依頼は、彼が世間から高い評判を得ていることの結果なのだが、それは結局のところ、自国に対する彼の関心に起因していた。自国への関心は終世消えることはなかった。ケナンの良心がそうした関心の原動力であり、彼をそう仕向けた。その結果、彼は、さまざまな記事、著書、録音、インタヴュー、講演、演説といったかたちで意見表明を積み重ねていくことになった。そのことで、少なくとも幾人かの人の目には、彼を国の宝だと認定するに値すると映った。彼はそれ以上の存在、すなわちアメリカの良心になったのだ、と筆者は言いたい。

「二人のケナン」について

ちょっとひと息つくことにしよう。本書は結局のところ、ひとりの人間の性格の研究なのだから。いまやわれわれは一九五三年、ケナン五〇歳の年にたどりついた。これ以降も人生は変化と驚きをもたらすかもしれないし、したがって予測不可能であろう。しかし人間の性格は、ほとんどあるいはまったくといってよいほど変わらない。そして、筆者のいう「性格」とは、ケナンの意識的な決定、選択、行為、言葉を意味するが、彼の「潜在意識」の類ではない。いいかえると、彼の性格を心理分析的なカテゴリーで説明したり、秘密のあるいは秘匿された動機を探ったり、主張したりすることではない。また、ケナンの性格がいつはっきりと形成されたのか、一九二〇年代なのか三〇年代なのか、それとも四〇年代なのかと、あれこれ推測することもたいして意味がない。しかし、一九五三年という年度に達したいま、彼の性格の印象深い、重要な特徴に読者の注意を喚起しなければならない。その特徴とは、ケナンの思考の一貫性である。というのは、一九五三年になると、彼の考えや選好の一貫性に疑問を持つ人が現われはじめたからだ。そして、それ以来、ときおり、いろいろな学者たちによってその一貫性に疑問が投げかけられるようになった。

問題をできる限り単純化していうと、つぎのようになる。ケナンは出世した。その厳しい、早くからの反共主義ゆえに、その名を知られるようになった。ソ連に対抗して合衆国の立場を精力的に唱道した。だが、いまや彼の考えと発言は、ますます自国の反共主義に対して向けられるようになった。彼は「封じ込め」政策の立案者であった。だが、いまや「解放」政策の反対者となったのだろうか。一九五三年にはすでに、ケナンを攻撃する、影響力のある最初の著作がアメリカ市場に出回っていた。この本の題名は『封じ込めか解放か』(*Containment or Liberation?*)であった。著者はジェームズ・バーナムで、萌芽期のアメリカの「保守主義」運動の中心的存在であった。かつて保守主義者であったケナンは、いまやリベラルに変心したのだろうか？　一九五三年にそう考えた人たちもいたし、その後もそう考える人たちが現われた。幾人かの政治学者や冷戦史家も含めて、そう考える人たちは、二人のケナンがいるのかという疑問をぶつけ、あるいはそう主張した。そうでないとしても、ジョージ・ケナンは考えを変えたのだろうか。だが、二人のケナンがいたのでもなく、考えを変えたわけでもない。一九四六年の時点で、ケナンは、ソ連について当時残っていたアメリカ人の幻想に対してだけでなく、極端な反共主義イデオロギーに対しても警告を発していた。冷戦が始まった後も、彼はしばしば、そうした発言をおこなった。彼は「封じ込め」の軍事化、欧州の中央部や地球上の他の地域に合衆国の軍事基地を恒久的に配置すること、朝鮮戦争で三八度線を越えること、ソ連を包囲し、ソ連政府を打倒しようとする試みに警鐘を鳴らした。しかし一九五三年には、アメリカの反共主義イデオロギーの危険な適用と、その人気ぶりに関する懸念は、彼の頭のなかを埋め尽くし、共産主義や共産主義者たちの危険に関するかつての心配よりも大きくなっていた。このことは、彼のアメリカ外交政策に関する懸念や主張以上のものとなっていた。ケナンの見るところでは、反共主義はアメリカの愛国心と同一視されるようになっているか、実際にはそれに取って代わりつつあった。

これらすべてを信念の変化に帰するのは大きな誤りだ。また、ジョージ・ケナンは極端なドクトリンを好まない穏健な考えの持ち主だったということで説明できる、と考えるのも間違いだ。彼自身、「封じ込め」はドクトリンではないし、彼が持っているのはドクトリンではなく、原則だけだと述べた。原則とアイディアは同じではないということを、ここでよく考えてみるべきだ。一五〇〇年以上も前にメッテルニヒは、書簡のなかでつぎのように書いた。アイディアというのは、ひとつの決まった方向に沿って恐怖心を相手に与えることのできる固定式銃であり、原則は、あらゆる方向に向かって恐怖心を引き起こすことが可能な回転式砲座に取り付けられた銃のようなものだ、と。あるいはまた、一七七六年の独立革命のときにアメリカ人を支持したものの、一七八九年のフランス革命には反対したエドモンド・バークのことをもういちど考えてみよう。イギリスの政治家でもあり作家でもあったジョン・モーリーは、バークについて、彼は目的を変えたが、けっして立場を変えたわけではなかった、と書いた。あるいはチャーチルについて考えてみよう。彼の性格と気質は、ケナンのそれとは非常に違っていたが、ケナンと同じように、「他人の信念を前にして奇妙な勇気」を持っていた。チャーチルは危険なほど反ソ的だという理由で、一九四五年に（アイゼンハワー将軍を含む）アメリカ人によって批判されたが、一九五〇年以降は、危険なまでに親ソ的で、腰抜けでさえあるという理由で、アイゼンハワーらによって軽くあしらわれた。チャーチルとケナンの世界についての見方には、多くの共通点があった。

だがわれわれは、それより先に進まなければならない。ケナンに見られる原則の一貫性は、彼の誠実さと不可分であった。ここには、魅力的で好印象を与える若者で、共産主義の危険について全国民に目覚めさせたすぐれた語り手がいた。自由主義的国際主義者でもなく、ニューディール集団のひとりでもなかった。一九四六年とそれ以降、公職にあった彼の前には、茫洋たる可能性が開けていた。しかし、そうしたことはジョージ・ケナンをまったく魅了しなかった。彼の反共産主義と反・反共産主義ともいうべきものとのあいだに矛盾があるなどとは、その当時も、また後年その当時を回顧したときも、考えてもみなかったのと同様、彼にはまったく思いもよらなかった。

一九五三年にケナンは、反共主義がより大きな危険となったことを知っていた[2]。しかし、いまや彼の懸念の理由は、自国の外交政策の実施過程で生じる過誤以上に深刻だった。ケナンは、自国の中枢がしだいに蝕まれる中毒症にかかっていると見た。彼の懸念のもっとも明確で力強い表明は、ノートルダム大学でおこなった演説のなかに見いだされるだろう[3]。その演説でケナンは、とくにつぎのように述べた。

今日、わが社会にはある社会勢力が解き放たれています。……彼らは全員はどのみち、恐怖と不安に駆られた反共主義の旗印のもとで行進するでしょう。……私は彼らの運動の方向性と影響にもっとも深刻な懸念を抱いているところです。……彼らは共産主義の危険からの救済の名のもとに、多くの点で、［われわれの敵であるソヴィエトと同じような］思想と行動を習慣づけるように仕向けます。……私が震撼するのは、目下の情緒的・政治的な風潮をとらえて、半宗教的な崇拝を作り出そうとする試みを目の当たりにするときであります。それは、許し、思いやり、理解に対する人間の能力に訴えるのではなく、嫌悪と恐怖に対する能力にのみ訴えることを意図するものであります。……善悪の最終的な審判は、われわれがおこなうことではないことを肝に銘じるべきです。人間の同胞に対する怒りはつねに、その弱さと可謬性の記憶によって、そしてキリスト教の遺産の核心をなす赦しと救いの模範によって和らげられなければなりません。

ここでは外交政策以上のものが問われていた。ケナンの関心は米国民の思考と性格そのものにあった。

それゆえケナンは、一九五三年五月一五日にそうした考えを公の場で語った。それは彼が国務省を去る一カ月前のことであり、このとき彼には、まだ机といくばくかの仕事が残っていた。アイゼンハワー大統領は、前述したソラリアム会議への彼の参加を望んでいた。これ以降、ケナンは良心に突き動かされ、アメリカの反共「右翼」（明らかに不正確な言葉ではあるが）の誤った考え、発言、行動に繰り返し異論を唱えた。この心底からの保守主義者で伝統主義者のアメリカ人は、最大の敵はアメリカの「保守主義者」たちだということを知った。彼らはその数を増やし、一九八〇年には、「リベラル」だと自認するアメリカ人の数を上回るようになった。これはアメリカ政治における地滑り的勝利であり、このことを真面目な信頼できる歴史家が分析し、描写するのを待たなければならない。この作業は、本章や本書の範囲をはるかに超えている。でもわれわれは、少なくともちょっとのあいだ、一九五〇年前後から、このような事態がめったに途切れることもなく進展してきた経過を理解しなければならない。こうした事態は、アイゼンハワー、ケネディ、ジョンソン、ニクソンからレーガン、クリントン、ジョージ・W・ブッシュの各大統領にいたるまでほとんど途切れることもなく、アメリカの全能に対する人びとの信念、何百という合衆国の軍事基地の世界各地への拡散、合衆国の軍事力を世界中で進んで用いようとする気持ち、アメリカの覇権意識とあいまって、容赦なく展開してきた。ソヴィエト帝国が一九八九年に崩壊したとき、人びとは戦争に訴えることなくソ連を「封じ込める」ことを可能にしたケナンを想起し、賞賛した。このことには、いくばくかの真理が含まれていた。しかし、一九九〇年代にすでに九〇歳を越えていたケナンは、依然として、合衆国の軍事基地と同盟が拡大されている現実を目撃することができた。ケナンの人生が終わりに近づいていたころ、彼はこれまでと変わりなく、こうしたことに反対し続けた。それらは、五〇年以上にもわたって蓄積されてきた彼の最後の警告であった。大多数の米国民の知らない愛国者の特異な声だが、それでもなおアメリカの良心の声である。

ケナンにみる二重性

そうはいっても、すべての人間には二重性が認められる。ジョージ・ケナンの場合も同様であった。誠実さは硬直さを意味しない。いわんや、ほかのことには目もくれないということでもない。良心は非常にしばしば、内心の葛藤をともなう。ケナンの生涯をとおして、この内心の葛藤は悲観主義をともなった彼の愛国心と関係していた。筆者はかつて、ケナンは愛国者であって民族主義者ではないと書いた。なぜなら、愛国心は防衛的だが、民族主義は攻撃的であり、愛国心は伝統主義的であり、民族主義はポピュリスト的だからだ。また、愛国心は自国の国土と歴史への愛着だが、民族主義はまとまりのない大衆を団結させる粘着性のあるセメントだからだ。愛国者は自分の国の欠点に関心を抱くだろう（イギリスの小説家ギルバート・チェスタートンいわく、「私の国は正しかろうが、間違っていようが、こう言っている。私の母は酔っ払っていようが、しらふだろうが、母であることには変わりない」、と)。ケナンの思考においては悲観主義が非常に強かった。その証拠のいくつかは、彼の日記の非常に驚くべきページのなかに存在する。そのうちのいくつかは、彼のキャリアがいまだ頂点にあるか、それに近い状況にあるときに書かれたものである。たとえば、一九四九年に書かれた辛辣な描写は、もはや先見の明のない学者に関するものではなく、列車のなかでお互いに話しに興じている中西部の実業家に関するものであった。彼は当時の多くのアメリカ人に対するのと同様、実業家たちを戯画《カリカチュア》だとみなした。彼が見たものには、共感するようなものはほぼ皆無で、自分自身のために書きとめておかざるをえなかった。それでも、そうしたアメリカ人の典型的な性格へのケナンの関心は、ともかく他人行儀的ではなかった(自分もその一部であるというところから生まれていた)。彼は非常にしばしば、驚くほどの謙虚さと思いやりの気持ちを示したが、アメリカ人の性格についての彼の関心はそれに劣らず真摯なものであった。

より世俗的なレヴェルでは、ケナンが自分のキャリアに関して意識的に追求した目的に見られる二重性がある。すでにみてきたように、公的なキャリアから私的なキャリアへ、政府から知的世界への移行は、一九五〇年ごろから一九五三年までの過渡期にあたる。しかしこの時期、高等学術研究所でのケナンのポストはすでに確約されていたにもかかわらず、自己の才能が認められ、最終的には、ワシントンで適当な官職が与えられるかもしれないという願望が彼に残っていた。この時期にケナンが依然として、「国家に奉仕する」ことを願っていたというのは正確ではないだろう。というのは、彼は結局のところ、ペンで非公式に国家の役に立つことができたからだ。しかし彼とて、政治的な野心がまったくなかったというわけではない。アイゼンハワーはもはや、ケナンの助言を求めることはしなくなった。だが、彼は次期大統領選挙のころには、アドレイ・スティーヴンソン[4]の役に立つことができるかもしれないと考えた。それよりもっと重要で、しかも興味深いのは、一九五四年ごろのちょっとしたエピソードである。このとき、ケナンはペンシルヴェニア州の近くに住む何人かの農夫の要請に応えて、南東部のペンシルヴェニア地区から民主党員として議会に立候補する[5]ことを真剣に検討した。ここでは「おそらく一九五四年」の出来事だと記しておくが、その理由は、奇妙なことに、彼の『回顧録』では、日付を一九五一年としているからである。その点は将来の伝記作家が突きとめることになるだろう。高等学術研究所とロックフェラー財団による彼の雇用は、公職に立候補する者への支援を禁止していることを知ったとき、(選挙費用を自分でまかなうことになるかもしれないと考えた後で)彼は立候補を取り下げた。

アルフレッド・ケイジンは一九七二年に『ニューヨーク・レヴュー・オブ・ブックス』誌において、『回顧録』についてつぎのように書いた。ケナンは「アウトサイダーのように考えながら、他方でインサイダー以外の何者にもなりたくないという無駄な努力」に苦しんだ、と。これは才を鼻にかけた評である。ケナンは、インサイダーになりたいなどとはけっして思わなかった。彼が望んだのは、仲間に入れてもらうことではなく、影響力であった。ケナンは「アウトサイダー」として思考したのではなかった。彼はその自立的な思考ゆえにアウトサイダーであることを知っていたが、その逆ではなかった。

ケナンはプリンストンと農場の二重生活を送るようになった。彼は、そこで働く幾人かの素朴なアメリカ人男女、なかでも臨時雇いの家事手伝い人（家政婦）に親近感を感じた。彼は日記に娘のことを書いている。三〇年以上が経過したとき、ケナンは長いあいだ書きとめてきた何千ページにものぼる日記のなかから、いくつかを『人生からのスケッチ』（*Sketches from a Life*）という著書のなかに含めることにした。こんどだけは、筆者としては、たとえ非常に不十分ではあっても、彼の知性ではなく心情についてどうしても書かざるをえないという気持ちだ。もちろん「精神」（mind）は頭脳と心の双方を含み、現代の知性主義（知性偏重）と心理学が認める以上に、より相互の関連を持っているが、精神に頭脳と心は宿っているのであり、それこそ、その知性ゆえに評価を得ている人物に備わっているものだ。だが、そうした性質のうち、いかに多くのものがケナンの心の優しさから生じていることか！　少なくとも筆者にとって、日記のなかからケナン自らが選んだ記述のうち、もっとも思い入れの強い箇所は、彼が一九五五年七月の数日間、ミルウォーキーに里帰りしたときに書いた文章である。ケナンは姉と出かけ、そこで実に久しぶりに父母の墓を見つけた。彼は、これらの墓を以前に見たことはなかった。墓を見つけることは容易ではなかったが、二人は捜しあてた。ケナンを安堵させたのは、両親が隣同士に埋葬されていたことだ。両親のことについてのケナンの文章を読むと、まさにその墓場で彼の心臓の鼓動を感じ、人の感情の震え、いまにも泣き出しそうな潤んだ目の震えが、いやがおうでも伝わってくる。そして同時に、彼はその夜、そのことを姉の家の机かテーブルの上で書きとめた。そして同時に、六〇年以上の時の経過を経て、別の人がどこか遠く離れたところで、その文章を読んで感動し、目を潤ませる。その「同時性」こそ、まさになぞだ。それはすぐれた文章以上の何かを示すものである。それはひとりの人間の心のなかにある偉大で深遠な優しさゆえに、人びとの心を打つものなのだ。それから一年後、ケナンはふたたびミルウォーキーを訪れ、二人が住んでいた古びた家と両親の墓を見た。彼は幼子のように泣いた。ケナンは、そのことを未来の読者から隠す必要を感じなかった。

一九五三～五六年の時期に、ケナンはもうひとつの二重生活を送ることになった。たくさんの講演を大学から依頼され、それを引き受けた（そのうちのひとつは一九五四年にフランクフルト大学でおこなわれた。その後五〇年間、ドイツでの彼の評判と尊敬はますます高まることになるが、この講演はその初期の事例である）。彼は講演の草稿を完璧に書き上げたが、そのうちのいくつかは、やがて記事として活字化された。ケナンはほかにも記事を書いたが、その大半は外交政策だけでなく、公的な問題を扱った。同時に、ほかの仕事、すなわち真面目な歴史の研究と執筆にも熱中しはじめた。その先駆的作品となったのは、一九〇〇～一九五〇年を対象にしたアメリカ外交に関する講義であった。この講義は一九五一年にシカゴ大学でおこなわれたもので、すばらしい評論であった。だがこんどは、詳細かつ多様な研究に取り組んだ。その成果は、一九五六年初めに完成し、同年末に刊行された『米ソ関係、一九一七～一九二〇年』（*American-Soviet Relations, 1917-1920*）第一巻である。このあと歴史家としてのジョージ・ケナンに一章を割くので、ここではつぎの点を指摘すれば足りる。つまり、一九五四年以降、彼は自らに課した二つの仕事に自分の時間を分けることになる。そのひとつは、真摯な歴史家としての仕事であり、もうひとつは、深く憂慮し、公的な問題に取り組む作家および講演者としての仕事である。

ケナンが予見し、かつ見たいと願っていたことが、いまや起きつつあった。すなわち、戦後のソヴィエト帝国は後退しつつあった。一九五四年と一九五五年にスターリンの後継者たちは、オーストリアの中立を受け入れ、ロシア区域から撤退することを選択した。彼らはフィンランドのロシア基地を放棄した。中国沿岸部と満州で保有していた権益を手放した。ユーゴスラヴィアとの関係を復活させた。東ドイツを承認すべきだと西側諸国に対して主張することなく、西ドイツ政府を承認した。アイゼンハワーとダレスは、こうしたソ連の措置の意味をまったく認めようとしなかった。一九五六年二月、フルシチョフは第二〇回ソ連共産党大会で秘密演説をおこなった。彼はスターリンの残虐さと犯罪、それに「個人崇拝」を攻撃した。ケナンはこの演説を、ソ連の新指導部の不安のもうひとつの重要な兆候だと見た。そうした不安は、冷戦の条件の重要な変化の可能性を示唆するものであった。(彼は一九五二年八月という早い時点で、フルシチョフの台頭を明確に認識していた。)一九五六年七月、共和党綱領の第九項は、少なくとも「ソ連を包囲するアメリカの海・空軍基地の配置」を実現するよう求めていた。一九五六年一〇月、ソ連はポーランドでの政治危機、そしてその直後にはハンガリー革命に直面した。ケナンは、東欧におけるソヴィエト帝国に亀裂が生じており、ハンガリー動乱をロシアが軍事鎮圧した後でも、そしてそれにもかかわらず、ソヴィエトは二度と回復することはないと考えたし、またときおりそう発言した。

アイゼンハワーやダレス、もしくは圧倒的多数の米国民が見たもの、考えたことは、そうではなかった。しかし数カ月後（彼が初めて刊行した歴史に関する著作が世間の評判を獲得したあと）、ケナンはイングランドで世界情勢に関して講話をおこなう機会を得た。

リース講演への爆発的な反響

ケナンは、オックスフォード大学から客員教授職を一年間引き受けるように、との招請を受けた。一九五七年の初めに、もうひとつの招待状が届いた。それは、ロンドンのＢＢＣ（イギリス放送協会）の主要番組である、重要なリース講演（週一回、六夜連続でおこなわれる）であった。

ケナンはこの申し出を二つ返事で引き受けた。三、四年におよぶ比較的孤独な状況に置かれていた後では、冷戦についての募る信念と深い懸念を表明する機会であった。それは変化であり、そしてまた挑戦でもあった。講義ノートを作成することは困難ではなかった。だが、オックスフォードでの彼の生活環境や周囲の状況は楽ではなかった。かの有名な町は、賞賛に値し由緒を感じさせるものと、魅力を失った新しいものとが交じり合っていた。彼らの住居も社会環境も、イギリス的なものの典型であった。それは、思慮深い敬意と気配りのなさ、心からのもてなしとそれに劣らぬ徹底したよそよそしさが、ともに入り混じったものであった。彼はオックスフォードで、陽光と雲、暖かさと肌寒さが入り混じったような感覚をしばしば体感した。こんども驚かされるのは、この六回の講義とその準備につぎ込んだ、執筆と書き直しのための猛烈なエネルギーである。リース講演はたくさんの聴衆を集めていた。おそらく初めてのことであろうが、ケナンはまた、草稿だけでなく、話し方も注意深く準備しなければならないことを理解していた。スタジオのほかに誰もいない部屋でマイクに向かって、ひとりで話さなければならないこともわかっていた。彼は話したいことがたくさんあった。三〇分間の講義六回を非常に手際よく、しかも聴衆の反応をさぐるすべもなく、おこなわなければならない。マイクの前に最初に座ったとき、彼は非常に神経質になっていた。神経質になる必要はなかっただろうに。彼は異常なほど大きな聴衆を集めた。そして、予期せず、ケナンが述べたことに対して、世界各地から反響が起こった。

その世界中からの反響は主として、六回の講義のうちの第三回目と第四回目の講義の結果であった。これら二つの講義のテーマは、ケナンがもっとも懸念を抱いていたものであった（それ以前においてもそうだったし、これ以降も同様である）。そのひとつは、欧州とドイツの分断を、もうひとつは核兵器の問題をそれぞれ扱ったものだった。その骨子はつぎのように要約することができるだろう。欧州とドイツの分断は馬鹿げた状況である。ロシア人たちでさえ、かならずやそれを変えるよう検討することになるだろう。いまやその兆候が現われている。(6) だが、合衆国と西側は、そうしたことについてロシア人と交渉しようとする気がなかったし、交渉を検討する兆候さえ見られない。撤退があるとすれば、それは鉄のカーテンの東側においてであって、西側ではまったくありえない話だった。偽善的なことに、米、英、仏、西ドイツの各政府は、そうはいわなかったものの、ドイツと欧州の分断に満足していた。原子爆弾や水素爆弾の問題については、「大量報復」という合衆国の現行の政策は非常識であった。多くの点で使用不可能な、これらの並外れた兵器に関してもっとも強調されなければならないのは、これらの兵器は万一に備えて取っておかなければならないということである。われわれは先制不使用の原則を確約しなければならないし、ドイツを含む西欧に核兵器を配備することは危険かつ馬鹿げている。

ケナンの講演に対して、その後ただちに起きたことは、大西洋の両側での爆発的な反響であった。それには二つの理由があった。ひとつはケナンの信望であった。ケナンの名声は当時、アメリカにおける場合と同様、イギリスでも広範囲におよんでいた。そのことはもちろん、彼の主張の適度の冷静さおよび計算された明晰さと不可分であった。もうひとつの理由は、ケナンの主張が魅力的であるがゆえに、とくにドイツでは、少なくとも危険なものとなる可能性があったからだ。その結果、ケナンの講義に対する反響は大きく、厳しかった。しかも、いくつかの事例では組織的であった。アチソンによるケナン攻撃はことのほか激しく、人身攻撃的であった。それ以上に残念だったのは、西ドイツのアデナウワー政権および他のドイツの政治家たちによる、ケナンの主張に対する組織的な拒絶であった。パリやニューヨークでは、ケナンの考えが間違っていることを明らかにすることを目的として、著名な学者を含む知識人の集会が開かれた。いまから振り返ると、それはフランス人が「独善的な思想家」（les bien-pensants）と称する人たちによる、まったくもって嘆かわしいが、予想された声であった。

こうしたことは、トラウマに近い影響をケナンに与えた。彼はチューリヒの病院で数日を過ごした。彼はこれまでも、しばしばスイス人に敬意を抱いてきた。その年のある日、ケナンは日記につぎのように書きとめた。スイスとフィンランドの二カ国は、「世界で唯一、健全かつ分別のある外交政策」を有している欧州の国である、と。いまや欧州には、フィンランド、スウェーデン、スイス、オーストリア、ユーゴスラヴィア（ユーゴは独自外交という点で）といった、一連の「中立」諸国が存在した。これらの国は、欧州の中央部を北から南へ延びており、米ソ両国と軍事同盟を結んでいる国々を引き離す形状をなしている。できることなら、この帯状に列する国々が東西双方向に延びて、ドイツもそのなかに含まれるようになって欲しいところだが。

そうしたことはとても起こりそうにない。それに反対する、あまりにも多くの既得権益と、それをイデオロギー的なカテゴリーでもって正当化する、あまりにも多くの理由が存在する。ケナンは、そのことがわかっていた。また、一九五七年の時点では、彼の提言は十分時機を得たものではなかったかもしれない、とケナンは思った。それでも彼は、欧州でさまざまな聴衆に講演をおこなうよう招待を受けた。つぎの二年間、フランス、ドイツ、スイス、デンマーク、ノルウェイ、オーストリア、イタリアに旅し、ときおりイギリスに戻った。この間、重要な著作『米ソ関係、一九一七〜一九二〇年』の第二巻を完成させた。

ユーゴスラヴィア駐在アメリカ大使としての任務

一九六一年一月のある日、合衆国大統領に新たに就任したジョン・ケネディは、電話交換手にケナンを探し出すよう指示した。そのときケナンは客員教授として、一学期間イェール大学に籍を置いていた。大統領は、ポーランドかユーゴスラヴィア駐在アメリカ大使としての任務を引き受ける気があるかどうかを、ケナンに打診した。ケナンは大統領に謝意を表した。その日のうちに、彼はユーゴスラヴィアへの赴任を希望すると回答した。

これは、ケナンにとってまったく予期しないことだったと考えるべきではない。毎年毎年、彼は政府に使えるか助言するために、いずれにしてもワシントンに呼び戻されるかもしれないという、一縷の望みを抱いていた。彼が多くの論文を執筆したり、講演をおこなったりしてきた本当の動機は、そこにあったのだろうか。そうではない。というのは、人間の動機や目的は、めったに単一要因では説明できないからだ。だが、アイディアの歴史においてつねにそうであるように、人のアイディアというものは、結局のところ、それを選び、表現する人と切り離すことはできない。ケナンは一九五八年のリース講演も含め、彼の著書を当時大統領候補とみなされていたジョン・ケネディに一、二冊送ることにした。これに対して、ケネディは理知的で慎重な返答をしてきた(7)。そしてケネディが大統領に当選すると、ケナンはホワイト・ハウスからなんらかの知らせがあるのでは、と思った。彼は、ケネディが国務長官にディーン・ラスクという月並みな人物を選んだことに対して喜べない理由があった。ラスクは一二年前までは、国務省政策企画室時代のケナンの提言に異論を唱えていたからだ。しかし、一九六一年の一月の時点で、ケナンは新たな任務に感謝し、そして満足さえしていた。かなり気分が高揚するなか、三カ月もたたないうちに、家族とともにユーゴスラヴィアに向け船で出発した。

ケナンのユーゴスラヴィア勤務は二年あまりであった。おそらく彼は、もっと重要なポストを与えられるべきだっただろう。だがそうなれば、理由はともかく、ケネディ政権は、合衆国の政策がどうあるべきかに関するケナンの頻繁な反対意見と同一視されることを意味したであろう。これ以上のポストは期待しすぎだっただろう。ユーゴスラヴィアへのケナンの赴任が、きわめて適切だった特別な理由があった。一九四八年と一九四九年の時点でチトーをどう扱うかについて彼が述べた見解と文書は思慮深く、非の打ちどころがない。とにかく、彼はベオグラードの新天地を気に入った。ケナンの大使としての行動と政策は正確で適切だった。また、かつてのロシアにおける場合と同様、彼はそこに住む現地の人びとに好意を感じるようになった。（ここで「人びと」と書いたのは、当時の彼は、彼らの民族的相違と敵意の根深さや、それが原因で発生する暴力を予見できなかったからである。）彼はまた、チトーの政治手腕を評価していたが、おそらくチトーの功績を少し過大評価していた。（チトーは彼を学者［A Scholar］と呼んだ。）

それと同時に、ケナンは、かつてしばしばそうであったように、議員や国内の他の圧力集団の無責任かつイデオロギー的な行動に苛立ち、ひどく心を痛めた。一九五九年、議会はおおかたの共和党議員の支持を得て、非常識で馬鹿げた「囚われた国家決議」（Captive Nations Resolution）を宣言し、とりわけ「囚われた国家の日」を設けた。同決議は（ソ連内の想像上の民族と存在しない地域の名前をあげて）ソ連を非難したし、ユーゴスラヴィアを「囚われた国家」に含めた。その結果、同国をソ連ブロックに接近させることになった（ユーゴは一九四八年以降、ソ連ブロックの一員ではなかった）。もうひとつの帰結は、合衆国の貿易政策のなかでユーゴスラヴィアを長らく差別することになったことだ。ケナンはワシントンに戻り、この問題で有力議員と話し合いをもったが、無駄だった。ケネディも、これらの問題でケナン大使を強く支援することもなかった。その結果は、ケナンらしい対応となって現われた。彼は、通常三年間という勤務期限をまっとうする一年前に大使の職を辞して、学究生活に戻った。

キューバ・ミサイル危機が発生したとき、ケナンはまだベオグラードにいた。彼がそのとき何を考えたのかはわからないが、（ラスクやアチソンやその他多くの者たちとは違って）とくに気持ちをかき立てられるということはなかったと思われる。ケナンは、ロシアがキューバのために核戦争の危険を冒すとは思わなかった（それは一九五六年に、合衆国がハンガリーのためにそのようなことを考えなかったのと同じである）。キューバに持ち込まれた兵器の除去と交換にトルコからミサイルを撤去するというケネディの決定は、米国民には秘密にされており、ケナンは当時その決定を知らなかった（だが、のちに知ることになる）。ケナンはそのような決定を是認したであろう。それは結局のところ、世界各地にある米ソの軍事基地から相互に兵力を削減することであったからだ。ベオグラードから帰国して数カ月が経過したころ、ケナンはラスクに苛立ちを覚えた。というのは、ラスクが、ケナンに相談することもなく、突然、チトーを国賓として合衆国に招待することにしたからである（チトー訪米はさらに、エスニック集団による敵意むき出しのデモによって傷つくことになった）。それはケネディ暗殺の一カ月前のことだった(8)。

このようにして、ジョージ・ケナンの合衆国政府への務めは終わりを告げた。彼は、自らが尊敬する大統領によって与えられた、この最後の機会に感謝した。彼は感激して、ケネディに意を尽くした手紙を送ったが、大統領もまたケナンにつぎのように返信した。「有能な外交官であり歴史家でもある貴君の支援を得ることができたのは、誠に心強かった」。彼の外交官としてのキャリアは終わりを告げたが、歴史家としての最良の作品のいくつかはこれからであるというときに、ケネディがケナンを歴史家として評価していることを記録にとどめるのは喜ばしいことである。

アメリカの良心

本書のなかで、ジョージ・ケナンの人生についての予想されるような年代記的な記述から離れて、彼の歴史家としての仕事にも一章を割り当てる。その章を読めば、彼が、広範囲で造詣の深い評論である最初の歴史を一九五〇年に書き上げ、九七歳を迎えた二〇〇〇年に彼の先祖についての包括的な物語である最後の歴史を完成させたということがわかるだろう。だがここでは、本題に戻ることにする。そのさい、一九六三年と一九八八年の二つの画期的な出来事に目をとめなければならない。前者は、ケナンが最後の公務を終えた年であり、後者は、彼にとって冷戦が終焉を迎えた年である。そしてそれは、ケナンの人生のなかでも非常に活動的な二五年間であった。多くの功績を残したこの二五年間に話を向けなければならない。

ケナンの健康はいまやすこぶる良好だった。若いころは、そして五〇代になってからからも、彼はさまざまな病気に苦しんできた。しかし膝の障害を除けば、八〇代になって、彼の年齢から予想される基準をはるかに超えて、かくしゃくとしており、贅肉もなく、壮健であった。[9] 七四歳のとき、ケナンは妻と義理の弟と一緒に彼の小型ヨットに乗り、穏やかな日がめったにないバルト海や北の海を通って、ストックホルムからノルウェイの彼らの家に向かって出航した。距離にしておよそ七〇〇マイルの船旅であった。ケナンはそれを「おいぼれの航海（cruise）」と称した。（前年の夏には、彼らはストックホルムに船で出かけた。）これは彼が購入した二つ目のヨットで、小さな補助モーターを備えていた。彼にはいまや、そうしたものを手に入れるだけの印税と講演による収入があった。けっして裕福というわけではなかったが、それでも快適な暮らしをするには十分であった。

その二五年間にケナンは多くの旅行に出かけたが、ほとんどつねに妻と一緒だった。彼は日記を付け続けた。窮屈で混雑した空の旅は大嫌いだった。それでも、ほぼ九〇歳になるまでは、彼の船旅の回数が減ることはなかったし、九〇歳になっても、船旅を完全にやめたわけではなかった。二人は、彼がほぼ九九歳になるまでアメリカ国内を旅した。[10] 一九六〇年代半ばには日本講演に出かけ、一九八〇年には中国を訪問した。二人は南アフリカを三度訪れた。モスクワへの入国を禁じられてから二〇年後の一九七三年にロシアに戻り、レニングラードを訪れた。そして、一九七六年には黒海に面するいくつかの港町を訪問した。ほかにも、研究に関連した多くの欧州旅行をおこない、とくにウィーン、ベルリン、パリを訪れた。一九八六年には、膝の温泉治療のためにブダペストを訪問した。ケナンはレニングラードについての長文の評論を執筆したが、それは彼の評論のなかでももっとも鋭い、歴史的「省察」に満ちたもので、一九七四年に『ニューヨーカー』誌に掲載された。それを読むと、それが現実になる優に一五年も前に、冷戦の終焉（および、おそらく、迫り来るソヴィエト体制の終焉さえも）をどのように予見したのかを感じ取ることができる。一九八一年と一九八四年に彼はモスクワを、そして一九八七年にはモスクワとリガを訪れ、五〇年以上も前から知っている場所や家々を訪ね、それらについて思いをめぐらした。そのときまでには、ケナンは、ロシアのソヴィエト体制と米ソ冷戦は終わったということを十分予見していただけでなく、そのことをわかっていた。一九八七年末、彼はメジャーではないアメリカの雑誌[11]から短いインタヴューを受けたが、そのインタヴューは「冷戦の死亡記事」と題されていた。この記事が発表されたのは、米中央情報局（ＣＩＡ）やワシントンの他の機関が予見も予期もしていなかったベルリンの壁の崩壊の二年前、そしてソ連崩壊の四年前のことであった。

夫婦が結婚生活を始めてから六〇年が経過したとき、ケナン家の住居に一部変化があった。妻の家族が所有していたノルウェイのクリスチャンサンド（そしてそこで彼は一九三一年に妻の家族と会い、結婚を申し込んだ）にあるこじんまりした海辺の家はいまや、彼らの夏の家となった。彼らは七月と八月のおよそ六週間をクリスチャンサンドでほぼ毎夏過ごしたが、最後にそこで過ごしたのはケナンが九九歳のときだった。クリスチャンサンドに住むようになって、彼は小型のヨットを購入し、船で旅するようになった。[12] ここでもまた、彼の思考の二重性について簡単に触れておくのもよいだろう。ノルウェイに住む妻の家族とは非常に親しくしていたが、彼はまた、そこでは異邦人だと思った。だからといって、彼がプリンストンに戻りたがったということを意味しない。ケナンの頭（および彼の手）はクリスチャンサンドでは十分忙しかった。しかし、世界ならびに文明に起きている出来事に関するケナンの悲観的見方は、そこでも彼に影響を与えた。あるとき、ケナンはつぎのように書いた。理想をいえば、「ヨーロッパ人であれ、アメリカ人であれ、より多くの人びとが大いに安楽な暮らしをすべきだということではなく、誰も安楽な暮らしをすべきではないということだと思う」。だが、彼はこうした非難は厳しすぎるかもしれないということを認識していた。ずっとあとになって、筆者の問いに答えて、ケナンは、あの経済的・政治的な社会主義のあらゆる背後には、欧州や世界のほぼどの地域と比べても同じくらい大切な、そしておそらくより持続的な、厚いブルジョワ階層の暮らしと基準がスカンディナヴィアの人びとのあいだには存在するということに同意した。

このころになると、ケナン夫妻が彼らの農場を訪れる機会は少なくなった。一九七六年には、二番目の娘で、夫とともにワシントンで暮らすジョアンにこの農場を譲渡した。一九八九年は冷戦が終わったということで、もちろん記念すべき年であった。冷戦はケナンを有名にしただけでなく、彼の人生を形づくり、そして彼の主要な関心事であった。[13] しかし一九八九年は、さらに大きな意味で画期的な年であった。早くも一九八九年にケナンは、冷戦以上の何かが終わったことを見抜いた。すなわち、終焉を迎えつつあるのは二〇世紀そのものであった。その短い世紀は一九一四年に始まり、第一次世界大戦、第二次世界大戦、冷戦によって形づくられ、それぞれの出来事は主として、その前に起きたことの帰結であった。彼はこの二〇世紀の一員であり、生き証人であり、そして参画者であった。彼はこの世紀を生き抜き、そして二〇世紀が終わった後も生き続けた。二〇世紀が生み出した原因とその帰結は、ケナンの心をとらえて離なさず、かき立てられるかのように論文や歴史を書き続けた。それらの作品の多くは、一九八九年よりはるか以前に書かれ、一九一四年以前の時期も含めて、冷戦よりずっと以前の出来事に向けられた。それゆえ、一九八九年は画期的な年ではあったが、ケナンの人生における転換点ではなかった。冷戦はひとつの帰結であり、原因ではないということを彼は理解していた。二〇世紀の大いなる悲劇とでもいうべき出来事とは、彼がこのことについていかに多くの、深い知識を持っていたとしても、一九一七年のロシア革命[14]ではなかった。それは一九一四年であり、欧州における第一次世界大戦の勃発であった。ケナンは一九八九年以前に第一次世界大戦の起源と原因にエネルギーの多くを割いてきたし、この戦争の帰結は依然として、彼の念頭から離れることはなかった。

ケナンの仕事は自らが課したものである。その仕事は多様で多面的であった。それを示すものは、とくにこの四半世紀に書かれた大量の日記、書簡、著書のなかに存在する。彼の書簡以外にも、回顧録、歴史、ほかのテーマを扱った著作や、それ以外にも旅日記、一貫した意図のもとに集められた講演集、それに単一のテーマについて書かれた論文、活字化されたインタヴュー記事、書評、復刻版、編集者への手紙などがある。現在のところ、ケナンの著作の完全なリストは存在しない。あえていうが、今日のコンピュータ化されたデータ処理の時代でさえ、遺漏やその他のミスなく彼の著作のリストを作成することは、不可能ではなくとも困難であろう。[15]彼は四六歳になるまで、合衆国政府に宛てて、そして合衆国政府のために書いた。（例外はわずかに二つでしかなかった。ひとつは、ドイツに抑留されたアメリカ人について、『アメリカン・フォーリン・サーヴィス・ジャーナル』誌のために書いた短い記事である。彼が［ドイツ語で！］一九二七年か一九二八年に執筆したもうひとつの記事は、掲載の時期と場所は不明だが、ドイツ紙に掲載された。）こんどは、アメリカの公衆に向け、彼らのために書きはじめた。一九五三年から一九六三年までの一〇年間に、少なくとも五〇本の真面目な記事を書いた（一九五九年の年だけでも、おそらく一五本の記事を執筆した）。一九六三年から一九八九年までの四半世紀間で、少なくとも七二本の記事を書いた。ケナンは九八歳になるまで、公衆のために執筆し続けた。（彼は九九歳になるまで、友人に手紙を書いたり、口述したりした。）

では、何について書いたのか。彼は何に対して忠告したり、気づかせようとしたり、警告を発したいと思ったのだろうか。もちろん、冷戦はそのなかに含まれるが、それだけでは十分な説明にはならない。それは、合衆国、合衆国政府、そして米国民が何をすべきで、何をすべきでないのか、何をどのように理解し考えるべきなのか、といったことについてである。ケナンは、テーマや主題について反復することはけっしてなかった。というのは、世界は変化しており、冷戦そのものも変化しつつあったからだ。また、それは彼の思考の明晰さと自立性ゆえにでもあった。ここでは、不十分ながら、ケナンの関心事を簡潔に列挙することができるにすぎない。彼はアメリカのヴェトナム戦争に反対した。というのは、第一に、ヴェトナムに米軍が駐留する必要はないと確信していたからだ。第二に、ヴェトナムで起きたことは国際共産主義といったようなものではなく、アジアのナショナリズムの一種だということを理解していたからだ。第三に、ソ連はインドシナにまったく関与していなかったからだ。そして、ヴェトナム戦争の背後には、より大きな、そしてより重要な問題、すなわちロシアと中国の関係が存在した。ケナンはおそらく、誰よりも早く、共産主義国であるか否かに関係なく、中ソ間には明らかな相違と将来の対立の可能性が存在すること、また、米ソ関係は米中関係より重要だということについて予見し、発言し、そして筆をとってきた。現在、とくに一九七一年以降は、合衆国の中国に対する選好を目にすることができた。彼はこんどもひとりで、合衆国はそれとは反対の選択をすべきだったし、そうすべきだと考え、ときおりそう発言した。一九七〇年代に米ソ関係がいくぶん改善し、「デタント」という言葉がよく口にされるようになったとき、彼はそれでは十分でないと警告した。すなわち、ソ連は変化し、ひび割れが生じ、キーキーと軋みはじめたこと、なかでも、少数のアメリカ人の好みに合わせてソ連市民の国外移住を早めるべきだという合衆国の主張は完全に間違っている、と忠告した。その後、合衆国はロシア人との戦闘に従事するアフガニスタンの部族に武器の供給を開始し、さらにカメラマンを前に、アフガニスタン国境で短機関銃を派手に見せびらかす外交担当・大統領主席補佐官の姿、ロナルド・レーガンと彼の「悪の帝国」などがこれに続いた。しかしその後、東欧におけるソヴィエト帝国の崩壊、ロシア国内における共産主義の終焉、冷戦の終結が到来した。これら一連の出来事は、合衆国政府も含め大半のアメリカ人にとっては驚きだったが、ジョージ・ケナンにとってはそうでなかった。

ケナンもまた、その二五年間に数回、上院外交委員会に出頭し、委員会では敬意をもって迎えられ、意見を聞かれたが、ほとんど、あるいはまったくといってよいほど効果はなかった。スターリンの娘スヴェトラーナがロシアから逃亡して合衆国にやってきたとき、彼女に面会し、手を差し伸べた。アレクサンドル・ソルジェニーツィンの著作とソ連からの追放の意義をただちに認め、彼の手助けと支援をおこなった。（その後、ソルジェニーツィンはケナンを批判することになるが、それはまた別の話である。）しかし、冷戦終結後、彼はこれ以上ないという真剣さで、軍備競争と核兵器に反対する文章を書き、警鐘を鳴らした。彼は、兵器は国家間の紛争の結果であり、原因ではないことを知っていた。だが、核兵器の存在そのものが、人類にとっての危険を未曾有のレヴェルに高めたこともわかっていた。ケナンは、この冷酷なテーマについて数えきれないほどの講演をおこない、数えきれないほどの記事を書き、さらには『核の迷妄——核時代の米ソ関係』（*The Nuclear Delusion: Soviet-American Relations in the Atomic Age*）を著わした。核の危険に関して、そして核軍縮の唱道という点で、ケナンはひとりではなかった。しかし、そのつど、彼の助言と理由はユニークであった。[16]『核の迷妄』の五分の四が米ソ関係を扱っているのは、ある兆候を示すものである。本書は一九八二年に書かれたが、その最終章は、「軍備競争についてのキリスト教徒の見解」というタイトルが付けられている。彼はその末尾に、つぎのように書いている。「われわれの知らない、見たこともない人びと、そして罪があるかないのかを決めるのはわれわれではない人たち、そうした人たちに対して核兵器を使用しようとするのは、僭越、神への冒瀆、人間の尊厳を傷つける行為以外のなにものでもない——神に対するとてつもない侮辱である！」

この感嘆符はケナンが付けたものだが、それはたいへん珍しく、（言葉の文字どおりの意味において）まさに核心を突いている。

その後、神の摂理とでもいうべき、歴史の意外性（ロシア人の意外性も含め）に見舞われることになった。ソヴィエト支配体制が揺らぎ、ソヴィエトの東欧支配は崩壊しはじめており、共産主義のイデオロギーはロシア自体の内部で姿を消しつつあった。ケナンはこうしたことを十分すぎるほどわかっていたので、およそ他の誰よりも早く、その兆候を認識することができたのだ。早くも一九八五年に、彼は、ゴルバチョフという人物はソ連を解体しはじめた、と筆者に語った。二年後の一九八七年一二月にゴルバチョフはワシントンを訪問したが、このときケナンはソ連大使館に招待された。彼の妻は、いつものように引っ込み思案になって、壁を背に参集者の群れに逃げ込むようなことをしないように説得した。ソ連の指導者ミハイル・ゴルバチョフは、彼の存在に気づいた。彼はケナンの肘をつかみ、彼の眼を見据えてこう語りかけた。「ケナンさん。わが国の人びとは、人は他国の友人であると同時に、自国に対する忠誠心に厚く、献身的な市民であることができると信じています。そしてわれわれは、そういう風にあなたのことを見ています」。

それはジョージ・ケナンに対する賛辞である。冷戦は終わった。やがて人びとはケナンの功績を口にしはじめた。「封じ込め」の考案者は正しかった、と。しかし、じきにわかることだが、神のご加護により、彼はその後も数年間生き続けることになる。その間、ケナンは公の場で語り、物を書くことをやめなかった。というのは、彼の関心事は冷戦よりも広く、かつより深かったからだ。ゴルバチョフは、「自国に対する忠誠心に厚く、献身的な市民」について語ったが、そのとき、いかに彼が正しかったかに気づいていなかったかもしれない。たしかに、ケナンはロシアに精通していた。彼はロシアを理解していた。ロシアに魅力を感じていた。だが、彼が主として関心を抱いていたのは、自国に対してであった。米ソ関係にはもちろん深い関心を抱いていた。だが、なによりもアメリカが自分自身といかに向き合うかという問題に没頭した。

そのことがケナンの孤独の原因であり、結果であったし、その後もそうであり続けた。その孤独ゆえに、「アメリカの良心」という形容語で彼を飾り立てることは、誇張した言い方になるかもしれない。一九八九年の合衆国の人口は二億四五〇〇万人であるが、このうち何人が彼の名前を知っているであろうか。おそらく一パーセントか、それよりさらに少ないかもしれない。その一パーセントのアメリカ人のうち、何人が彼の声を聞いたことがあるだろうか。どのくらいのアメリカ人が、彼の著作を読んだことがあるだろうか。あの何十冊もの著書と何百もの論文を読んだだろうか。彼の論文の大半は、せいぜい二、三の刊行物となったにすぎない。でも、それらの論文はすべて活字化されて、い、い、るではないか、と読者は言うだろう。なによりも、ケナンはアメリカの知識人や学者に知られていた。多くの偉大な作家や思想家は、少数の人びとによって読まれる以外、彼らの存命中に読まれることがあっただろうか。いや、そうはいっても、ジョージ・ケナンは孤独で、しかも、彼の著書を読んだ人たちのあいだでもしばしば誤解された人物であった。ここでは「知識人のあいだで」という言い方はしない。というのは、プリンストンのケナン高等ロシア研究所のカフェテリアにある、ケナン専用のランチ・テーブルでたまに食事をするときを除いて、彼は、実は知識人ではなかったからだ。「保守派の」政治評論家や作家たちは、ごく少数の尊敬すべき例外を除けば、彼を非難攻撃したり、真剣な考慮に値しないとして片づけたり、無視したりし続けた。「リベラル」たちは、あれこれの戦争に対する反対で立場を同じくするときには彼を尊敬した。だが、彼を本当に理解した人は少なかった。そして、少なくとも彼らのなかには、ドイツ、中東、宗教、自由主義の無用の長物、といった事柄に関する彼の過去もしくは現在の見解に、居心地の悪さを感じている者もいた。ケナンは、冷戦に関してはおおむね正しかった。それはそれでよしとするが、それだけのことだといった具合に。

それでもケナンは冷戦について書いた。なぜなら、彼は自国の行動と米国民の考えのなかに、断層線とアメリカ文明のもろさに対する深い、変わることのない関心を見いだしたからだ。人間の性格のもっとも印象的な（そしてしばしば唯一目に見える）特徴は、まさに他人との関係において現われるように、[17]国家の性格は、しばしば他の国々や人びとの関係や行動においてもっともはっきりとしたかたちで示される。それは「対外関係」というカテゴリーではとらえられないものである。多くのアメリカ人と違って、ジョージ・ケナンは、合衆国が神に選ばれた国家だとか、米国民は選ばれた民だとか、人類にとって最後で最善の希望だといったことを信じなかったが、自分の国も含めて、あらゆる国の歴史にはユニークなものがあると考えた。冷戦は合衆国が始めたものではなかったが、アメリカ人の思考に見られる不幸な特徴のいくつかを明らかにすると信じた。それは頑なな無知とでもいうべきもので、その背後にはさらに悪い、一種の国民的自己賛美のようなものが存在した。ケナンはまた、合衆国が欧州と同様に西欧文明に属していると自覚していたし、痛感していた（それは合衆国と欧州の結びつきは必然だ、と彼が考えていたからだが、多くのアメリカの「保守主義者」は、幾人かのアメリカの「リベラル」同様、ケナンとは異なる考えを持っていた）。（ポルノのおぞましい蔓延にくわえて）アメリカ人の生活、風俗、道徳観が急速に崩壊するさまを目撃したとき、ケナンの頭と心は苦悩した。一九六〇年代と一九七〇年代には、「若者の反乱」が惹起する不快な行為や間違った基準に対して、真剣かつ痛烈に非難の声をあげた。これらの学生集団は計画というものを持っていない反逆児であると公言し、そしてもちろん誤解された。核兵器とその将来に対する苦悩に満ちた警告は、土地や資源の保存という、自然保護に対する彼の強い信念と結びついていた。このようにして、われわれは、彼の思考が主に何に向けられているのかを見てとることができるだろう。ケナンを尊敬する人は、彼を伝統主義者だとみなした。そのとおりだが、それだけではなかった。彼は「進歩主義者」ではなかった。人びと、なかでも米国民は、「進歩」という観念そのものを再考し、修正しなければならない時期にきている、と彼は信じた。そのことだけをとっても、ケナンが単なる知識人でも、保守主義者でもなく、また伝統主義者ではないということができるかもしれない（あえてそうだと断言はしないが）。むしろ、それは預言者の孤独な声、アメリカの良心というべきだろう。

いま現在ではなく、いつか将来、宇宙の万物が機械的に決定されるメカニズムが支配する世界のまっただなかにおいて、最後まで残っていたヒューマニズムが消滅してしまったとき、（年長者というより）数人のアメリカの若者が、目を凝らして彼の言葉をじっと見つめ、この人物が、かつてアメリカの良心であったと悟る（認識するというより）ことになるだろう。「文明はそれから誕生した類の人間や人間性とともに消滅する」[18]。そのとおり、文明は消滅するかもしれないが、良心は消滅しない。ケナンの著作を将来読む読者は、そのとき残っているアメリカにおいて、良心の宝庫となるであろう。数は少ないだろうが、それは世の常なのだ。

6 歴史家

『アメリカ外交、一九〇〇〜一九五〇年』の刊行

ジョージ・ケナンの人生の最後の章を始める前に、ケナンのもうひとつの業績、歴史家としてのケナンに注意を喚起したい。これまでの章をいままで辛抱強くフォローしてきた読者は、ケナンの思考は歴史で埋め尽くされており、彼の歴史への敬意は、幼少期や青年期よりはるか以前の時代と場所への尊敬の念を込めた憧れを含む、まれに見るノスタルジアと結びついていた(1)。しかしながら、そうした歴史への趣味は、かならずしも歴史を書こうとする試みにつながるとは限らない。それはちょうど、食通がかならずしも料理人であるとは限らないのと同じだ（そして歴史に対する精神的欲求は知的道楽とは異なる）。しかし一九五〇年の初め、ケナンの人生とキャリアが混沌としているさなか、そして多くの任務に追われるなか、自らもうひとつの仕事に着手した。そしてこの間、中断されることも

あったが、テーマや主題を変えながらも、人生の最後の年にいたるまでこの仕事を続けた。彼の思考力と思考の傾向性はそのようなものであった。

こうして刊行された最初の著作『アメリカ外交、一九〇〇〜一九五〇年』(*American Diplomacy, 1900-1950*)は、もっともよく知られているものだといえるだろう。本書は刊行後すぐに、多くの大学の授業科目の必読書に指定された。本書は、一九五一年春にシカゴ大学でおこなわれた六回に及ぶ連続講義から構成されている。これらの講義の構成、方法、文体、および目的は、数多くの講演や論文で表明された、著者の長年の主要関心事を再現したものであった。ケナンの講演や論文の多くは一貫性を持っていたので、著書としてまとめることも可能であった。そうしたケナンの著作は、後年に出版された。だが、『アメリカ外交、一九〇〇〜一九五〇年』という著書は違っていた。それは歴史を書こうとするケナンの初の試みであった。より正確にいうと、シカゴ講義はひとつの壮大な歴史評論となっている。

ケナンは初めにその目的を述べている。「これら六回の講義のコンセプトについてひと言触れておきたい。〔本書の〕基本的考えは歴史のための歴史といった、抽象的な関心から生まれたのではない。それは、今日われわれが抱えている外交政策の諸問題への関心から発想された」。いいかえると、それは、現在のために過去について書くということだ。それは「純粋な」歴史ではない。だが、「純粋な」歴史とは何か。そのようなものは存在するのか。著者の脳裡にあるあらゆる歴史書の目的は、けっして単純なものではない。だがこの場合、少なくとも、ケナンの主な目的は容易に察知できる。

それは教育的なものである。

そのことは、右に引用した著書の第一章第一節から始まって、「現代世界の外交」と題された最後の第六章にいたるまで現われている。しかし、その他の五つの章・講義もまた、それなりの方法で教育目的にあてられている。これらの章のテーマは全体として、民主主義国家による、民主主義国内における外交政策、とくに合衆国の外交政策の遂行にともない繰り返される欠陥についてである。しかし、この短い著書には忠告や警告以上のものが存在する。その主たる部分をなす五章の内容は、驚くほどの歴史的知識と歴史的洞察を示している。これらの章を執筆する以前と、執筆中にケナンが読んだと思われる文献の量は、驚嘆すべきものがある。(2) とくに、執筆前の数カ月間および執筆中の彼の生活をとりまく、疲労をともなう、騒然とした環境を考えるとなおさらである。

『アメリカ外交、一九〇〇〜一九五〇年』の一連の章は、「スペインとの戦争」、「ジョン・ヘイの門戸開放宣言の起源」、「アメリカと東洋」、「第一次世界大戦」、「第二次世界大戦」、それに要約的で忠告を含んだ最終章となっている。これらの重要な主題のひとつひとつについて、学生も名をなした学者も、今日なお、半世紀も前に書かれたこれらの章を再読することで利益を得ることだろう。一八九八年のスペインとの戦争は回避できただろう、しかもそれは、いとも簡単に可能であった。フィリピン、プエルト・リコ、グアムなどの合衆国による占領と併合は不要であった。これらはほとんど偶然に起きたことだ。一九〇〇年、ジョン・ヘイが中国における門戸開放宣言を発表したことは、もうひとつの奇妙な偶然の結果であった。中国についてのアメリカの長年の幻想およびその後の日本との紛争は、不可避ではなかった。第一次世界大戦は西欧文明にとって最大の惨事であったし、合衆国は実際に認識したのとは違ったやり方でそのことを認識すべきであった。西側民主主義諸国は最初から、ソヴィエト・ロシアなしではドイツに勝利することはできなかったため、第二次世界大戦は災厄を背負っていた。以上は本書の各章の要約ではなく、むしろケナンの洞察についての概要である。将来を案じる彼の信念は、繰り返し明確にみてとれる。「私はアメリカ合衆国の行為について述べているのである。歴史はわれわれの国家的過誤について、それがわれわれの国内政治との関連で説明できるからといっても、容赦はしない」。「過去において、われわれの民主主義の運用に欠陥があったのであれば、そう言おうではないか」。ジョージ・ケナンは民主主義の運用の多くに疑問を抱いており、本当に悲観的であった。だが、本書は民主主義に対する貴族主義的な批判の書ではない。「民衆による統治制度を有していると考えている大半の国で世論と称するものは、しばしば、実際には多数の人びとの総意などではなく、声の大きい特殊な少数派の利益の表現なのではないか、と私は思う」。

忠告の意味を込めた最後の章において、ケナンはその後まもなく、自己の存在証明となる議論と言葉を使った。この最終章以前の彼の関心は外交政策――国家の針路――を国内政治の考慮、すなわちアメリカ丸の船員と乗客の移ろいやすい感情に従属させるという、憎むべき傾向に向けられていた。しかし最終章で、彼は外交の針路を決めている人びと、すなわち彼らの思考の性向や習慣に関心を向ける。「私の見るところでは、われわれが過去の政策形成にあたって犯したもっとも重大な過ちは、いわゆる国際問題に対する法律家的＝道徳家的アプローチと呼ばれるもののうちに求められる。

このアプローチは、過去五〇年間のわれわれの外交政策を通じて、赤い束糸のように織り込まれている」。そうなると、これはもはや、民主的ポピュリズムの危険ではない。それは民衆扇動（デマ）からではなく、抽象から生じるものである。「法律家的観念と道徳家的観念の結びつき」は、低俗さの結果ではなく、もっともらしく見せかけた、お墓のような非現実性、すなわちニューイングランド的思考に特徴的なイデオロギーから生まれたものである。このニューイングランド的思考という特質は、ケナンではなく、筆者による特定である。そしてそれは、出身がボストンから遠く離れているが、その思考様式が、空虚で法律主義的な倫理主義に依拠している多くのアメリカ人に当てはまる。おそらく、ウッドロー・ウィルソンは、この類の倫理主義のもっとも典型的な代表であろう。「悪」に対する「全面戦争」という考えがもたらす帰結と同様、世界法、戦争の禁止、国際連盟、国際連合、世界政府などへの信頼はすべて、前述のような思考様式の帰結である。ここにケナンが誤解された（そして誤解され続ける）もうひとつの理由がある。それ以来、アメリカ外交政策の学究や研究者は、「リアリスト」としてのケナンを、「理想主義的」カテゴリーとしてのアメリカ外交政策形成者たちと対比するようになった。そうした固定観念の半分は正しいが、残りの半分は正しくない。「道徳的」と「倫理的」は完全に同じというわけではない。おそらく彼は、「法律主義的＝道徳主義的」というより、「法律的＝倫理的」とか「法律主義的＝教化主義的」という用語を造り出すべきだったかもしれないが、それが主たる論点ではない。ケナンの外交政策観、世界観、人間観は道徳的なものである。そして今日にいたるまで、合衆国の窮状は、理想主義の反対は現実主義ではなく、物質主義であるということ、実際のところ、理想主義と現実主義は最善の組み合わせであること、歴史は人びとが何を考え、何を信じるかによって創られるということ、そして世界のあらゆる物質的なものはすべて上部構造にすぎず、観念の産物なのだということを理解することができない点にある。

『ロシア、戦線を離脱する』と『介入する決定』の出版

将来の伝記作家はジョージ・ケナンが、いつの時点で、不朽の、権威ある、膨大な米ソ関係史(一九一七年から一九二〇年)の執筆に着手したのかを確定しなければならないだろう。一九五四年よりずっと以前に着手したということはありえないだろう。その業績はまたもや、驚くべきものである。四年足らずで、ケナンは各巻五〇〇ページを超える二冊の大著を書き上げた。この四年間に、彼の時間と関心は、数十にのぼる講演(これらの原稿をつねに細心の注意を払って書き上げた)、論文、その他の公務に向けられ、この歴史の執筆の仕事から何度も離れることになった。そのなかには、異常なほど面倒な一九五七年のリース講演をおこなうための準備も含まれていた。しかし、包括的な歴史を書くという今回の作業は膨大な調査にもとづき、本格的な歴史を書くさいの慣行(この場合の適切な言葉は「方法」というより「慣行」である)に従うというもので、新しい取り組みであった。彼はそのことをわかっていた。彼はケナン研究所の数人から励ましを得たが、そのことに対して、序文のなかで気前よく謝辞を述べている。彼は研究所で、比較的自由に読書したり仕事をしたりするこ

とができたし、当時の秘書ドロシー・ヘスマンの献身的で聡明な支援もまた、もちろん非常な助けになった。だが、少なくとも三つの言語で書かれた大量の文書と史資料を徹底的に渉猟し、期待されるあらゆる要求の程度を超えた箇所において、微細な点にいたるまで研究者としての慣行と参考文献に関する慣例の要求を満たしながら、しかも時間、場所、人が非常に複雑に絡む二巻の歴史書を執筆できる、プロの歴史家を想像することは困難である(3)。

『ロシア、戦線を離脱する』(*Russia Leaves the War*) という著書は、一九一七年一一月のボルシェヴィキ革命に始まり、一九一八年三月のブレストリトフスクで、ソ連がドイツおよび同盟国との条約を批准するにいたるまでの米ロ関係に関する、ケナンによる歴史的再構築である。それは、多くの理由で、かつまた複数のレヴェルで、複雑に絡んだ歴史である。合衆国はロシアに大使館と領事館を維持し、必要なときにはロシアの新指導者たちと接触を保ついっぽうで、ワシントンでロシアを依然として代表していたのは、前ロシア政府によって任命された有能で聡明な大使であった。ロシアには、ほかにもいろいろな使節団があり、そのなかには赤十字社も含まれていた。赤十字社の主席代表レイモンド・ロビンズはボルシェヴィキを大目に見ることで、彼らたちとの接触を積極的に維持、拡大しようとした。合衆国の(そして同盟国の)主要な関心は、なんとかしてロシアを対独戦にとどまるようにすることであった。というのは、ロシアが対独戦から離脱すれば、ドイツは、大規模な米軍の到着前に、あるいはそれにもかかわらず、フランスに対して決定的な勝利を収めることになるかもしれないからだ。このような、もつれた関係についてのさまざまな情報源にケナンが精通し、それを活用しているのはみごとである。しかし、本書の質の高さは、こうしたかたちで専門的な研究を完成させたこと以上に注目される。彼のユニークで、机上の空論にとらわれない洞察は冒頭からみてとれる。というのは、本書の執筆は、とくに他の歴史家たちのためだけに執筆されたのではなく、学術書の枠にとらわれないことを意図しているからだ。この本は、関係する人物とその当時の背景の描写で始まる。彼らの性格についてのケナンの描写はすばらしい(4)。その描写は、ケナンが意見を異にする人びとに対するものも含め、優しく、思いやりがある。

学術的であるにとどまらないこれら二冊の著書には、目的意識がある。すなわち、これらは啓発的かつ教育的である。たとえば、ウッドロー・ウィルソンに関する彼の評言のひとつにつぎのようなものがある。ボルシェヴィキ革命の数カ月前、ロシアは「名誉ある連盟にとっての適切なパートナー」である、とウィルソンは宣言した(5)。また脚註に見られる、ケナンのさりげない金言や洞察も見いだすことができる(たとえば、一三ページの最後の行には、つぎのような文章が見られる。「しばしば、米国民を、国内では根っからの保守主義者にし、国外のいたるところで急進的な変化の熱狂的支持者にする、あの奇妙な法則」)。ほかの脚註(たとえば、三〇〇ページの最後の行にある註21)は、フランス語および日本語の文書の出所について彼が粘り強く調査したことを示している。

『ロシア、戦線を離脱する』という著書は成功を収めた。本書はいくつかの賞を獲得し、歴史家の賞賛を得た。もちろんケナンは、そうした好意的な評価を喜んだ。しかし、彼は自らをアカデミックな歴史家だとは見ていなかった。むしろ彼は、学界の多くの研究者には、アカデミックな歴史家だとは受けとめられていなかった。「シッソン文書」（Sisson Documents）の事例はほほえましくもあり、また核心を突いているといえよう。エドガー・シッソンは新聞記者兼編集者で、「ロシアにおける公的情報に関するウィルソン委員会」（Wilson's Committee of Public Information in Russia）の代表であった。一九一八年二月、彼はあるロシア人から大量の文書を受け取った。これらの文書は、レーニンとボルシェヴィキはドイツ政府に雇われているとまでは言えないにしても、財政的な支援を受けているという証拠だと主張しようとしていた。シッソンは苦労しながらも、ロシアからこれらの機密文書を運び出した。その後、これらの文書は合衆国で広く宣伝された。その信憑性を確認するために、「公的情報に関するウィルソン委員会」は、「米国歴史調査評議会」（National Board of Historical Research）のもとに調査委員会を設置した。この委員会は、当時もっとも著名なアメリカの歴史家二名より構成されていた。彼らはつぎのような発表をおこなった。「われわれはこれら［六八のうち］五三の文書が本物であり、その信憑性を疑う理由はないと宣言するのにやぶさかではない」。それから三七年後にケナンは、「これらの文書は最初から最後まで、疑いもなく偽造されたものである」と書いた。

二年後に『介入する決定』（*The Decision to Intervene*, Princeton: Princeton University Press, 1958）という著書が刊行された。これは、およそ五カ月間の米ソ関係を扱ったもうひとつの不朽の名著である。ところどころで読者は、史資料のいくつかは最初の著書と重複していると思われるかもしれない。だが、この著書の場合もまた、彼のアプローチはユニークである。本書は、一九一八年初めの米国世論（大半は東海岸の）とそのヒステリーに近い過剰な反応についての迫力ある（そして辛辣な）描写で始まる。そしてそれは、当時のアメリカ人の行動と感情の社会誌学的分析に及び、最後にケナン流の沈痛な示唆で終わっている。「アメリカ人は、おそらく部分的には、無意識に戦争の現実を納得しようとして、軍人精神を対外的に惜しみなく表出することに夢中になった」。第一巻以上に第二巻では、政府間関係の重要性を強調している。それはおそらく、古臭くはあるが、実際的であると同様、明らかに伝統的なアプローチであった。彼はボルシェヴィキに対して、共感も幻想も抱いていなかったが、それでもレーニンやトロツキーも含め、米ソ関係を維持するために汗を流したロビンズのようなアメリカ人の努力に理解を示した。しかし、ケナンはまた、こうした努力は合衆国政府の外交に従い、調整がなされるべきだと考えた。彼が本書を、モスクワで苦労している二人のアメリカ領事に捧げていることは、多くのことを物語っている。「アメリカ外交局の二人の職員、デ・ウィット・クリントン・プールとマッデン・サマーズの思い出に。母国のためにロシアでおこなった誠実かつ卓越した努力について、本巻は十分意を尽くした説明をしているわけではない」。本書の別のところで、彼はサマーズとプールの敵対者であったロビンズに、記録し記憶する価値のある一種の「尊厳」を認めている。それから、ときおり、ケナンは、ゴルディオスの結び目以上に難解な米ソ関係の解明の作業を中断し、将来についての明快なヴィジョンを提示している。たしかに、ウィルソンだけでなく、レーニンの幻想と理想にも敬意を払うべきかもしれないが、「二人の抱いた期待は、その後数十年間の経験によって打ち砕かれた。すなわち、多くの人びとにとっては驚きであったが、この間、ナショナリズムが階級意識よりもはるかに強力な政治的影響力をもつ要因として出現することになった」。

一九一八年七月のある日、ウィルソン大統領は、（同盟国からの圧力もあり）ロシア北部に小規模の部隊を上陸させるために派兵する決定をおこなった。この優柔不断で無益なロシア内戦（ほんのいくつかの点でそうなのだが）への介入は、長期的にも短期的にも、大失敗だった。というのは、この限定的な上陸がおこなわれているとき、フランスにおける大規模なドイツの最終攻勢は破られ、欧州における戦争終結が視野に入りつつあったからだ。それゆえ、ロシアへのこれらの上陸は、無駄であったと同じくらい時機を逸したものであった。ケナンはできる限りその起源をたどった。でも、彼は結局のところ、「専門家に対すると同様に一般民衆にも理解してもらえる研究の限界内で」これ以上のことはできない、と書いている。（もういちど、ケナンの二重の目的、誰のために彼が書いているのかという点を念頭に置いてもらいたい。）「われわれは、今世紀の国際社会の進路を詳述しようとするとき、この時点で、かならず外交史家をますます苦しめることになる問題に遭遇する。それは、膨張した官僚制とそうした官僚制が生み出した途方もない量の記録とのあいだの、コントラストの複雑さと数の多さである。このような状況のもとでは、史資料にストーリーを語らせようと試みることはまったく不可能となる。歴史家は単純化し、一般化し、歴史家の判断に頼るよう読者にお願いする以外に選択の余地はない」。ここで、ケナンはこの分野の新参者として、多くのアカデミックな歴史家が、残念ながらいままで容認することができなかったことを認識していた。

ケナンは、彼の二巻からなる古典を締めくくるにあたって、最後のソヴィエト・ロシア駐在アメリカ政府代表たちの出国についての記述と、彼らが一九一八年一〇月に惨めな気持ちでフィンランド入りする様子を、感じたまま叙述している。一九一七年から一九二〇年までの米ソ関係史を執筆するという、以前に発表された彼の計画はそこで止まることになった。だが、これらの米ソ関係は、もはや政府間や公的なものではなくなったが、異なるレヴェルで、そして多くの場合、一九一八年一〇月以降も続いた。そのうちもっとも興味深いのは、極東ロシアのケースで、そのなかにはウラジオストックおよびその周辺におけるアメリカ海軍と陸軍のプレゼンスも含まれる。しかし、いつ、そしてなぜケナンが、一九一八～二〇年に関する三巻目の最終巻の執筆を断念したのかはわからない。それはまさに二〇年後、彼が一九一四年以前のヨーロッパ外交史に関する大著二巻を書き上げたのち、第三巻の執筆を取りやめたのと同じである。

『レーニンとスターリン下のロシアと西欧』の刊行から『ビスマルクのヨーロッパ秩序の衰退』、『致命的同盟』の刊行へ

一九六一年には『レーニンとスターリン下のロシアと西欧』（*Russia and the West under Lenin and Stalin*）という著書が刊行された。本書の大半は、彼がオックスフォード大学とハーヴァード大学で学生におこなった講義から集められるか、構成されている。一九五七年のリース講演もまた、本としてまとめられたことをみてきたが、今回の著書はそれとは異なる。本書はけっして短命に終わる歴史書ではなく、一連の講義以上のものに匹敵する。この点で、それは一九五一年のシカゴ大学における連続講義を刊行した著作と似ている。『レーニンとスターリン下のロシアと西欧』の連続する章

は、国際史における個別のエピソードから成り立っているのではない。その内容はまとまりがあるので、各章の由来を知らない人は、連続講演だと知ったら驚くだろう。ケナンの目的は当然のことながら、教育的である。しかしその成果は、いかなる想像上の教室から得られるものよりはるかにすぐれている。それは専門的な研究ではないが、包括的な歴史とすぐれた歴史の論文とのあいだの何かである。その価値は四〇年以上の歳月が過ぎても失われていない。本書には、それ以降、ほかの作品や文書が利用できるからといって修正を必要とするようなものはほとんどない(6)。

しかし、『レーニンとスターリン下のロシアと西欧』と、その三年前に執筆・刊行された『介入する決定』は関連がある。前者の大半、その半分近くは、一九一八年から一九二一年までのソ連と西欧との関係を扱っている。これらの史資料は、ケナンが書かなかった『米ソ関係、一九一七〜一九二〇年』(*Soviet-American Relations, 1917-1920*)の第三巻の骨子を提供したであろう。また、出版された二巻に初出の引用文、出典、所見も見られる。しかし、この著作には繰り返しはまったくない。ケナンの良いところは、スターリンとヒトラーについてはあれこれと語られ、よく知られているが、それでも彼らが政治的手腕を持っていたと書く、その勇気である(7)。筆者はケナンの判断——それらは歴史的な過誤というより、むしろ判断であるが——については、二点だけ但し書きを述べておきたい。そのひとつは、彼のつぎのような主張である。ヒトラーがソ連に侵攻したのち、ソ連は西側の同盟国として「ふさわしい」とはいえなかったし、軍事その他の支援はスターリンに与えられるべきだったが、それは合衆国とイギリスが有益だと判断できる限りにおいてであったし、スターリンには、そうした条件を明確に伝えるべきだった。ケナンは彼の生涯をとおして、このような考え（ないしは見解）に固執した。彼はその実行不可能性を認めたがらなかったし、合衆国とイギリスがロシアの対独参戦にどれほど多く、どれだけひどく、そしてどの程度まで依存していたのかを認識しようとしなかった。議論の余地のあるケナンのもうひとつの判断は、ポーランド、とくに数世紀のあいだドイツ領だった土地の獲得に関するものだった。「ポーランドがそうした国境を持つことは、共産主義政権であるか否かに関係なく、この国を否応なしにロシアの保護国にすることである」。そうした結論は理屈には適っているが、これは実際に起きたことではなかった。

ここにおいて、予想だにしなかったジョージ・ケナンの傑作、すなわち欧州における第一次世界大戦の起源に関する二巻本(8)、より正確には、一八七五年から一八九四年にかけての露仏同盟の起源について語るところにきた。この作品を彼が書いた理由を突きとめるのは容易である。ケナンの生涯をとおして、そして多くの著作や講演において、彼は、二〇世紀最大の惨劇は第一次世界大戦の勃発だと主張してきた。この大戦は数えきれないほど悲惨な結果をもたらしたし、そのひとつがロシア革命だった。そうした詳細な外交史を執筆する資格もまた明白だ。彼は外交官であり、国際関係ならびにその歴史の研究者であった。そうした彼の長所を活かすことによって、彼は歴史家としての評価を確立した。『ビスマルクのヨーロッパ秩序の衰退――露仏関係、一八七五～一八九〇年』（*The Decline of Bismarck's European Order: Franco-Russian Relations, 1875-1890*）第一巻の序論のなかで、彼は「第一次世界大戦の起源という主題の陳腐さ」を認識していると書いたが、「ミクロの歴史」のようなものを書いて貢献したいと思った。

それはミクロの歴史以上のものだった。ケナンのエネルギー、根気強さ、想像力はこの場合もまた、驚嘆すべきものがあった。彼は多くの文献を読み、調査をし、計画を練り、七〇歳でこの第一巻を執筆し、八〇歳前に第二巻を完成させた。この間、彼は一二を超える論文と書評にくわえ、二冊の書物を著わした[9]。これら二巻本の執筆に、それぞれ約四年を要したようだ。公文書館や図書館にある非常に多くの史資料を渉猟するために、彼はコペンハーゲン、ウィーン、ブリュッセル、ボン、モスクワ、ヘルシンキ、パリに旅した。それらの訪問地で彼は何カ月も過ごした。ブルゴーニュ通りに囲まれた小さなホテルに泊まり、ホテルから近くのフランス外務省の図書館、そこからかなり距離のあるフランス国立図書館（それに、埃のかぶった『フィガロ』紙の資料館）に通った。（この間の調査旅行とは別に、彼はまたレニングラード、黒海、インド、中国、ドイツ、南アフリカ、ノルウェイにも旅し、彼の日記にこれらの国の印象を大量に書き残している。）とくに彼が時間をかけ、苦労したのは、ドルドーニュ県にある小さな別荘を見学することだった。この別荘で、露仏同盟の主たる立案者であったニコライ・オブルチョフ将軍は、一八九〇年代の夏にフランス人妻と暮らし、フランスの交渉相手であったラウール・ド・ボアデッフル将軍と話し合いを重ねた。また、ケナンはその後、その慎慮と正直さを高く評価したロシア外相ニコラス・デ・ギールスの見捨てられた墓を訪れた。その別荘は見つけることができたが、彼の墓は発見できなかった。

このように、中西部生まれのこのアメリカ人がいて、その彼は多くの他の歴史家（アメリカ人もヨーロッパ人も含めて）と比べても、少なくとも三つの利点を持っていた。ひとつは、ほぼ完璧といってよいほどの、ロシア語、ドイツ語、フランス語の知識である。もうひとつは、一九世紀ヨーロッパの国際史の知識である。三つ目の、もっとも重要な点は、外務省や大使館だけでなく、ロシアとドイツの宮廷や社会、そしてこれらの国で生活を営み、物を書き、言葉を交わす男女たちに関する詳細、状況、および環境についての鋭敏な知識であった。ケナンは世故にたけた人ではなく、またそれを望みもしなかった。しかし、当時の貴族や上流階級の人びとの生活の特徴について彼が知らなかったことは、ほとんど知るに値しないものである。ハーヴァード大学のウィリアム・ランガーの著書にみられるような、第一次世界大戦前の外交史の手堅い再構築よりもケナンの二巻本がすぐれているのは、右のような社会とその雰囲気についての彼の描写である。[10]

そこかしこに、そしてとくに第一巻目の著作において、ほとんど微に入り細に入るやり方で問題を解明しようとするケナンの性癖、彼の主題にはほんのわずかしか関連してないようなことでさえ、すべてを記述しようとする傾向がみてとれる。そのような事例が、一八八五～八六年のブルガリア危機についての広範な記述であり、分量は一〇〇ページを超える。また、ケナンはのちに、偽造された「フェルディナンド文書」（Ferdinand Documents）の出所の分析をおこなっているが、彼はこの事例を、別の学術論文で分析・記述するのに値する重要性を持っていると考えた。[11]彼はまた、特異な、興味深い外交の仲介者エリー・サイロンにも強く惹かれた。

しかしながら、ケナンの記述の詳細さではなく、彼の叙述部分にみられる一般的な傾向とみなされるものについて疑問が投げかけられるかもしれない。一八九四年の露仏同盟にいたる複雑な交渉やその起源についての証拠の収集に関しては、これを凌ぐことはできないだろう。歴史家はまた、一八九〇年にビスマルクが国家の指揮を執る任務から離れたことは、多くの重要な帰結をともなう、大きくかつ重大な変化であったということに同意するだろう。ビスマルクの政治手腕に敬意を払うことは、たしかに正当である。しかし、これらの二巻本では、なかでも第一巻で、ケナンはビスマルクに惜しみない賞賛を送っている。本書の全体をとおして、彼はこのドイツ宰相を高く評価し、擁護する。[12] より重要なことは、たしかに、ビスマルクが去ってのち、とにかく、それほど安定していなかった欧州の秩序は動揺しはじめた。だが、その後に締結された露仏同盟は、ケナンの二巻目の本の題名『致命的同盟――フランス、ロシア、そして第一次世界大戦の到来』(*The Fateful Alliance: France, Russia, and the Coming of the First World War?*)が述べているように、本当に破滅的で致命的だったのだろうか。勢力均衡のためには、露仏同盟は、当時の圧倒的なドイツの同盟システムに対抗するための、予想される反応ではなかったか。第二巻のエピローグのなかで、ケナンはつぎのように書いた。「露仏同盟によってもっとも直接的な影響を被る四大国(フランス、ロシア、ドイツ、オーストリア゠ハンガリー)のうち、明らかに膨張主義的動機といえるものを持っている二カ国とは、同盟の当事国である露仏であった」。この主張もまた、議論の余地がある。[13]

注目に値するのは、この二巻本の刊行をとりまく条件の変化である。くわえて、著者の意図もまた変化しつつあったようだ。第一巻はプリンストン大学から刊行されたが、第二巻はニューヨークのパンテオン社から出版された。（将来の伝記作家はその理由を突きとめなければならない。）これら二巻本のデザインと組み版そのものは非常に異なる。第一巻は真面目な大学出版局の特徴が出ており、第二巻はそれほどではない。（ケナンの著書ではたいへん珍しいことだが）第二巻には多くの誤字が認められる。くわえて、第一巻は本格的で配慮の行き届いた文献解題が付されており、第二巻にはそれがない。第一巻の末尾に、七四歳になるケナンはこう記した。「［一八九〇年の］直前の数年に起きたことは……この研究に関するつぎの巻にとって格好の材料になるだろう。もっとも、大半の大きな歴史研究の企ての完成に随伴して個人生活によく起きる偶然によって、神のご加護のもと、第三巻の完成が可能になると仮定したとしてのことであるが」。たしかに、神はケナンが第二巻を書き上げることを可能にした、そしてそういう言い方が許されるならば、彼を駆り立てたのだ。しかし、第三巻は日の目をみることはなかった。四年後、『致命的同盟』の序論のなかで、なおかつ、つぎのような文章を目にする。「これから書かれる第三巻は、一八九四年から話を説き起こし、一九一七～一九一八年の……ロシア革命の混乱のなかで、この同盟が完全に崩壊するまでを記述することになるだろう」。ケナンが、この序論を第二巻の執筆作業の初めに書いたのか、終わりに書いたのかはわからない。しかし注目すべきは、あの致命的同盟の歴史を一九一四年までカヴァーしているだけでなく、一九一七年まで書き進める計画を持っていたことである。それはあたかも、露仏同盟が、一九一七年のロシア革命に帰結したかのような印象を与える。そしてこんどは、第三巻を書かないことにした。彼の老齢化は、多くの理由のなかのほんのひとつでしかなかったに違いない。(14)一八九四年から一九一四年まで……、そしてその後に、実に多くのことが、露仏同盟と欧州の勢力均衡に起こった。第三巻は、本の構成と書き方が前二巻とまったく異なるものでない限り、この間の出来事を要約することはできても、そのすべてを含めることはできなかっただろう。

そういうわけで、『致命的同盟――フランス、ロシア、そして第一次世界大戦の到来』という題名そのものは、いくぶん誤解を与えかねない。ほかにも致命的同盟は存在した。一八九四年の同盟はそのひとつであるが、ほんのひとつであるにすぎず、第一次世界大戦の直近の原因でもなく、また直接の原因ではさらさらない。それにしても、ケナンが著わしたこれら二巻は権威ある著作とみなすに値する。だが注目すべきは、すぐれた、しかも好意的な評価を得たにもかかわらず、ケナンの重要著作のなかのこれら二巻が外国語に翻訳されていないという事実だろう。

文学作品としての歴史研究

ジョージ・ケナンの歴史研究の特徴とはなんだろう。歴史の執筆に彼がもたらした貢献については、以前簡単に触れたことがある。もちろん、すべての資質は現実に存在するだけでなく、潜在的なものでもある。それを所有していることと、それを活用することとは別である。彼の歴史研究には二つの根本的な要素が見られる。私はいま、このことに目を向けたいと思う。

第一の点は、ある意味で旧式のやり方であるが、ケナンが歴史を文学作品とみなしていたことである。しかしそれは、ただひとつの意味においてである。彼の作品は物語とは違うので、著作には学術的な装置、収集された史資料の参照、それに、扱う主題についての学術的叙述といわれるものが含まれている。筆者の考えでは、本格的な歴史というのは、芸術と科学の組み合わせであるということに彼は同意したであろう。上手に書くことのできない歴史家は、すぐれた歴史家にはなりえない、という厳しい私見に賛成してくれるかどうかはわからない。言葉は単なる寄せ集めでも、事実を隠すことでもなく、「事実」そのものと不可分の関係にあることを、彼は間違いなく理解していた。歴史は一種の文学作品であるという彼の見解を少し詳しく説明した論文や講演が、一、二存在する。ケナンが残した歴史書のなかには、このことを示す例が多くみられる。場所や周囲の状況についての叙述は、彼の著書の章のなかでももっともすぐれ、かつ魅力的である。そうした描写はまた、もっとも印象的である。その叙述方法は印象論的で、動機はロマンティックで、しかもその結果は読者の記憶を喚起するようなものである。ケナンの使用する言葉からは彼の意図が伝わってくる。『ビスマルクのヨーロッパ秩序の衰退』の序文から、一例をつぎに紹介する。「私は、この作品が、非常に厳格な研究上の慣行に従って書かれているだけでなく、言葉ではなかなか言い表わせない情景を生き生きと再現するのに役立つことを希望する……。自ら体験したことのない人びとにとって、それなくしては、いかなる時代の歴史も現実的かつもっともらしく描くことはできない」。ケナンはしばしば、さまざまな著作の初めに、特定の時代における特定の社会を包括的に描写しているが、その描写にはすばらしいものがある。都市景観や風景、通りや家々、辺境の村々、特定の時代の列車の旅についての彼の描写もまた、同様にみごとである。ケナンはそうした記述を意識的に取り入れようとしたという印象を受ける。そしてそれらの事物を的確かつ微細に描写することは、彼にとって適切であっただけでなく、楽しいことであったように思える。この意味で、「文体は人なり」(le style c'est l'homme) は歴史家ケナンに当てはまる。

文体はもちろん、ひとつの人となりを反映する。ケナンは文章家であるということを、われわれは知っている。しかし、その背後には、歴史は社会科学以上のものであるという彼の信念がある。なぜなら、精神の働きは知性の機能以上のものであり、人生そのものは科学の問題以上のものだからだ。彼は、人の記憶の意識的な活用も含めて、人間のあらゆる主張にみられる道徳的・宗教的な本質を見抜いていた。それゆえ、ケナンは、彼自身は知らない同時代のフランスの作家ジャン・デュトゥールのすばらしい名言、「歴史を書くということは、細切れの時間をほんのひとかけらの永遠に変えることである」を体現していたのかもしれない。

7 哲学、宗教・追憶・晩年

八五歳にして衰えぬ執筆活動

一九八九年にジョージ・ケナンは八五歳になった。彼の威信は頂点に達していた。大統領はケナンに大統領自由勲章を授与した。ソ連の指導者は彼の手を握り、感謝の言葉を浴びせかけた。冷戦は終わった。ケナンは、その冷戦期の「アメリカ外交政策の立役者」として認められ、彼の功績にいまや異論を唱える人はなく、その功労は全面的に、そしてほぼ世界中で認められるところとなった。ケナンはこれらの賛辞にほとんど、あるいはまったくといってよいほど興味を示さなかった。彼は何かほかのものを見ていた。すなわち、彼は、すでに完全に過去のものとなった二〇世紀を生きた人間であるということを理解していた。もうひとつの著書『二〇世紀の終わりに』（*At a Century's Ending*, New York: W. W. Norton, 1996）の初めの箇所で、ケナンはつぎのように書いた。「私は一九一四年に一〇歳となり、一九八九年には八五歳であった」。「過去数百年のヨーロッパ史において、それぞれの世紀は特有の特徴を持っているように思えたが」、他方で二〇世紀は短い世紀であった。それは第二次世界大戦を生んだ第一次世界大戦に始まり、第二次世界大戦は冷戦につながり、かくして一九一四年から一九八九年まで続いた。ケナンはまた、自分の人生も終わったと考え、かつまた家族や友人には非常にしばしばそう語った。

ケナンは間違っていた。(膝の痛みといったような)予期しうる浮沈を別とすれば、彼の身体は、少なくともその後、一〇年間はおおむね損なわれることもなかった。ケナンの思考もまったく衰えなかった。彼はさらに二冊の新著を執筆し、二冊ないし三冊の本を編集した。また、一二の論文と書評を書き、数回の講演をおこなった。日記を付け続け、ときおり手紙を書いた。その質は九〇歳代になっても、それ以前と同様すばらしかった。[1]飛行機での旅は嫌いだったが、ケナンと妻は彼が九九歳になるまで旅行を続けた。彼らは毎夏、ノルウェイにある二人の小さな家に出かけた。二人の家庭生活は、子どもたちがお手伝いさんを雇うように主張し、その手配をした後では、より楽になった。ケナン夫妻とお手伝いさんとの関係(とくに、大きな、愛嬌のある犬を飼っていた若いポーランド人女性と、その後、長年家事を手伝ってくれた熱心なポルトガル人夫婦)は、お互い親愛の情で結ばれていた。

プリンストンにやってきたとき、彼らは新参者であった。だが、いまでは、二人は住民のなかでももっとも尊敬される存在になった。静かな住宅街にある彼らの黄土色の家屋は、家の後ろに庭がある、質素な邸宅である。その建築様式と部屋の配置はまぎれもなくアメリカ的であるが、その内装は北欧のどこかにありそうな住み心地のよい住居にふさわしい、名状しがたい貴族趣味の雰囲気をかもし出していた。そうした雰囲気は、家の家具と絵画のいくつかが、北欧（とロシア）からもたらされたものであったという理由だけではない。ジョージの蔵書と仕事部屋の大半は二階にあった。彼はコンピュータを持っていなかった（後年ファックス器が設置されたが、それは彼のパートで雇っている秘書専用であった）。彼は七〇歳を過ぎると、ケナン研究所の名誉会員となった。ケナンは、二〇〇一年に九八歳に達しようとする年齢まで、一週間に数日は研究所にある自分の研究室を訪れた。二〇〇一年九月一一日は彼と妻アネリーズの七〇回目の結婚記念日で、子どもたちがそれを祝ってくれた。

模範の力

ケナンは重要な出来事の推移を終始注視し続けたが、母国のことを心配するあまり、ある段階で、性急に筆をとらざるをえなくなることもあった。一九八八年に彼は、手紙につぎのように書いた。「いわゆる『精神分裂病』とでも呼べる症状が、ソ連に対する態度やアメリカ政治の全構造に行きわたっている。合衆国政府のいっぽうの重要部分が、モスクワとの平和を求めていると公言するかと思うと、米中央情報局（ＣＩＡ）や国防総省といった別の重要部分は、われわれがロシアと戦争をしているか、まさに戦争を始めようとしているという前提のもとで生活し、行動しているように見える。

双方とも、国内に派閥集団や支持者を抱えている。そして、善良な大統領［当時はロナルド・レーガン］は、双方の支持を保持したいがために、片方のポケットから、これ見よがしに平和を訴え、そしてもうひとつのポケットからは、密かに戦いに従事する。かくして、大統領も精神分裂症に陥る」。かつて、アイオワ州のグリンネル大学での演説のなかで、ケナンはつぎのように訴えた。彼は、「わが国の国境から遠く離れた場所で起きる複雑な状況にわれわれが関与するにあたって、過去数十年に示した以上の抑制を」求めた。「そしてそれは、個人の相互交流の場合とまったく同様に、国民相互の交流においても、模範の力は規範の力よりもはるかに大きいのだということ、そしてアメリカ合衆国がこの時点で世界に示す模範は、本来可能でありかつそうあるべき模範とはほど遠いということを念頭に置くべきだ」、という訴えである。(2) ケナンは長文の、思慮深い書評を引き受けた。たとえば、アンドレイ・グロムイコの自伝や、友人のロバート・タッカーによるスターリンの伝記に関する書評である。後者については、ときおり意見を異にしながらも、一九三九年以降に続き、スターリンの生涯における最後の一四年間についても書くよう著者に勧めた。

一九八九年にケナンの旅日記の一部が、『人生からのスケッチ』（*Sketches from a Life*）という気取らない題名のもとに活字化された。ケナンはこの本の出版には気乗りしなかったが、ときおり見せたり書き送ったりした日記の部分に感銘を受けた親しい友人の勧めがあって、出版を決心した。将来、アメリカ人は、ケナンの政治的判断力の確かさに対する敬意のほかに、彼の著作の高い文学的価値を発見し、この本を彼のもっともすぐれた著作のひとつとみなし、ケナンの著書をさらに読みたいという気に読者をさせるかもしれない（トクヴィルの個人的手記で、のちに出版された『トクヴィル回想録』（*Souvenirs*）に少し似ている。この本はトクヴィルをもっと読みたいと思う人にとって、最良の入門書といえるかもしれない）。いつの日か、ジョージ・ケナンの日記と書簡のもっと大きな部分を慎重に精選し、編集し、すばらしい本になるよう活字化すべきである。

しかし『人生からのスケッチ』の刊行後、もうひとつの、長いあいだ満を持した衝動がケナンの頭と手を動かしはじめた。それは彼の個人的・政治的な哲学の集大成で、そのことは長年の懸案であると考えていたし、人生の終わり近くになって、書かなければならないものであった。一九九一年九月、彼は手紙のなかでつぎのように書いた。「私は数カ月前に、軽い気持ちで、何気なく、この仕事を開始した。作業が進むにつれて、着手した仕事にますます真剣になり、かつ重要だと思うようになった……」。これが、W・W・ノートン社から一九九三年に刊行された『岩の多い丘に囲まれて――個人的・政治的な哲学』（*Around the Cragged Hill: A Personal and Political Philosophy*）〔関元訳『二十世紀を生きて――ある個人と政治の哲学』同文書院インターナショナル、一九九四年〕になった。

著書の本文の執筆を終わって書かれた「まえがき」のなかで、彼はつぎのように記している。「私は今日の諸問題の詳細な記述に関心を集中させることは避けて、大所高所から考えることにした」。この本は、彼の著書のなかでも最良のものではない。ジョージ・ケナンは非凡な思考力の持ち主だった。しかし、彼は哲学者ではなかった。その「しかし」という言葉は、但し書きではない。すなわち、偉大な人間はかならずしも哲学者ではないということだ(3)。一例として、サミュエル・ジョンソンのことを考えてみればよい。ケナンは非常に宗教心の厚い人だったが、ここは、この著書のなかで述べられている彼の個人的哲学について語ったことを要約する場所ではない。ケナンの神への信仰と人間の原罪に関する信念は本書の随所に明らかだが、もっとも示唆的な文章のひとつに、筆者個人は一種の超越主義を見いだしている。そこには、「魂は肉体とはまったく別個の存在であるという彼の信念」が記されている。しかし『岩の多い丘に囲まれて』の主要な問題は、彼の宗教的ないしは哲学的な思想ではない。そうした問題は、ケナンの国家に対する関心から生じたものである。この著書の最終章で、ケナンはその結論に多くの労力と思考を注ぎ込んでいる。この章で彼は、高度な能力を持った人たちによって構成され、合衆国大統領によって任命される国家評議会を提唱している。この評議会は、最高レヴェルで国家の針路を決めるさいに助言することとされる。生涯をとおして、ケナンは大衆デモクラシーの不可避の欠点（彼にとってはまさにそうであった）と格闘した。これまでみてきたように、一九三〇年代に彼は権威主義体制に対する共感を抱いていた。そして一九三八年には、大衆政治や議会政治についてぜひ改めるべきだと彼が考える事柄に関する著書を執筆しはじめた。その本をケナンは完成させることはなかった。彼が執筆を断念したのは、よいことだった。しかしどういうわけか、五〇年以上が経過したいま、彼はふたたび、自らが合理的で実際的な提案だと考えるものに強い関心を示した。だが、それは合理的でも実際的でもなかった。（ジョージ・W・ブッシュが任命する人たちのことを考えてみたまえ。彼のような大統領はどんな人物を、どういう理由で、国家評議会に任命するであろうか。）

より重要で後世に残る著作は、一九九六年に刊行された『二〇世紀の終わりに』である。本書は当時、ほとんど注目されなかったが、印象深い、内容豊かな本である。こんどもそうだが、この著作はありふれた論文集以上のものである。各論文はそれぞれよく調和している。本書にはまた、これまで発表されたことのない絶筆の論文が収められている。ある評論は、つぎのような文章で始まっている。「世界の向こう側にあるもうひとつの大国で起きている巨大な政治変動の行方に決定的な影響を及ぼす力を合衆国政府が持っているという主張は、本質的に馬鹿げており、子どもじみている」（この評論は、一九九二年に『ニューヨーク・タイムズ』紙の特集ページに最初に掲載されたが、その編集者はこの評論に、「共和党は冷戦に勝利したのか？」というタイトルを付した）。その最後の文章はつぎのようになっている。「それ［冷戦］そのものが正式に終止符を打たれるべきだということは、満足を覚えるのに格好の機会だが、それはまた、われわれがその起源と長期におよぶ継続に果たした役割を真面目に再検討する機会でもある。それは、冷戦の終結が誰かにとっての偉大な勝利だと主張するのにふさわしい機会ではないし、とくにアメリカの政党がそのような貢献をした、とそれ相応に主張することができるような機会ではない」。しかしケナンは、理由はたくさんあるが、その前の共和党政権の場合と同様、クリントン民主党政権の外交政策に失望した。彼はこの本に、一九九二年一二月九日の自分の日記からの抜粋を含めることにした。ソマリアに派兵された米軍について、「私は編集を加えずに、当時書いたままにしている」(4)。「わが国の海岸から遠く離れた土地での作戦への米軍部隊の派兵、しかも守るべきアメリカの利益が存在しない状況で、実際には他国での主要な警察行動と考えられることのための派兵――こうしたことは明らかに、建国の父たちが想像だにしなかったか、あるいはけっして認めなかったと思われることである。かりに、これがアメリカの伝統の一部だとすれば、それはごく近年に創られた伝統であり、過去二〇〇年の大半において、アメリカの公的生活を支配してきた一般的前提とはまったく相容れないものである」。この著書の最後に収められた既発表の評論「隣人としての新生ロシア」のなかで、ケナンは非常に思慮深い文章を残している。「われわれと似かよった、政治的・社会的・経済的な諸制度という意味で、ロシアが『デモクラシー』を実現するということは期待できない。そして、たとえロシア流の自治の形態がわれわれのそれと非常に異なっているとしても、このことは全体として、悪いことだと考えるべきではない。われわれの多くが同感だと思うが、われわれ自身のモデルは、それほど完全ではない。そして、今日と同様に、今後も米ロ関係には良いときも、悪いときもあるだろう」。

『二〇世紀の終わりに』の刊行後まもなくして、クリントン大統領、国務長官、それに国防総省は、東欧諸国に北大西洋条約機構（NATO）を拡大することにした。その多くはロシアと国境を接しており、そのうちの数カ国はかつてソ連の一部であった。ケナンは考え、つぎのように書いた（こんども『ニューヨーク・タイムズ』紙の特集ページに掲載された）。この「北大西洋」同盟の無分別な拡大は、ここ数十年のアメリカ外交政策のなかで最大の過誤となるかもしれない。彼の文章を読んだ人は少ない。彼の孤独な警告は人びとの耳に届かなかった。

たしかに、時すでに遅し、であった。おそらく、ケナンの人生のなかでも遅すぎた。アメリカの知識人の群像のなかにあって、彼はいまや、スターとしては落ち目であった。名声が社会にとって代わってしまっている世界にあって、世間に売り込むことが庶民性の追求よりも重要であるような世の中において、彼の居場所はどこにあったであろうか。そして、それは本当に新しい状況だろうか。一九九七年より以前の三十数年間に、著書は別として、ケナンのもっとも重要な作品が掲載された場所を考えてみたまえ。それは、『ニューヨーク・レヴュー・オブ・ブックス』、『ニューヨーカー』、『ニューヨーク・タイムズ』の特集記事などである。数千人（数としては非常に少ない）の人びとがそれらの記事を読んだかもしれないが、それ以上ではないだろう。そして、この三〇年かそこいらの期間に、革命ではないとしても、地滑り的な変化が合衆国でも起きた。一九五〇年に、自らを保守主義者だと称するアメリカの政治家や公人は一人もいなかった。三〇年後には、より多くのアメリカ人が、自らをリベラルだというよりは保守主義者だと称した。そして大統領は、保守主義者だと自称することが政治的に都合よく、ふさわしいと思うようになった。とはいっても、いかなる保守的な雑誌や新聞もジョージ・ケナンを一顧だにしなかったし、かりにいたとしても、「保守的」政治家のなかで、彼に注意を払った者はごくわずかであった。「保守的」な知識人はときたま、ケナンの書いたものを攻撃した。アメリカのリベラルな「見解」も、彼の影響をさほど大きく受けたと考えてはいけない。ケナンの思考、分析、主張には「リベラル」でない（そして、たしかに「進歩的」ではない）部分が多くみられた。リベラルで著名な作家やリベラルな学者たちは、このことを感じ取っており、そのことにときおり不安を感じることがあったり、なかったりした。彼はおおむね無視された。そのことは、政治的ないし知的な陰謀の結果ではなかった。むしろそれは、無能のせいというより、考える価値のある事柄について考えたがらないことの結果であった。アメリカの良心は何処に。だが、良心の声というものは、不可避的に孤独な声ではないのか。

原則の人

ゆっくりと、徐々に、いまやケナンの気持ちは、哲学や政治手腕から離れ、宗教や記憶に集中するようになった。彼は長老派の信徒として生まれた。そして、これから執筆することになるもうひとつの著書のなかで長老派の信徒である祖先に惜しみない敬意を払ったが、彼は、予定説を依然として信じ、しかも反カトリックである、あの中西部の中産階級の宗教にはけっして魅力を感じなかった。ケナンは若いころ、もうひとりの中西部出身者であるラインホルド・ニーバーの忠告に賛同していると感じた。「福音書は、知識人の自負心や思い上がりに挑戦するだけでなく、民族、文化、文明、経済制度や政治制度のそれにも挑戦しなければ、真実味と権威をもって説教することはできない。アメリカとそのパワーが享受する幸運ゆえに、アメリカはもっとも嘆かわしい自画自賛に陥ることになる」。ケナンの人生において、ローマ・カトリック教会に対する彼の敬意は強まった。一九七〇年代のあるとき、おそらく司祭の後押しを得てであろうが、彼はカトリック教会に接近しそうになった。著書『岩の多い丘に囲まれて』の「信仰」という章のなかで、ケナンはつぎのように書いている。「ローマ・カトリック教会に対して、私は高い尊敬の感情を抱いているし（この時点で、私の祖先のなかには草葉の陰で嘆く者もいるだろう）、場合によっては、賞賛の念さえ感じている」[5]。その後、彼は英国国教会の末裔である監督教会に慰めと安堵を見いだした。彼はかつて、監督教会を、不正確だが魅力的な表現で、ローマ・カトリック教会の「少しばかり反抗的なところのある子ども」と呼んだ。

老いつつある人間が、自分の先祖のことについてますます考えるようになるのは非常によくあることで、予期しうることである。人間の記憶を拡大しようとする（先祖について知るとは事実上そういうことである）あの価値ある努力は、ケナンの鋭敏な歴史感覚によって裏づけられ、活力を与えられた。一九九三年の夏、ケナンは先祖が新世界に移住してきた場所を探し、見学し、少しばかり調査するために、スコットランドのダンフリーズという町に旅した。彼は、正体を明らかにする記録（ファイル）、いくつかの公文書、それに、少なくともケナンの祖先のひとりであることが記されている墓を発見した。彼はプリンストンに戻ったのち、七ページの、びっしりタイプ印刷された手紙を「姉たち、子ども、孫、それに友人」に書かなければならないと感じた[6]。それから数年間、これまでみてきたように、多くの他の仕事を抱えながら、彼はマサチューセッツ州やニューヨークの歴史教会と図書館を訪れ、研究を続けた。そうした訪問によって、貴重な成果だと思えるものが得られた[7]。

その成果は、ケナンの最後の著書となった。この本は九七歳のときに執筆されたが、ノートン社から出版されるのに十分な出来栄えであった。それは『アメリカの家族――ケナン家、最初の三世代』と題され、二〇〇〇年に刊行された。このような本を出版する決定をノートン社の編集者がおこなったのには、彼らのケナンに対する尊敬（と恩義）以上のものを含んでいた。『アメリカの家族――ケナン家』は系図学以上のものだったからである。それは、ケナンの著作に典型的にみられる、強い抑制心と気力の奇妙な組み合わせのあらゆる兆候を示している。彼の調査は、もちろん非の打ちどころがない。しかし、具体的な証拠に依拠しながらも、他方でエネルギッシュな想像力に駆り立てられて、ケナンは先祖の人たちの暮らしを辿るだけでなく、描写している。彼らはスコットランドからマサチューセッツ州にやってきて、つぎにニューヨーク州北部に移動し、最後はウィスコンシン州に落ち着いた。例によって、ケナンの描写でもっともすばらしいところは、人びとに関するものだけでなく、場所についてのものである。また、彼が伝えたい主題もある。それは、ケナン家の運命が彼らをどれほど西に移動させることになったとしても、ほかの何百万というニューイングランド出身のアメリカ人がそうであったように、彼らはニューイングランドで身につけた重要な特徴と伝統を引きずっている、というものであった。彼の史資料の大半はケナン家の女性の系譜ではなく、男性の系譜を扱っているため、そうした記述の限定について述べておいたほうがよいと思いながらも、ケナンは、先祖の家族のなかで錨や柱の役割を果たした、正直で献身的な女性たちに特別な賛辞を送っている（こうしたこともまた、彼らしかった）。

この重要な著作の執筆にとりかかる前に、ケナンはその縮刷版を作成し、それを活字化したうえで、家族や数人の友人に配布した。そのとき、『アメリカの家族』の執筆を促し、有益だったのは、祖父のトーマス・ラスロップ・ケナンが一九〇七年に執筆し刊行した、ケナン家の家系に関する研究であった。彼の祖父は、ケナン家の末裔のなかで初めて高い尊敬を集めた都会人であった。だが、ジョージ・ケナンの家族史の叙述は、彼の祖父の時期よりはるか前の、一九四〇年ごろで終わっている。ケナンの祖父の若いころの記述や、ミルウォーキーに転居してのちの、かなり成功した人生についての記述は見当たらない。ほかの箇所では、ケナンが、この祖父をとくに尊敬していたわけではなかったことを示す証拠がある。理由はなんであれ、この場合もまた、彼はストーリーを完成せずに筆を擱いている。

本書『アメリカの家族』は二〇〇〇年一〇月に刊行された。その数週間後、ケナンは娘のジョアンに宛てて一六ページの（こんども、びっしりタイプされた）手紙を送り、彼自身の信仰について語っている。ケナンは福音書を繰り返し読んだ。彼はしばらくのあいだ、キリストの教えと聖パウロの教えの違いとみなしていることについて思考をめぐらした。このことは、彼の思考が活発であることを示すものである。ゆっくりと、断続的にではあるが、彼の思考は一〇〇歳を迎えた時点で衰えはじめた。それでもケナンは、二〇〇三年の最初の数カ月間は、手紙を書いたり、口述したりした。彼は自国の運命について頭を悩ませながら、生き続けた。ケナンは、世界に対する覇権を拡大させようとするアメリカに驚愕を覚えた。彼はかつて、ジョージ・W・ブッシュ大統領のことについて、「非常に浅薄だ」と語った。二〇〇三年二月、姪と遺著作管理者宛に長文の手紙を書き、これから何が起きようとしているのかを予見した(8)。

ケナンの最後の手紙は二〇〇三年九月に口述された。二〇〇四年二月一六日は彼の一〇〇歳の誕生日だった。プリンストン大学は「ジョージ・F・ケナン一〇〇歳記念」会議を催したが、彼はもはや出席することができなかった。彼はそのとき病床に伏していた。(9) その年の夏、悲劇がケナン夫妻を襲った。アネリーズが転んで、腰の骨を骨折したのだ。彼は何週間ものあいだ、彼女不在のなかで暮らした。彼女の勇気と活力はすごかったので、いくぶん回復はしたが、小さくなったその体は前かがみになった。憂鬱な冬の午後、筆者は二階の寝室でケナンと面会した。枕にあてて休んでいる状態のケナンの頭は、一種の骸骨のような美しさを放っていた。彼は少ししか話すことができず、二言、三言絞り出すように話すのも、いよいよままならなくなっていた。彼のベッドの足もと近くで、アネリーズはテーブルを前に車椅子に体を丸めて座り、気のきいた言葉を二、三発するが、多くを語ることはできなかった。私は悲しさに打ちひしがれて、外に出た。すると、フィアンセのパメラは、こう言って、私を静かに慰めてくれた。「二人は長いあいだ生活をともにしてきたのよ。同じ部屋で、いまも一緒にいるわ。お互いのことを万事心得ていて、まだ生きているのよ」、と。

右の彼女の文章を別とすれば、本書は友人についての回顧録ではなく、歴史家の作品である。

ケナンは二〇〇五年三月一七日に永眠した。彼の一〇〇歳の誕生日から数えて、一年一カ月と一日後のことであった。

ケナンの死亡記事は、彼が成し遂げた業績を十分に紹介していた。そして、それはしばしば、彼が当然受けるべき賞賛をともなっていた。死亡記事のなかには、彼が遠くへ行ったという、敬いの感覚、ジョージ・ケナンはいまや取り戻すことのできない過去の一部となった、という感覚が感じられるものもあった。それは間違いではない。とはいえ、ケナンは「堅忍不抜の意志を持った信念の人」、人格の勝利、アイディアの人という以上に原則の人であったし、いまもそうである。彼は偏見も持っていたし、そうした偏見のなかには奇妙なものもあった。しかし、ケナンは、心の鏡を覗き込むことでそうした偏見を認識することができた。さらには、非常に善良で、思いやりがあり、寛大な心の持ち主であったため、そうした偏見を正すことができた。中西部からそのようなすばらしい思考と人格を持った人物が誕生したことは、この国にとって、なんと幸運なことであったことか。彼を無視したり、誤解したりした人たちは、なんと無知であったことか、いや、なんという無駄をしたのだろうか。彼は時代の主役になる意図はなかったが、一四〇年以上も前に、別のアメリカ人について、「いまや彼は歴史の仲間入りをした」、と誰かがその人の死後に評したように、アメリカ的な偉大さはケナンにも当てはまる。

註　記

1　孤独な青年時代

（1）トーマス・ケナンは一九〇七年にケナン家の家系に関する最初の本を著わした。
（2）「賢人」という言葉は、ウォルター・アイザックソンとエヴァン・トーマスの共著のタイトルからとったものである。一九八六年に出版された本書はまあまあの出来栄えであるが、その副題は「六名の友人と彼らが創造した世界――アチソン、ボーレン、ハリマン、ケナン、ロヴェット、マックロイ」となっている〔Walter Isaacson and Evan Thomas, *The Wise Men: Six Friends and the World They Made: Acheson, Bohlen, Harriman, Kennan, Lovett, McCloy*, New York: Simon & Schuster, 1986〕。
（3）『人生からのスケッチ』（一九八九年）のなかで、ケナンは父親をこう評した。「不注意、思いやりのなさ、それに一種の臆病であり生まれつきの家族の弱点である、異常なまでの内気と、感情を表に出すことへの過度の恐怖心によって、少年時代に自分が何千回となく傷つけたに違いない人」（George Kennan, *Sketches from a Life*, New York:

Pantheon Books, 1989)。彼の父親は亡くなる数年前、彼を呼び出してつぎのように語ったという。自分は息子に特段の有益な助言を与えることはできない。というのは、ジョージが成長していく世界は、自分が生きた世界とはあまりにも違っていると思うからだ、と。

(4) だが、ケナンは一九六八年にミルウォーキーを訪れ、陸軍士官学校で思慮に富む、心をこめた講演をおこなった。

(5) George F. Kennan, *Memoirs*, 2 vols., Boston: Little, Brown, 1967-1972, I, p. 7〔清水俊雄ほか訳『ジョージ・F・ケナン回顧録——対ソ外交に生きて』上下巻、読売新聞社、一九七三年〕.

(6) 「この老ケナンの生涯と私の生涯とはよく似ており、それゆえに、少なくとも私には、二人が単に血縁続きだという以上の深いきずなで、奇妙なかたちでつながっているとの感じがする。同名ということを別にしても、私たちはたまたま、誕生日が同じである。二人とも、成人後の生涯の大部分をロシアとロシアの問題に捧げた。私たちは二人とも、その時代のロシア政府によって、それぞれ似かよった経歴を経た時期に、ロシアから追放された。二人とも、ロシア専制政治からの亡命者を救済する団体を作った。二人とも執筆と講演を精力的におこなった。二人ともギターを弾き、よく似た構造の特殊なヨットを所有し、愛好した。二人とも、晩年には全米芸術文学協会の会員になった。……」など〔Kennan, *Memoirs*, I, p. 8〕。

(7) 気乗りはしないまま、一度だけ、彼はダイニング・クラブのひとつに入会したが、数カ月後には退会を決めた。

(8) Kennan, *Memoirs*, I, pp. 16-17.

(9) 『回顧録』のなかで、彼は「大学在学中に」『偉大なギャッツビー』を読み、「外に出て涙を流して泣いた」と書いている。この点は、彼の記憶違いかもしれない。というのは、『偉大なギャッツビー』が出版されたのは一九二五年だからだ。

(10) シャーロット・ブロンテは、『教授』という作品に出てくるハンズデンという型破りな登場人物についてこう述べている。「彼は本物の紳士を演じようと決めていた。そして実際、精神的レインコート、よろしく粗野な殻をかぶってはいるものの、彼の心根は紳士なのだった」。

（11）二〇年後のケナンの説明。「私の崇高な原則にもかかわらず、あの特別なセレモニーへの出席を断念するまでにはいたらなかった」。一九五〇年六月のダートマス大学での彼の卒業式講演にて。

2 国務省外交局の時代

（1）それにしても、「孤立主義」と「国際主義」は、不十分で不正確な言葉であった。とくにジョージ・ケナンにとっては、そうだったのではないだろうか。やがて彼は、世界を民主主義のために安全にするといったウィルソン流の考えは幻想であり、危険であると悟った。彼にとって、それはアメリカが世界中いたるところに介入する誘惑をともなう、アメリカの全能に対する有害な信念と同様だと映った。しかしケナンは、当時の多くの鋭敏で思慮深いアメリカ人同様、一九二〇年代の民族主義的でポピュリスト的な孤立主義には嫌悪感を覚えた。というのは、この種の孤立主義は浅薄にも、アメリカ人は「選ばれた民」だと信じ、偏狭で、アメリカ以外の世界をあえて知ろうとしなかったからである。

（2）ジュネーヴとハンブルクでの任務をはさんで、ワシントン勤務中に、アメリカ人女性と交際し、恋に陥ったようだが、彼女の父親が貧乏な若いアメリカの副領事との婚約に猛反対した。少なくともケナンにとって、いい厄介払いができたということだ。

（3）ドーソンはジョージ・ケナンの特別な才能を認めた外交局の上司のひとりであった。残りの二人は、国務省ロシア・東欧課長ロバート・フランシス・ケリーおよび、当時国務次官補を務めていたウィリアム・キャッスルであった。両者とも学識のある、高潔な人格を持ったアメリカ人であった。

（4）一九二一年以降、不承不承ではあったが、世界の大半の政府によって、ソ連との外交関係が樹立された。例外はスイス、ユーゴスラヴィア、ハンガリー、合衆国であった。

（5）この情報集活動には、機密情報の収集は含まれなかった。だが、ソ連はもちろん、それを信じなかった。ロシア語とロシアについての学習という任務は、通常の領事業務の一部であった。

（6）本書全体をとおして、筆者はケナンの日記や書き物から引用したいという誘惑を無視する決心をした（その理由については、後で述べるよう少なくとも努力する）。だが、今回だけはこの決意を守ることができない。彼はリガの海岸での海水浴について、こう書いている。「夜になって、夏至をはさんだ数週間は北の国の摩訶不思議な、私にとっては真にエロティックな薄明り――サンクトペテルブルクの『白夜』と呼ばれる薄明り――のなかで、海に入るのであった。それは不思議な薄明りのなか、日没から日の出までのあいだ、北方の空に絶え間なく移ろい動く光の拡散であった――そうした自然環境の魔力の下では、あらゆる人間の感情と状況はさらなる感動を呼び、神秘さを増し、期待を高めるように思われた」。ここでの筆者の目的は、ジョージ・ケナンの文章力を証明することより、むしろこのアメリカの若者の物の見方（と心情）を、多少なりとも明らかにすることである。

（7）ケナンは生涯のうち最初の二五年間に二〇ページ弱を割り当てたが、続く五年間には三四ページを割いた。第二章全体のおよそ四分の一にあたる、少なくとも九ページは彼の当時の日記からの抜粋で占められている（くわえて、ワシントンに宛てた彼の職務上の書簡のひとつから、もう二ページを割いている）。

（8）ブリットはケナンより一三歳年長であったが、ケナンより三八年も早く他界した。彼の生涯の終わりの三八年間は苦難と孤独の日々であった。

（9）ブリットについて筆者は、つぎの著書のなかで一章をあてている。John Lukacs, *Philadelphia: Patricians and Philistines, 1900-1950*, New York: Farrar, Straus, Giroux, 1981.

（10）ケナンは責任の多くを自動車のせいにした。彼は自動車依存の文明は有害だと考えた。ケナンはプリンストン大学の教官のひとりが述べたことを憶えていた。町の中心に鉄道が走るようになったことは都会文明の発達に貢献したが、他方、都心部から外に向かって延びるアスファルト道路は都市の破壊につながる、と。

（11）ケナンはオーストリアについては間違っていた。この国では、カトリックの権威にもとづいた半権威主義的政権は、国内的要求にも、ドイツからの国家社会主義という外圧にも耐えることができず、一九三八年三月、ヒトラーが軍事侵攻の脅しをかける数時間前に崩壊した。

（12）ケナンの反ユダヤ主義は全般にわたるものでも、断定的なものでもなかった。彼は、ユダヤ人の追放や抑圧はベルリンの文化を恒久的に貧弱なものにしたと主張するドイツ人の発言には、肯定的に言及するであろう。また、この時期は、ユダヤ人をドイツから追放するというドイツの政策が、彼らを物理的に抹殺するという慣行に変わる以前のことだということを考慮しなければならない。かなり後になって、ケナンは、ホロコーストとして知られるようになった出来事だけでも合衆国がドイツと戦うのに十分な理由となる、と書いている。

（13）のちに明らかになることだが、一〇年後、しかもまったく異なる状況のなかで、この点はケナンの有名な「封じ込め」に関する論文の欠点のひとつとなった（本書九九ページを参照）。また、早晩、彼の東欧に関する見解のいくつかは修正されることになった。

（14）戦争の終結とその後に起きることについてのケナンのヴィジョンとチャーチルのそれが一致しはじめたのは、戦争も末期になって、それもモスクワに関してであった。一九四四年と一九四五年になると、ケナンとチャーチルの見解は、過度に反ソ的だと見られ、鼻であしらわれた。さらに、一九五〇年以降は、かつてと同じように、多くの人たちは、当時の支配的な状況や世論に自らの考えを、当たり障りのないように、しかも自分に都合よく合わせるようになっていた。そのとき彼らは、ケナンを十分反ソ的でないと見なした。

（15）四九年後、ケナンは『人生からのスケッチ』のなかで、この時期に書きとめられた日記から長めの文章を引くことにした。以下に、一九四〇年七月三日付けのパリに関する文章を少しばかり紹介する。「私は一日中、起きたことを説明するメタファー（隠喩）を見いだそうともがいた。ドイツ人に向かってこう言うことができないだろうか。パリの精神は彼らの支配に耐えうるには繊細ではにかみやすぎて、ドイツ人が手中にしたと思った瞬間、彼らの前から解けるように消滅してしまった、と。ギリシャ神話のなかに、女神に乱暴しようとした男が、彼女に触れたとたん、石に変えられてしまったというのがあったのではないだろうか。……要するに、ドイツ人は、パリという冷たくなった死体を胸に抱くことになったのだ。彼らはおそらく自らを欺き、パリはもともと魂を持っていなかったのだと信じようとするだろう。それが彼らにとって、もっとも居心地の良い結論となるだろう」(George Kennan, *Sketches from a Life*, New York: Pantheon Books, 1989)。

(16) ケナンは、ビスマルクの孫にあたるもうひとりのプロイセン貴族(ゴトフリート・ビスマルク)とも接触を保った。ヘルムート・フォン・モルトケは戦争終結前に絞首刑になった。

(17) 妻に宛てた手紙、一九四一年一〇月二一日付け。「一般的にいって、ベルリンでの生活は大方、貴女の知っているとおりです。重要な変化といえば、ユダヤ人が『ユダヤの星』と呼ばれるバッジを付けるようになったことです。[この命令は一カ月前に出されました。]これは信じがたいほど野蛮なことです。オーバーコートに縫いつけられた大きな黄色の記章を羽織って、地下鉄のなかで立ち続け、あえて座ろうともせず、誰ともいざこざを起こさないよう決意し、恐怖に慄く動物のような目で真っ直ぐ前を向いている人びとの顔を私はけっして忘れることはできないし、またこれらのバッジを服に縫いつけて、幼い子どもたちが走り回っている光景を忘れることはできません。私の見るところでは、大衆はこの措置にショックを受け、苦慮しています。そして、挑発によって発生するようなデモはたいていの場合、犠牲者たちへの好意と思いやりを示すものです。おそらく、この事実の結果として、残りのユダヤ人たちはいま、大挙して追放されており、『ユダヤの星』を付けたユダヤ人を見かけることはまれになるでしょう」。

(18) 昼夜に及ぶ恐るべき日々に関する日記の描写はすばらしい。これを書いている時点で、『回顧録』にあるバグダッドとイラクについてのケナンの厳しい観察記録を読んでみるのも面白いかもしれない。George F. Kennan, *Memoirs*, 2 vols., Boston: Little, Brown, 1967-1972, I, pp. 184-85〔清水俊雄ほか訳『ジョージ・F・ケナン回顧録——対ソ外交に生きて』上下巻、読売新聞社、一九七三年〕.

(19) ワルシャワ解放が、ワルシャワ蜂起の表立って語られない政治目的のひとつであったことは認めなければならない。

(20) ケナンはハリマンについて、つぎのように記している。「義務の遂行にさいしての彼の誠実さはすばらしい模範を示すものであり、かつ他の追随を許さないものであった。……合衆国はこれほどまでに忠実な公僕を持ったことはなかった。……いずれにせよ、私はこの人に対して——私に示してくれた忍耐に、この人が私に教えてくれたものに、この人が示してくれた模範に——ただ感謝の意を表するばかりである」〔Kennan, *Memoires*, I, pp. 233-34〕。忍耐と身だしなみのよさは、もちろん賢さと無関係ではない。

(21) その時点(一九五三年)よりずっと以前にケナンは、以下のことを理解し、経験することになる。一九四五年およびそれ以前のロシアについての最悪の幻想は、イデオロギー上の反共主義がアメリカの愛国心の要素となったばかりでなく、事実上愛国心に取って代わった時期においては、ロシアについて熟考することを教条主義的に否定することと同様、有害かつ軽蔑に値する。

(22) こうした見解(と認識)は「新しいソ連人」について書いた人たちのロシア観とは異なっていた(たとえば、ウェッブ夫妻や、E・H・カーでさえもそうであった)。また、レーニンやスターリンの支配は、ロシア国民に押しつけられた、完全に異質な頸木であると断じる反共主義者たち(たとえば、アレクサンドル・ソルジェニーツィン)のロシア観とも違っていた。

(23) 一九四四年一一月。「ロシアはいまや、羊の群れのなかのお腹を空かした狼である。しかし食後には消化不良が待っている」。

(24) ラ・ロシュフーコー『箴言集』。「この世の悪人のなかには、内に善なるものを持っていなかったならば、それほど危険な存在にはならなかっただろうと思われる者がいる」。

3　アメリカ丸のブリッジに立つ一等航海士

（1）「六カ月前であれば、この長電文もおそらく国務省では顔をしかめられ、口をしぼめられて闇に葬り去られたことだろう。六カ月後ならば、それはもう余計なもの、いわば坊主に説教と受けとめられたかもしれない。この文書のなかで述べられた現実は、およそ一〇年ものあいだ、本質的に変わることなく存在していたし、これから先五年以上は存在し続けるだろうという事実にもかかわらず、そのような扱いを受けていたものであった。以上のことが示すのは、ワシントンの世界認識を決定する段になると、外的現実の観察可能な性質より重要なのは、外的現実のあれこれの特徴を認識する主体的用意がワシントン官界に存在するかどうかである。これは至極当然のことで、おそらく避けがたいことであろう。だが、そのことは問題を提起する――そしてそれは、その後ますます私を悩ますことになる問題であった。すなわち、そのような体質の政府は、成熟した、一貫性のある、分別のある外交政策を遂行する能力があると思い込んでしまうのではないかという問題である。時の経過とともに、私の答えはますます否定的にならざるをえなくなってきている」（George F. Kennan, *Memoirs*, 2 vols., Boston: Little, Brown, 1967-1972, I, p. 295〔清水俊雄ほか訳『ジョージ・F・ケナン回顧録――対ソ外交に生きて』上下巻、読売新聞社、一九七三年〕）。

（2）ケナンの『回顧録』のなかで、おそらくいくぶんかはそういう傾向は認められる。そのために、『回顧録』の付録として、一九四四年と一九四六年に書かれた四つの重要な論文の全体または一部が収録されている〔Kennan, *Memoirs*, I, pp. 503-65〕。

（3）二〇年後、ケナンはつぎのように書いている。「一九三〇年代におけるアメリカ共産党の党員ないしは代理人（意識的な場合とそうでない場合がある）によるアメリカ政府部門への浸透は、想像力にもとづく絵空事ではなかった。実際にそれは存在していた。そして、それは圧倒的になることはけっしてなかったが、取るに足らないとはいえない程度までにはなっていた」。

（4）われわれは今日、ケナンの「驚異の年」（annus mirabilis）が一九四六年であり、一九四七年ではなかったことを知っている。

（5）思い起こすべきは、スターリンは当時、ギリシャの共産主義者たちにまったくなんらの支援もおこなわなかったし、イギリスを批判することさえしなかったということだ。それは、一九四四年一〇月にモスクワでチャーチルとのあいだに結んだ協定（いわゆる勢力圏分割協定）の結果であった。

（6）ケナンの議論のいくつか、とくにナショナル・ウォー・カレッジの学生と研究グループとの議論のなかで、ギリシャで共産主義が勝利しても、それはかならずしもソ連を利することにはならないだろう、と述べていることを指摘するのは、興味深いことかもしれない。これは、共産主義の脅威とロシアの利益追求の脅威との明確かつ一貫した区別の事例を示すものである。同時に彼は、ギリシャでは合衆国に対する挑戦が存在し、それには対処可能だし、対処するべきである——そしてそれは比較的容易に、ほとんどコストをともなわずに可能である——という信念においては、強固で揺るぎなかった。

（7）こうしたすべての行動にもかかわらず、のちにアチソンは、多くの共和党議員およびジョセフ・マッカーシーから、共産主義に対して「弱腰」だとして、もっとも侮蔑的な攻撃を浴びせられることから免れることはなかった。

（8）ほかの多くの場合と同様、この場合も、ケナンのヨーロッパ観はチャーチルのそれと類似していた。両人とも一九四五年には、不当なまでに反ソ的であるとして非難された。一九五三年およびそれ以降、二人は不当なまでに、すすんでロシアと交渉しようとしているとして非難されることになる。彼らは、誤ってしかも近視眼的に、一貫性に欠けるとみなされた。だが、ケナンとチャーチルのヨーロッパ観には、戦争前も、戦争中も、そして戦争後も驚くほどの一貫性が見られた。

（9）フォレスタルの不安定な気性は、彼の精神の極端な揺れとあいまって、一九四八年の悲劇的な自殺につながった。彼は真の愛国者だった。彼の死後に彼の名前が空母に命名されたのは適切である。

（10）ケナンが「封じ込める」という用語を使用したのは、これが初めてではなかった。

（11）それにフィンランドもまた加えてよいかもしれないが、東欧のロシア圏では例外的で、ロシア軍の占領下にならなかった。

（12）中東についても同様であった。ちょうど同じときにケナンは、合衆国によるイスラエル国家の承認に反対した。反対したのは国務省の重要な官吏のあいだでも彼だけでなく、そのなかにはマーシャルも含まれていた。

（13）『回顧録』からの、もうひとつのすばらしい文章を紹介しなければならない。国全体を支配するような状況に身を置く、海外駐在のアメリカの将軍たちを批判した後、ケナンはつぎのように付言している。「彼らは、自分たちが置かれることになった立場に対し」責任がなかった。「……彼らはいずこにおいても、おおむね慈悲深い専制政治に与えられる尊敬を受けていた。私はただつぎのことを指摘しておこう。イタリアを巡回したビザンティンの巡回説教者が、東ローマ帝国の将軍ベリサリウスの司令部で休息をとり、手厚いもてなしを受け、将軍がコンスタンティノープルの宮廷からの馬鹿げた無知な干渉に耐え忍ばなければならなかった苦情を聞いて同情したということだが、われわれの司令官たちもそれと同じような同情を受けていたのだ」〔Kennan, *Memoirs*, I, p. 371〕。アメリカの官吏が書き記したこのような文章（と智恵）に接することは、今後一千年ものあいだありえないのでなかろうか。

（14）彼らが共産主義者だと名乗っているか否かは別にして、彼らの運動は、残存する植民地主義に対する本質的に民族主義的な蜂起であり、ケナンは、たとえば、インドシナに合衆国の介入が求められているとは考えていなかった。

（15）この種のプロパガンダは、アメリカの民衆の感情に変化を生み出しただけではなかった。それはまた、ジョン・フォスター・ダレスが、ケナンと対立し、彼を国務省から追放することになる理由のひとつでもあった。

（16）ケナンは十数年後にそう述べることになるが、つぎのように考えた。スターリンはドイツ全土の共産化を望んでいない。なぜなら、かりにそういう事態になった場合、モスクワはやがて、おそらくロシアが近年獲得した領域も含め、国際共産主義運動におけるその優越性を喪失することになるだろうからだ。すなわち、中心はモスクワからベルリンに移動するかもしれないからだ。

(17) ケナンのミスキャンブルへの発言。以下を参照。Wilson D. Miscamble, *George F. Kennan and the Making of American Foreign Policy, 1947-1950*, Princeton: Princeton University Press, 1992, p. 109. この時期のすぐれたケナン研究。多くのケナン論のなかでも最良の研究書。

(18) これらの旧ドイツ官僚の多くは、正直で申し分のない人たちであった。これらドイツ人入国者のなかでもっとも驚くべき(そして衝撃的な)人物とは、戦後スイスで生き延びていたナチ党員で、ほかならぬゲシュタポ局長ハインリッヒ・ミューラー将軍その人であった(彼については以下の拙論を参照されたい。John Lukacs, "The Churchill-Roosevelt Forgeries," *American Heritage*, November-December 2002, p. 66)。確認はできないが、合衆国へのミューラーの入国は、一九四八年にアレン・ダレスにより手配された。ケナンが、ミューラーの一件について知っていたかどうかは不明である。

(19) 「彼は東欧からのソヴィエト権力の収縮という、より大きな目的の可能性を保持しようとした」。Miscamble, *Kennan*, p. 161 に政策企画室(PPS)記録からの引用あり。

(20) これには二つの理由があった。ひとつは、フィンランド国民の抵抗力と戦闘能力にスターリンが一目おいていたことだ。もうひとつは、(ケナンの目には、このほうがより重要に映じたのだが)隣国のスウェーデンが、合衆国の同盟システムに参加してその中立を放棄するようなことがない限り、フィンランドを比較的自由にしておくことをスターリンが選択したことだ。

(21) 合衆国政府(そしてイギリス政府)の一般的な東欧政策の例外は、アルバニアの事例である。悲嘆にくれるこの小国には、ロシアの部隊は駐屯していなかった。東欧の共産主義諸国のなかで唯一アルバニアだけは、モスクワとの軍事同盟を結んでいなかった。一九四八年の時点では、チトーのユーゴスラヴィアによって、ソ連圏から隔てられていた。それゆえ、(とくにイギリスの目から見た場合にはそうだったが)もちろん密かにだが、アルバニアに介入することは当然かつ理にかなったことであった。そのやり方はたいていの場合、アルバニアの反共グループを海上から、そしてときには空から送り込むことによって、共産主義政権を究極的には打倒しようとするものであった。ケナンの特殊プロジェクト・グループがこれらの活動にどの程度関与していたのかは不明だが、彼はこの計画を承認したと考えたほうがよいだろう。しかしながら、これらの計画は多くの場合失敗に終わった。というのは、これらの計画に参加していたイギリスの秘密立案者（キム・フィルビー）はソ連のスパイだったからだ。また、その大半は、ケナンの影響力がすでに低下していた一九四九年末に起きた。

（22）一九四九年一二月、アチソンはケナンが国務省を去ることについて、「断腸の思い」だとの声明を発表した。「彼はもっとも卓越した外交官ではなかったにしろ、そうした外交官のひとりである。私は、その深みのある思想と愛すべき性格があいまって、現代生活の根底に横たわる諸問題について真の理解を可能にする人物に出会ったことはめったにない。しかし、彼が休暇をとるという問題について私なりに考えた後で、そうするのが正しく、良いことだと思えた」。Webb Papers, in the Harry S. Truman Library, Box 20. Miscamble, *Kennan*, p. 296 に引用されている。

4　ワシントンからプリンストンへ

（1）一五年後、ケナンはその陰鬱な評価を修正せざるをえないと感じた。そして、南米は、まとまりのない、急速に衰退する「西欧」文明のおそらく最後の展示場のひとつとなるかもしれない、と書いた。

（2）なかでもケナンは、東欧でソ連は「身のほど知らずのことをやった」し、ソ連の軍事的脅威は原爆も含め、誇張されてはならないと述べた。

（3）ほかに二つの注目すべき文章がある。「人類の歴史についての知識があれば、われわれはおそらく、モノやちょっとした小道具類が、人間の幸福に限定的なもの以上の影響を与えるかもしれないという考えを信じないよう、警告を受けたはずだ」。また、人間は、「［かつての］キリストと同じように、無私無欲の心と同胞に対する深い思いやり」を持つようにならなければ、「われわれの文明は早々と恐るべき結末に直面することになるかもしれない」。

（4）筆者は、こうした協議においてケナンの意見に反対していた者のひとりがディーン・ラスクだったことに、留意する価値はあると思う。ラスクは朝鮮からの撤退を主張していた。だがその彼は、ずっと後になって、ロシアと共産主義に関する「タカ派」として、ふたたびケナンと見解を異にすることになった。

（5）この手紙は本書巻末の付録、二三三～三五ページに再現されている。

（6）注目されるのは、彼女は四〇代半ばでこの子を身ごもったことだ。

（7）ここ数日間のヒロインは妻のアネリーズだった。荷造りをするのに二、三日しか残されていないなか、彼女は、「アメリカ大使館および外交団の誰からも賞賛されるような威厳と冷静さを失わずに」仕事をやり抜いた。

5 アメリカの良心

（1）そして、それは金銭上の理由からではない。ケナンはイギリスの小説家ウォルター・スコットが述べたディレンマ、すなわち、「文学は杖を使って歩ける人〔強い人間〕には有用だが、松葉づえが必要な人〔弱い人間〕には役立たない」に直面する必要はなかった。

（2）このように言っておこう。共産主義のイデオロギーは人間性と歴史に関する大いに誤った考えの結果生まれたものである（それゆえ、はじめから弱点を持っていた）。反共主義のイデオロギーは真実の一部しか語らない言葉である。そして（同じく人間性ゆえに）真実の一部しか伝えない言葉は、偽りよりも陰険かつ危険である。

（3）この演説の全文は本書巻末の付録、二三五～四五ページに再録されている。

（4）スティーヴンソンは弱腰だった。彼がケナンの意見に耳を傾けているという噂が広まったとき、ポーランド系の民主党下院議員は、ソ連を「宥和する」傾向のあるケナンに頼るのはやめたほうがよいと説諭した。それ以降、スティーヴンソンのケナンとのつき合いは終わった。

（5）何かを求めて「出馬する」のではなく、有権者のために「立候補する」のである。ジョージ・ケナンは公職に

「出馬する」というようなことはしない……。

(6) 一九五七年には、そうした兆候はフルシチョフの声明のいくつかに見いだすことができた。また、鉄のカーテンの東西双方にいて、中欧全域および東欧のある地域を対象にした非核地帯の設置を求める、ポーランド外相ラパツキーの提案にも見られた。

(7) ケナンは一九三九年に一度、ジョン・ケネディと会っている。そのときケネディは、当時はまだ青二才の青年で、欧州を経由してプラハを訪問中であったが、父親の依頼でアメリカ公使館に出向いた。ケナンは当時、自分の時間や通常の業務に対する負担になるようなお世話の要求に(少なくとも)苛立ちを感じた。

(8) ケナンは、興味深いことに、ダラスでのケネディ暗殺とその後の出来事を調査したウォーレン委員会の結論のすべてに満足していたのではない(彼の『回顧録』にはやや謎めいた註釈を別とすれば、この点に関する証拠はない)。George F. Kennan, *Memoirs*, 2 vols., Boston: Little, Brown, 1967-1972, II, p. 196〔清水俊雄ほか訳『ジョージ・F・ケナン回顧録——対ソ外交に生きて』上下巻、読売新聞社、一九七三年〕. 彼の不満は、ジャック・ルビーおよびルビーとオズワルドの、米中央情報局(CIA)を含めた米国秘密組織との結びつきについて明らかになっていない点にあった。

(9) ケナンの悲観主義の性癖はときおり頭をもたげた。そういうとき、彼は実際にはそうではないのに、自分の人生は終わりに近づいている、と家族や友人に口にしたものだ。

(10) 多くの講演をこなすなかで、一九六八年の記念すべき出来事は、ウィスコンシン州のリポン大学(Ripon College)訪問であった。彼はそこで名誉博士号を授与されたが、それは彼の父が、同大学で栄誉を与えられてから六〇年後のことだった。

(11) この記事の掲載誌『ニュー・パースペクティヴ』は一九八八年の夏季号として発刊された。

(12) 彼が最初のヨットにウィスコンシン州の川の名にちなんでナガウィッカ(Nagawicka)、そして二つ目のヨットをノースウィンド（Northwind）、とそれぞれ命名したのは、おそらく意義深いことなのではないか。

（13）ここは儀礼的なほめ言葉を述べたてる場所ではないが、そうしたケナンに対する賛辞のなかには、多くの全米（そしてドイツの）図書賞、政府による綬勲、ケナン高等ロシア研究所の設立、一九八九年の大統領自由勲章が含まれる。

（14）大半のアメリカの「保守主義者たち」にとって、ロシア革命とは一九一七年の共産主義革命であった。ウィリアム・F・バックリーとジェームズ・バーナムが書いたように、「一九一七年に歴史は方向を変えた」。

（15）『ジョージ・F・ケナン——註釈付著書目録』は、一九九七年にグリーンウッド社から刊行された（*George F. Kennan: An Annotated Bibliography*, compiled by Laurel F. Franklin, Westport, Conn.: Greenwood Press, 1997）。ローレル・F・フランクリンによって書かれた本書の註釈は思慮深く、気がきいている。しかし、この非常に貴重な案内書でさえ完全なものではない。

（16）注目に値すると思われるのは、ケナンが本書を、アメリカの詩人リチャード・ウィルバーの詩「預言者への助言」で始めていることだ。以下は、その最初のスタンザ（連）である。

貴方はまもなく、かならずやってこられるに違いない。
貴方がわれわれの町の通りに姿を現わすとき、
わかりきったことを述べなければならないがゆえに、目は怒りに満ち、
われわれの滅亡を宣言するのではなく、
神の名において、われわれに自己を憐れむよう懇願される
核兵器、その破壊力と破壊の範囲、思考を麻痺させるような大量のミサイル、
どうかその話はなさらないでください

あまりにもなじみのないものであるがゆえに恐怖を感じることもできずに、鈍感で洞察力に欠けるわれわれの心は、取り残されることになるでしょう。

(17) すべての人間は神、自己、ほかの生物、ほかの人間と関係を持っている。最後の二つは観測不可能であり、最初の二つは推量するほかないだろう。

(18) フランスの小説家ジョルジュ・ベルナノス(一八八八~一九四八年)の言葉。

6 歴史家

(1) オランダの歴史学者ヨハン・ホイジンガ(一八七二~一九四五年)。「過去とじかに接しているという感覚は、芸術を純粋に楽しんでいるのと同じくらい心底から興奮を呼び起こす。それはもはや、我を忘れてしまうような、自分の周りの世界に奔流のように溢れていくような、物事の本質に触れるときのような、歴史をとおして真実を体験するような、そうした興奮の絶頂感に近い。……歴史が喚起する興奮は過去をふたたび生きる興奮ではなく、人が音楽に聞き入るさいに起きるような、[おそらく]世界を理解する興奮である。……」。

(2) 一例を挙げよう。ケナンは本書の章のうちのひとつを、イギリスの歴史家ハーバート・バターフィールドの論文からの引用ではじめている〔George F. Kennan, *American Diplomacy*, expanded ed., Chicago: University of Chicago Press, 1984 [1st ed. 1951], ch. 5. 近藤晋一・飯田藤次・有賀貞訳『アメリカ外交50年』岩波現代文庫、二〇〇〇年、第五章「第二次世界大戦」〕。この論文は、評価は高いが、(アメリカの研究者のあいだでさえ)広く知られているわけではない定期刊行物『レヴュー・オブ・ポリティクス』(ノートルダム大学)に一九五〇年四月付けで掲載された。おそらくケナンの論文は、ヤーコプ・ブルクハルトが、バーゼルの彼の学生数人に歴史研究者のなすべきことを伝えた、凝縮された知恵の事例である。すなわち、諸君はいかに読むか(たんに「何を」読むかだけでなく、「どのように」

読むか）を習得しなければならない。

（3）一例を挙げよう。一九五五年に著書を執筆している合間にケナンは、いわゆる「シッソン文書」（Sisson Documents）なるものについて学術論文を書き上げる時間と努力を見いだした。この論文は、一九五六年六月の『ジャーナル・オブ・モダン・ヒストリー』に発表された。それは調査についての彼の勤勉さを示す例であるだけでなく、著書を刊行する前に自分の研究成果を学術論文として発表したいという彼の願望を示す例でもある。

（4）ケナンの二冊の著書にたびたび現われる、レイモンド・ロビンズの描写を検討してみるとよい。「ロビンズは、第一次世界大戦以前には中西部の自由主義運動の典型的な人物であった。そのようなものとして、彼はそうした社会現象の強みと弱みを共有していた。ロビンズは、そのありったけの熱意、誠実さ、強い自信、ロマンティシズム、そして行動欲に支えられていた。しかし彼の欠点は、その根っからの視野の狭さ、皮相な歴史的観点、そしてその知的なアプローチの多くに見られる一貫性の欠如とバランス感覚のなさであった。こうしたバックグラウンドから、彼は宗教的情熱と人間の進歩への信念を引き出していた。しかし、彼は、円熟味、寛容、そして政治的存在としての人間の悲しむべきニーズへの辛抱強さに欠けていたが、それはまた同じようなバックグラウンドから生じたものである。その結果、米ソ関係におけるひとかどの人物としてのロビンズのキャリアは、波乱に富み、挿話的で、そして最終的には非常に悲劇的なものとなった」。

（5）「ウィルソンが考えていた以上に、理解の隔たりは大きく、悲劇の程度は深刻で、時期もより遅かった。豊かで、善意の、理想主義的人びと（彼らの精神世界では、真の邪悪さや情念を持った人物評などなかば忘れ去られてしまっている）からの心地よい言葉は、社会の仕組みが崩壊してしまっているロシアの騒然とした大混乱のなかでは通用しなかった……」〔George F. Kennan, *Russia Leaves the War*, Princeton: Princeton University Press, 1956 (*Soviet-American Relations, 1917-1920*: Vol. 1). 村上光彦訳『ソヴェト革命とアメリカ——第一次大戦と革命』みすず書房、一九五八年〕。

（6）ケナンの洞察（かりにそれが洞察だというのであれば）に関するひとつの驚くべき事例を挙げよう。二二日に、ドイツがロシアに侵攻しておよそ一週間経過した、一九四一年六月末にスターリンが突然倒れたことについて、非常に簡潔につぎのように書いている。「完全に体が麻痺し、絶望的な状況に陥り、怖じ気づき、周囲の人たちに助け出されなければならなかった」（George F. Kennan, *Russia and the West under Lenin and Stalin*, Boston: Little, Brown and Company, 1960, p. 252）〔尾上正男・武内辰治監修／川端末人ほか訳『レーニン、スターリンと西方世界――現代国際政治の史的分析』未來社、一九七〇年〕。でも、一九四一年六月二八日から三〇日にかけてスターリンに起きたことは、一九九〇年代まで政治局員の回想で明らかにされることはなかった。ケナンは三〇年も前に、このことを推量したのだろうか。

（7）たとえば、ヒトラーについてこう書いている。「危険な人物、狂信的で、残虐で、信頼できない。……しかし彼はけっしてペテン師ではなかった。そして、かりに悪魔も偉大でありうるということが認められるならば、彼に偉大さの素質があったということは否定できない、と私は思う」（Kennan, *Russia and the West under Lenin and Stalin*, p. 335）。

（8）これらの二巻本の前に、『キュスティーヌ侯爵と彼のロシア、一九三九年』という小さな本が出版された（George F. Kennan, *The Marquis de Custine and his Russia in 1839*, Princeton: Princeton University Press, 1971）。

（9）以下はその二冊の著書である。George F. Kennan, *The Cloud of Danger: Current Realities of American Foreign Policy*, Boston: Little, Brown, 1977〔秋山康男訳『危険な雲』朝日イブニングニュース社、一九七九年〕; *The Nuclear Delusion: Soviet-American Relations in the Atomic Age*, New York: Pantheon Books, 1982〔佐々木坦・佐々木文子訳『核の迷妄』社会思想社、一九八四年〕. 後者は演説、論文、インタヴューを集めたものである。

（10）ケナンはもちろん、彼の扱う主題については、多くの重要な著作を参照した。彼はそうした著作に心からの謝意を表している。たとえば、ピーター・ジェイコブズ教授の以下の著書はそうである。Peter Jakobs, *Das Werden der französisch-russischen Zweibundes 1890-1894*, Wiesbaden: Verlag (Harrassowitz), 1968.

（11）ドイツ語誌 *Jahrbucher für die Geschichte Osteuropas*, 1978, pp. 321ff. に発表された。

（12）少なくともひとつの事例において、ビスマルクの性格についてのケナンの識見は議論の余地がある。ビスマルクは「多くの点で……一八世紀の人間だった」。でも、たとえば、ビスマルクは新聞を操作する術をよく心得ていたのではなかったか。

（13）ケナンが終始、フランスに対して否定的であると考えるべきではない。「一八九〇年にフランスで誕生した四七万人の男の幼児のうち、優に半分は第一次世界大戦で若くして悲惨な死に直面するか、もしくはこの大量殺戮から手足を失うか、さもなければ負傷する運命にあった」。

（14）『致命的同盟』(George F. Kennan, *The Fateful Alliance: France, Russia, and the Coming of the First World War*, New York: Pantheon Books, 1984) を刊行して一年後の一九八五年、ケナン高等ロシア研究所での彼の講演のなかで、一八九四年後の露仏同盟についてふたたび思いを巡らすことになった。

7　哲学、宗教・追憶・晩年

（1）驚いたことに、ケナンの手書きの文章も、最後まで、注意深く、精確で、上品で、そして読みやすかった。

（2）（一九八四年二月一日)。ケナンはつぎのように続けた。「わが国の外の世界に向かって犯罪、貧困、不快、それに薬物やポルノにうまく対処することを学んだ国の顔を見せようではありませんか。われわれすべてが今日包摂されている偉大な電子通信革命を利用し、今日テレビがしばしば人びとに及ぼしている知性の悪用、弱体化、衰退に代わって、それを人びとの知的・精神的な向上に役立てることができることを証明しようではありませんか。こうしたことを実行しましょう、そうすれば諸外国の人たちはそのことを気に入ってくれるでしょうし、そうなれば、われわれはアメリカの影響力を、国境を越えて世界中に感じさせるのに二万七〇〇〇もの核弾頭も二五〇〇億ドルを超える軍事予算も必要としないでしょう」。
(3)「抽象はけっして私の得意とするものではない」、と彼は脚註に記している。
(4)この評論は九カ月後、『ニューヨーク・タイムズ』紙にあらためて掲載された(一九九三年九月三〇日)。
(5)若い歴史家アンダース・ステファンソンへの手紙のなかで、一九九三年にケナンはつぎのように書いた。「私が述べたことは……どちらかと言えば、[あの]偉大な組織に対する私の敬意を控えめに表現している。……(つねにいろいろな出発点を共有するわけではないが)私はときおり、私の関心を惹いた欧州のカトリック的思考に深く印象づけられた」。
(6)「アネリーズと、一週間ほど雇った親切なタクシー運転手が心配そうに見守るなか、私はこうしたすべてを、杖をつき、よろよろ歩きをしながらやり遂げた」。
(7)ケナンの謝辞はとくに、これらのアメリカの歴史協会の司書に捧げられている。「図書館文化を、おそらく世界文化に対するこの国最大の貢献だと考える者として、この方面から得られる援助は、私にとって特別の意味を持っていた」。
(8)「私は今朝、この手紙を終えようとしている。新聞報道によると、その朝、国連安全保障理事会は、(フランスの欠席を嘆きながらも)ほぼわが国単独で現在のイラク政権を早晩攻撃することを容認するなんらかの行動をとると思われている。この行動は、およそ三週間先になるだろうが、すべての軍事的な準備が完了した時点で、できるだけ早い時期にとられることになるであろうことは、いまや疑いない。いまとられている行動はすでに、予想される新たな戦争に嬉々としてのめり込んでいるアメリカのメディア、とくにテレビ報道に火に油を注ぐ結果となっている。私はこうしたことすべてについて非常に暗澹たる思いでいる。これは、実際のところ、われわれすべてにとっては、普通の生活の終わりの始まりだと思う。悲観的すぎるだろうか。そうでしょう。そうでしょう。私が悲観的になりがちだということはわかっている。しかし、私の見方はそのようなものであり、それ以外の見方をすることはできない。いまわが国に対してなされようとしていることは、貴方や私が知っているような国を取り戻すことが、けっしてできないようなことなのである」。ケナンはこの手紙のコピーを筆者に送り、それを廃棄するよう求めた。私が彼に従わなかったのは、これが最初で最後であった。

(9) その前日、ケナンは研究所に連れていってもらい、そこで彼の栄誉をたたえる集会に向かって二言、三言述べることができた。

付録——二つの最良のとき

一九五〇年一二月四日——ディーン・アチソン宛のケナン書簡

この書簡が書かれた状況は本書の一二二〜二四ページに詳述されている。中国が朝鮮戦争に介入した。朝鮮半島の米軍は厳しい天候のなか後退する。国務省の高官たちは、(この戦争に参戦しなかった)ロシアが休戦を実現するのに役立つかもしれないと考える。

ケナンは引退し、自宅農場にいる。彼の友人であるボーレンはパリから彼に電話をかける。彼は、ロシアから何を期待できるかを国務省の連中に助言するためにワシントンに出向くべきである、と。ケナンは、暗い空気に覆われた日に到着する。彼は、いまロシアに何かを要求することは完全に間違っている、と主張。弱い立場に置かれ困っているときに、ロシアに話し合いを持ちかけるべきではない。その日の午後遅く、彼は疲労困憊した国務長官に面会する。アチソンは突然、ケナンに彼と一緒に自宅に来るよう要請する。二人は、(アチソン夫人しかいない)人影のないひっそりとした家で夕食をとる。二人は深夜まで話をする。ケナンは翌朝早く起床する。彼の頭は興奮気味だが、明晰である。ケナンは以下に示す手紙を手書きで書き上げ、それを朝一番にアチソンの机の上に置く。

＊＊＊

アチソン閣下
昨夜の話し合いの続きとして、私はいま述べておきたいことがひとつあります。

個人の生活におけると同じように、国際的な場合においても、もっとも重要なことは、その人の身に何が起きたかではなくて、それにどう耐えられるかということであります。そういうわけで、われわれアメリカ人が、疑いもなく大失敗であり、かつわが国運にとっての難事であるこの事態に、この先どう耐えるか、この成り行きはほとんどその態度にかかっているのであります。もし私たちが、虚心坦懐に、威厳をもって、その教訓を汲みとり、これまで以上の断固たる努力によってやり遂げる決意——必要ならば、パール・ハーバーの例に倣って最初から出なおす——で受けとめるのであれば、私たちは自信も同盟諸国も失う必要はなく、あるいはまた、ロシアと交渉する力をも失う必要はないことになりましょう。しかし、もし国民や同盟諸国からこの不幸の真の大きさを隠し、怒号、苛立ち、ヒステリーといった反応のなかに救済の道を求めようとするならば、この危機は、私たちの世界的立場と、自らへの自信を取り返しのつかぬほど悪化させることになると推察するしだいであります。

ケナンもアチソンもこの書簡の全文をそれぞれの回顧録に収めることが適当だと思った。

＊　＊　＊

一九五三年五月一五日――ノートルダム大学におけるケナン講演

この講演の時期が重要である。ケナンは、ジョセフ・マッカーシー上院議員の権力と影響力が頂点にあるときにこの講演をおこなった。アイゼンハワー大統領は、マッカーシーに公然と反対することはしないほうを選んだ。多くの上下両院議員と同様に、アイゼンハワー政権下の陸軍長官と他の閣僚は、マッカーシーの反共目的と彼が行使する手段のいくつかに賛成しているということを示すのが最善だと考えた。その価値がどのようなものであれ、世論調査によると、およそ五〇パーセントの米国民が、マッカーシーに賛同していたことになる。ケナンが最終的に正式に退任するのは、まだ一カ月先のことであった。彼は依然として、ジョン・フォスター・ダレスの国務省のどこかに机を与えられていた。

＊　＊　＊

私の生まれ故郷である中西部で、なおかつこのような環境のもとで、まさにこのような機会に、この場にいることが、私にとっていかに大きな意味を持っているかをお伝えすることなく、この講演を始めることは困難だと感じております。人は自分の家族のことについて感じやすいように、自分が生まれた地域に関してもまた、つねに気になるものであります。そして、故郷に戻ってくると、人は非常に切ない目で、そして同時に、無常なほど批判的な目で故郷を顧みるものなのです。

この式典から伝わってくるぬくもりと安心感はなおさら、私にとっては大きな意味を持っています。といいますのは、今日、わが社会には、これとはまったく反対の気持ちに私をさせるような、ある社会勢力が解き放たれているということを、私は忘れることができないからであります。これらの勢力は一人の人物、もしくはひとつの政治的概念と結びつけて説明するにはあまりにもまとまりを欠いています。彼らは独自の政治形態を持っていません。彼らは目下のところ、おおむね、大きな塊をなした個々人の思考と感情の問題にとどまっています。しかし彼らは全員、どのみち、恐怖と不安に駆られた反共主義の旗印のもとで行進するでしょう。だが、それは、まったく特殊な共産主義であり、あたかも共産主義の脅威が存在するとは、これまで誰もが知らなかったかのように、またこの脅威について熟考し、その対策をとることを誰もしてこなかったかのように、さらには、この脅威は一九四五年ごろに始まり、それに最初に気づいたのは彼らであるかのように、興奮した発見者と所有権者の装いを凝らしているのです。

私は、こうした勢力の影響が明白に現われている人たちの表向きの目的を取り上げて異議を唱えることはいたしません。たしかに、彼らの多くは誠実な人たちです。間違いなく、彼らの多くは善良な人びとです。彼らが、強い挑発を受け、非常に困惑を感じながら、こうした見解を抱くようになったことも確かでしょう。しかしながら、私は、彼らの運動の方向性と影響にもっとも深刻な懸念を抱いているところです。一般的にいって、彼らがおこなっていることは賢明さを欠き、不幸なことだと感じており、私はそのことに反対であります。彼らは、彼らが対処するとしている問題の重要性を歪め、誇張しています。彼らは共産主義の国内的側面と対外的側面を混同しています。彼らは、数年前には現実性を有していた事柄をいまも現実であるかのように主張しています。彼らは諸悪と不満の原因を国内共産主義の活動にあると主張しています。だが、悪と不満が、われわれの生活における複雑さによってもたらされる、ありふれた、不可避の負担の一部である限りにおいて、それらは一般に、国民としての、われわれの振る舞いの産物なのであり、死に物狂いの、厳しい非難の応酬をおこなうのではなく、むしろ友愛と共同体の精神をもって、われわれの側が今日、謙虚に、罪を悔い改めて、徹底的な自己省察をするテーマであるべきなのです。そして、問題をこのように誤って捉えてしまっているため、こうした人たちがつねに間違った答えを見いだしているのは、別に不思議なことではありません。彼らは、建設的で積極的な目的からわれわれの目をそらし、否定的で悪意ある目的を狂信的に追求するように主張しています。彼らは、本来大胆であるべきときに臆病の種を蒔き、冷静であるべきときに恐怖を植えつけ、自信と寛大さが必要なときに疑心の種を撒き散らしています。このようにして、彼らは――共産主義の危険から救済するという名のもとに――われわれの敵であるソ連が間違いなく、われわれに習得させることをもっとも望みながらも、およそ三五年ものあいだ、ソ連共産党の活動をとおして移植しようと試み失敗してきた思想と行動の習慣の多くを身につけるよう、われわれを駆り立てています。

こうしたことが、単に私の個人的な関心事であり、われわれが本日祝うために集まっている企てと関係がないと私が思っているのであれば、ここでこのような話をいたしません。しかし、ここでの催しと重大な関連があり、そのことを無視することはできません。

賢明で寛大なみなさんのおかげで、ノートルダム大学は本日、教養教育の分野において、われわれ自身の理解を深め、知識の範囲を拡大することを可能にするもうひとつの学部を全国の大学のそうした施設に加えようとしています。たしかに、これほどすばらしい事業はありえないし、これほど必要とされている企てもありません。しかし、この企てもまた、ある時点で、私がいましがた述べた勢力に対処しなければならなくなるでしょう――この事業に着手したことによって、みなさん方は、これらの勢力がすでに他の分野を歩んできたわれわれ幾人かの関心事となっているように、あなた方の関心事となるであろうことを、いずれはおわかりになると思います。

私がこのように感じる理由はなによりも、これらの勢力が、わが国の世界的立場への接近のしかたにおいて、偏狭で排他的であり、この排他性を国際文化交流の分野に精力的に持ち込もうとしているからでありま す。彼らは、わが国民の知的・芸術的な生活の進歩にとって不可欠な文化的欲求の交流を抑えつけてしまう傾向があります。問題の人びとは、文化的価値は重要ではないか、もしくはアメリカは文化的業績において頂点に達しており、教養教育の分野で他国の人びとと通常の交流を真剣に促進する必要はないと感じているように思えます。彼らは、この国における知的・芸術的な活動の源および、海外からわれわれにこうした欲求がもたらされることに疑惑の目を向けています。外国の芸術家や学者の遠い過去が、入国が許可される前に熱心に調べられており、しかもその手続きは硬直的な考えにもとづき、攻撃的におこなわれているために、こうした手続きの存在そのものがしばしば、文化交流の意欲を殺ぐことになっているのです。かくして、偉大な学者と芸術家の個人的活動と事情が、彼らの従事する創造的仕事をまったく理解できない人びとによって判断され、統制されているのです。このようにして、われわれは、いくつかの点で、わが国の敵対者であるソ連の鉄のカーテンと類似する文化的カーテンをわれわれの周囲に引きはじめるのです。そうすることによって、われわれは、わが国の伝統とまったく相容れず、しかもそれが阻止されないならば、われわれと敵対する共産主義者の文化的世界がすでに経験しているのと同じ不毛性をわが国の知的・芸術的な生活にもたらさざるをえなくなる、一種の文化的孤立と偏狭さをわれわれ自身に課することになるのです。

私が指摘した勢力にみなさん方が関心を持たなければならなくなると私が考えるもうひとつの理由は、対外関係の場合と同様、わが社会の枠内においては、これらの勢力の性向は排他的で寛容性に欠ける——せっかちに他人を排斥し、なかなか他人を受け入れようとせず、どうあるべきかではなく、どうあるべきでないかを発見することに没頭する——からであります。彼らは、わが国民生活と文化作品の特定の領域が、道徳的に正しいとして是認される範囲を超えていると定義する権利を主張しています。この定義はけっして法律や法的に定められた権威によって実施されるものではなく、曖昧なほのめかしや示唆によって効果を発揮します。そして、私がいうように、定義の範囲はたえず狭まる傾向にあります。もし阻止されなければ、こうした人たちは最終的には、政治的・文化的に評価に値する領域には、彼らだけ、すなわち興奮した非難者だけが含まれ、そして非難を生業とする人たちに受け入れられない物や人はすべて排除されるようなところまでこの領域を狭めようとする、と思います。

共産主義者や共産主義の非難に立ち上がり、積極的に参加しなければ、その人はそれだけで疑いを持たれることになるだろうと宣言した文章を、私は近ごろ一日に二度読んだ記憶があります。これはなんという傲慢でありましょうか。われわれ一人ひとりは市民的義務を負っています。われわれ一人ひとりが、忠誠と良識の原則を遵守する道義的義務を有しています。こうした義務を忘れる人は誰であれ、これを許そうというのではありません。しかし、それ以上のことを主張すること——法を遵守する市民であるだけでは十分ではないということ、われわれ全員が立ち上がってそうした趣旨の発言を他人に関しておこなう義務があり、さもなければ同胞から疑いの目で見られることになるということ――、このような主張をすることは、新たな儀式を確立することであり、精神的・世俗的な立法者の権力を個人が横取りすることであり、社会的行動の定義を、良心と法を守る規律への信頼の問題にするというより、むしろわけの分からない、不埒な勢力を前にして恐怖の問題にすることであります。

私の知る限り、この種の事柄に関するいかなる道徳的もしくは政治的権威も存在しません。目下の情緒的・政治的な風潮を捉えて半宗教的な崇拝をつくり出そうとする、こうした試みを目の当たりにするとき、なかでもこうした潮流が排他的で否定的な性格を持っており、許し、思いやり、理解に対する人間の能力に訴えるのではなく、嫌悪と恐怖に対する能力にのみ訴えることを意図するとき、私は身震いを覚えるのであります。私は人生の一〇年以上を全体主義国家で過ごしました。この種のことがどういう結果を招くか、私にはわかるのです。そうしたことは、何事につけ信じやすい傾向のあるわが同胞の精神的安定に与える仕打ちのなかで、もっとも衝撃的で皮肉な悪影響をもたらすものなのです。私にはそのことが分かるのです。

そして、この種のことは、大学の教養教育にかならず影響を与えることになります。といいますのは、それは人間の思考と精神の発達ともっとも根底的な意味で相容れない二つの事柄と関連しているからであります。そのひとつは、粗野な物質主義と反知性主義との関連であります。もうひとつは、標準化と画一性に向かう顕著な傾向と関係しています。

お話ししてきたこれらの勢力のなかに、知的努力と卓越性に対する意識的排除と侮蔑を看取できるように思います。そうした特徴があいまって、アメリカ人の性格に認められる根深い弱点を形づくっています。それは、ビジネス、スポーツ、あるいは戦争の利益以外の利益を否定する傾向を持つ、ある種のいかがわしい自意識であります。アメリカ人の精神的鋳型のなかには、芸術家や作家に対してほとんど有用性を認めず、そうした人びとの仕事には男らしさに欠けると主張する傾向が強く見られます。それはあたかも、力強さは美の創造と相容れないかのようであり、ミケランジェロは絵筆を振るったことが一度もないかのようであり、ダンテがペンをとったことがまったくないかのようであり、シェイクスピアの劇に男らしさが欠けているかのようであります。この新物質主義の旗手たちは実際のところ、男らしさというテーマについて奇妙な自意識を持っているようであります。彼らは奇妙にも、寡黙さ、冷淡さ、肉体的攻撃性を示すことによって男らしさを強調し、誇示することを必要としているようです。それはあたかも、こうしたことを示さなければ、人間として何かを欠いているという不安を抱えているかのようであります。優しい気持ちに浸ること、珍しい香りよりも繊細な香りを求めること、詩人の言葉のすばらしさや、芸術家の筆のタッチが生み出す奇跡、ようするに、過去においてこうした人びとの手によって創造された言葉や文章が生み出すイメージとして記録された美のすべてを、率直に、もごもごと弁解がましいことを言わずに認めること――そうしたことに当惑や恐れをしばしば感じさせるような、アメリカ人のなかにある弱さとは、いったい何なのでしょうか。いったい何が、他国や他の時代の偉大さを認めることを恐れたり、繊細でなじみのないものを疎んじたりさせるのでしょうか。人間の創造力が生み出す閃きを受け入れるというより、むしろ大衆の黙認が唯一の共通分母を意味するような好みと熱意のもとで、動物のように群れさせるものとは、いったい何なのでしょうか。それは、われわれが道徳的力の真の源を忘れたということなのでしょうか、われわれ自身を恐れ、胸中の乱れを覗き込むことを恐れ、偉大な教師たちの突き刺すような、明るい光を恐れているということなのでしょうか。

典型的なものへの恐れ、世俗的な画一性の壁の枠内での安全の追求、これらがわが国民性の特質であることには注意し、それらの起源がどこにあるのかを調査するのが賢明でしょう。近年、こうした特質は大いに奨励されていますが、文化的なものの標準化の増大および、多くの点で、わが国民が受けている教育の影響のおかげで、そうした奨励は、反射的かつ無意識におこなわれています。商業的な広告とマスメディアがわれわれの生活に及ぼす巨大な影響は——誤解のないようにいっておきますが——消極性、黙認、画一性を助長し、個人の熟慮や創造性を妨げがちになるような性格のものなのです。

多くの者は、全員が生活も服装も、聞くのも、食べるのも、本質的に似ているということをあまり危険だとは思わないかもしれません。しかし、われわれは、そこに利用しようとする意思が存在する場合には、こうした思想と習慣の画一性が、いかにたやすく利用されうるのかを忘れているのです。そうした画一性は、大衆の情緒的な風潮の先頭に立つことをもくろむ保護者を自認する人たちが、われわれの精神的・政治的な生活をいつしか容易に支配するようになるということを忘れているのです。

その人の利益であれ、組織であれ、信念であれ、いかなる点でも他人と異なる権利を大切に思うすべての人にとって、ここには、真の、差し迫った危険が存在します。他国では全体主義の悪夢を生み出した風潮が、われわれの社会のまっただなかに頭をもたげるにつれて、思考と信念の自立性に影響を及ぼしはじめる時点で、わが国の伝統に対するいくばくかの繊細な心遣いの気持ちから、おとなしくその動きを止めると考えることほど、この世代に属するわれわれが犯す大きな過ちはないのです。非寛容と政治的デマの勢力は貪欲な勢力であり、抑制が効かないのです。その野望や厚かましさはとどまるところを知りません。こうした勢力は自己制御のメカニズムを内包していません。パンドラの箱の悪弊のように、いったん解き放たれたならば、外部勢力によってしかその動きを止めることはできないのです。

まさにこうした理由のゆえに、みなさん方は、この偉大な大学というコミュニティに教養学部をこの時期に設置するにさいして、名誉ある、偉大な責務を引き受けようとしている、と私は思うのです。あなた方は、私がこれまで話をしてきた事柄の多くがつくり出す流れに逆らって泳いでいかなければならなくなるでしょう。みなさんはしばしば、意図的か否かは別として、物質主義者、反知性主義者、あらゆる規模と名称を持つ好戦主義者、暴力、疑心、非寛容の主唱者、キリスト教の慈悲の原則の実践に制限を加えることを自己の任務と考えている人びと、世界には多くの国と人びとが存在するということを思い起こすのを忘れてしまった人びと、そういう人たちが、勢ぞろいして対峙する状況にあなた方は遭遇することになるでしょう。みなさんが大学でおこなうことはしばしば、そうした人たちの気持ちを動揺させ、不愉快にさせることでしょう。彼らはそれを嫉妬の目で見ることでしょう。あなた方は、彼らの敵意や虚偽の陳述に耐えていかなければならないでしょう。しかしながら、彼らの多くが、自らが選んだ敵に対しておこなうと称することとは違って、あなた方の務めは、彼らを破滅させることではなく、彼らの償いと改心に手を貸し、彼らの目を開かせ、彼らの否定的な企ての不毛性と見込みのなさを彼らに立証し、人間精神の真の栄光と真の地平とはなんなのかを彼らに気づかせることなのです。

この点にこそ、現代のアメリカ文明の枠内で教養教育を熱心に支持する人たちの責務と機会が存在するのです。それは、今日の標準化の流れと闘うことであります。すなわち、人間の思考と夢想がもたらす偉大な豊かさを受け入れるよう人びとに教えること——創造的な才能が、喜びのない単調さを創造主（神に）によって運命づけられていないことを幸せに感じ、また人間の願望や夢を実現する方法は驚くほどたくさんあるということをありがたく思い、人間の思考と夢想の豊かさを歓迎し、そのことに喜びを感じることが求められているのです。教養教育の熱心な支持者は、現代の物質主義と闘う責務があります。それは、車で仕事に出かけ、広告主が提供する、おきまりの快い響きの情報を熱心に取り入れるだけでなく、どうしたら天球の音楽もあるのだということを忘れないようにすることができるのかを教えることであります。また、物資的能力の表出というのは印象深く見えるけれども、それらすべては、われわれの生存にとっては一時的でしかない補助的なものだということ——そうした補助的なものの背後にある唯一恒久的なものは依然として、無防備で傷つきやすい人間の魂であるということ、そこは長年に及ぶ善と悪の闘いの場であり、人間の弱さと欠点によって攻撃を受け、つねに助けと支持を必要としていながらも、なおかつ信念と創造力にもとづく息をのむような力を発揮する場であることを忘れないようにさせることであります。

最後に、教養教育の熱心な支持者にとっての責務は、社会における非寛容勢力と闘うことであります。それは、こうした勢力は人間精神の開花とは相容れないこと、善悪の最終的な審判はわれわれがおこなうことではないこと、人間の同胞に対する怒りはつねにその弱さと可謬性の記憶によって、そしてキリスト教の遺産の核心をなす赦しと救いの模範によって、和らげられなければならないということを人びとに確信させることであります。

これまで述べてきたことをとおして、私は、私が理解している教養教育制度の役割、ならびに教養教育とアメリカ文明が現時点で直面する諸問題との関連について描写するよう試みました。おわかりのように、教養教育の責務と役割は、私の考えでは、およそ、これほど重要なものはないということであります。私がここでいえることは、この教養教育制度の指導に当たられる方々に対して、そして学問への意欲をかき立てる大学という安全な環境のもとで勉学に励むみなさんに対して、心よりご多幸をお祈りすると同時に、この国の卓越した成果を可能にしてきた偉大な資質、すなわち精神の寛容、善良な性質、品性、健全さが保持されることを願っているすべての人たちの希望がかなえられるようにということにつきます。みなさん方が達成されたものが、その機会に値するものであることを願っています。この始まりを可能にしたすばらしい目的が、果実を生み出すことをお祈り申し上げます。

さらなる研究のための提言

必然的に伝記風で年代記的ではあるが、本書はジョージ・ケナンに関する包括的な伝記ではなく、彼の性格の研究である。本書全体をとおして、ケナンに関する将来の伝記作家や研究者が探求すべき主題や問いをあれこれ述べてきた。ここでは、これらの主題や問いを繰り返すことはしない*。

以前にも述べたように、難題はケナンの文学的遺産がとてつもない分量にのぼることだ。その分量は文章家から期待されうるよりもはるかに多い。彼はそのような巨大なコレクションを残した最後のアメリカ人だったかもしれない(また、彼は後世の人びとの目を意識して物を書いたという証拠はまったくないということを念頭に置いておくべきだ)。ケナンが書き残したものの範囲はあまりにも広範であるがゆえに、刊行された文書と刊行されていない文書を含む完全な伝記は不可能かもしれない。ローレル・F・フランクリンによって編纂されたすばらしい、推奨に値する伝記『ジョージ・F・ケナン——註釈付伝記』(*George F.*

Kennan: An Annotated Bibliography, compiled by Laurel F. Franklin, Westport, Conn.: Greenwood Press, 1997）にくわえて、さらにケナンの著作、論文、刊行物、一九九六年から二〇〇三年にかけての日記がある。われわれはおそらく、彼の著作や他の書き物、それに合衆国以外の国々で彼について書かれた研究や博士論文に関する完全なリストを期待することはできない。その数も増加することは間違いない。

ケナンの文書の大部分はシーリ・G・マッド文書図書館（Seely G. Mudd Manuscript Library）に保管され、適切に世話をされ、非常に貴重な索引の手引きがあり、さまざまな文書箱と文書箱番号を参照することができる。ケナンは一九七〇年にケナン研究所から名誉称号を授与されたとき、彼の文書の大半をマッド図書館に移管した。この貴重なコレクションは、宛名人に郵送しないことにした手紙の草稿数点を含んでいる。それでも、同図書館は一九二五年から一九七〇年までの文書の大部分を含んでいる。研究用にいまだ公開されていない私文書も含まれる。彼は一九二二年から一九九九年まで断続的に日記を付け続けたが、その日記のすべてが含まれているわけではない。また、彼の書簡のすべてが収められているわけではない。彼の私文書は研究室に保管されていたが、現在は家族が保有している。これらの文書が遅かれ早かれ、マッド図書館に保管されることになるのを希望する。彼の書簡は圧倒的な分量にのぼる。彼はその手紙のいくつかを複写して保管したが、ほかの手紙（とくに手書きの書簡）は、もちろん保管しなかった。合衆国、イギリス、欧州中にいる受け取り人が保管し、秘蔵している彼の書簡は何千通にものぼるに違いない。筆者ひとりに対しても、一九五二年から二〇〇三年までの五一年間に、彼はおよそ二〇〇通の書簡を書いた。

＊　つぎのことを付言しておきたい。さらに探求されるべき一群の重要な主題はおそらく、ケナンのさまざまな書き

物、とくに一九二七年、一九二八〜三一年、および一九三九〜四一年にドイツに駐在していたときと、その前後にドイツおよびその周辺で書いた日記や手紙のなかにある。

訳者解説

本書は、John Lukacs, *George Kennan: A Study of Character* (New Haven, Conn.: Yale University Press, 2007) の全訳である。

ジョン・ルカーチは一九二四年にハンガリーに生まれ、共産主義の脅威から逃れるために一九四六年に渡米し、その後アメリカに帰化した歴史家である。三〇冊を超える著書のなかで、冷戦に関係するものとしては、以下の五冊がある。

（1） *A History of the Cold War* (Garden City, N.Y.: Doubleday, 1961)
（2） *A New History of the Cold War* (Garden City, N.Y. Doubleday, 1966)
（3） *George F. Kennan and the Origins of Containment, 1944-1946: the Kennan-Lukacs Correspondence* (Columbia,

Missouri: University of Missouri Press, 1997)

（4） *Churchill: Visionary, Statesmen, Historian* (New Haven, Conn.: Yale University Press, 2004)

（5） *The Legacy of the Second World War* (New Haven, Conn.: Yale University Press, 2010)

ジョージ・F・ケナンは一〇一歳の長寿をまっとうしたが、その生涯は二つの時期に等分できる。最初の五〇年間は学生、外交官、国務省政策企画室長の時期、残り五〇年は学究、歴史家の時期である。ケナンは冷戦期のアメリカ外交の基調をなした「封じ込め」政策の提唱者として有名であるが、学究、歴史家としてのケナンはそれほど知られているわけではない。また、ケナンが生涯をとおして主張し続けたものが何であったのかということについても、説得力をもって論じられた作品があるわけではない。その意味で、原書は二〇〇ページほどとコンパクトながらも、ケナンの全生涯を過不足なく記述した評伝として読みごたえのある作品である。

以下、ルカーチのケナン評伝のなかで、訳者が興味を持ったいくつかの内容に触れることで解説としたい。

「アメリカの良心」

本書の副題は「性格《キャラクター》の研究」となっているが、著者ルカーチのいう「性格」とは、ケナンの性格についての心理学的描写や彼の主張や行動の動機の分析にあるのではなく、ケナンの「意識的な決定、選択、行為、言葉」を意味する。

ルカーチは、ケナンは愛国者だが、ナショナリスト（民族主義者）ではないという。著者によると、前者は防衛的、伝統主義的、自国の国土と歴史への愛着を示し、後者は攻撃的、ポピュリスト的、まとまりのない大衆を団結させる粘着性のあるセメントである。このハンガリー生まれの歴史家が、ケナンを愛国者だと考える最大の理由は、どのへんにあるのだろうか。それは、彼が、アメリカは自国とどう向き合うべきかという問題に生涯をとおして強い関心を抱き続け、このアポリアと格闘し、悩み、しかもその自立的な思考ゆえに孤独な生き方を貫いた、と著者が考えるからだろう。

では、米国民は何と向き合うべきだとケナンは考えたのだろうか。彼は、米国民の考え方や態度に繰り返し表われる性向、いいかえるとアメリカ例外主義を批判し、その克服こそ米国民の課題だとの信念を持っていた。アメリカが神に選ばれたユニークな国家だとか、人類にとって最後の希望だといった考えから距離をおき、こうした国民的性癖の背後には、一種の国民的自己賛美のようなものが存在していると洞察し、それを克服することを願って発言を続けた。ルカーチは、そうしたケナンの識見と洞察と信念のなかに「アメリカの良心」を見ている。

「アメリカの良心」としてのケナンの真骨頂は、一九五〇年代初めにマッカーシズムがアメリカ社会に吹き荒れていた状況で発揮された。彼は、マッカーシズムの不寛容と過激な反共主義に強い危機感を覚えた。「封じ込め」の提唱者として、彼の反共主義はゆるぎないものであったが、同時に、それが、愛国心と同一視されるか、愛国心にとって代わるほど過激なものとなったと見るや、そうした運動の行きつく先は、アメリカがソ連と変わらない存在になることだとして、痛烈な批判を展開した。一九五三年五月にノートルダム大学でおこなわれた講演は、まさにケナンの思考の自立性と意志の強さを余すところなく示している。本書の付録として講演の全文が収録されているので、読者にはぜひとも一読をお勧めしたい。ジョセフ・マッカーシー上院議員の権力と影響力が頂点にあるこの時期には、世論の五〇パーセントがマッカーシーの「赤狩り」に賛同し、ドワイト・アイゼンハワー大統領でさえ、彼に公然と反対することを避けた。このことを考えると、「アメリカの良心」というケナン評価も首肯できるのではないだろうか。

「原則の人」

それはまた、ケナンが「原則の人」だったからこそ可能になったともいえる。ルカーチは本書のなかで、「二人のケナン」論争を取り上げている。ケナンが「封じ込め」の提唱者としてその名を知れるようになると、ケナンと「反共主義」を同一視していた人たちは、ケナンの「変心」を問題にするようになった。

そこにはケナンに対する誤解があった。ケナンは、ソヴィエト権力は合衆国に対して敵対的で膨張主義的であると認識していた。だが同時に、「経験の教えるところによれば、資本主義と社会主義国との平和的、互恵的な共存はまったく可能である」と考えるケナンは、国際関係についてのソ連の指導者たちの誤った考えを正すことこそ求められている、と主張した。ソ連の指導者たちは外部世界について「あまりにも無知であり」、「客観的情勢らしいものを受け取って」いないので、「外部世界との関係において対立の要素を強調することはソヴェト権力にとって明らかに不利となるような、そういう状況を創出すること」が大事なのであった。そのための方法として、「ソ連の膨張主義的な傾向に対する長期の辛抱強い、しかも確固として注意深い封じ込め」政策が必要なのであった。

訳者はかつて、ケナンの「封じ込め」政策は、「外交交渉を不可能にする『冷戦』が意図されていたというよりは、外交交渉を可能にするための方策であった」と述べたことがある。[1] ケナン自身も、一九六四年に来日したときの講演のなかで、「封じ込めという考え方は、交渉を可能にするような安定した状況をつくるという意味であった」と述べている。[2] そう考えると、ルカーチが、ケナンの反共主義とマッカーシズムに示されるような反共ヒステリー（それは交渉を拒絶するものである）に対する彼の批判とのあいだには、なんら矛盾はないと述べていることの意味も理解できるだろう。

本書のケナン評で特筆すべき点は、現実主義者（リアリスト）として知られるケナンについての著者の理解である。ケナンは対外政策における軍事力の効用をかならずしも否定したわけではないが、ソ連の影響力拡大を「封じ込める」手段としては、軍事的手段よりも政治的・経済的な手段を重視した。そのため、彼は、よく知られているように、マーシャル・プラン（欧州復興計画）には賛成したが、北大西洋条約機構（ＮＡＴＯ）の結成や水爆の開発には乗り気ではなく、ディーン・アチソン国務長官と対立した。その意味で、ケナンは、「軍事的リアリスト」ではなく「政治的リアリスト」であるということができる。

また、現実主義者としてのケナンは、アメリカ外交に見られる「法律家的＝道徳家的アプローチ」を批判したことでも知られているが、ルカーチは、理想主義の反対は現実主義ではなく、物質主義であるとの立場から、理想主義と現実主義は矛盾しないと主張する。それゆえ、理想主義者と対比してケナンを現実主義者と位置づけてきた従来のケナン論を批判している。ルカーチはむしろ、現実主義と理想主義は「最善の組み合わせ」であるとして、ケナンの外交観、世界観、人間観を統一的に把握する必要性を強調している。

現実主義と理想主義との関係についてのルカーチの理解は、『危機の二〇年　一九一九〜一九三九年』（一九三九年刊）を著わしたE・H・カーの主張とも符合する。カーは通常、「リアリスト」に分類されるが、それは彼が、戦間期に欧州を覆っていた理想主義＝ユートピアニズム的思考の蔓延に危機感を抱き、国際政治における力の要因の重要性を強調したことにもとづいている。だが、彼はまた、国際関係における国際道義の重要性も説いたことを看過すべきではない。カーはこの古典的名著のなかで、「力の要素を無視することがユートピア的であるなら、およそ世界秩序における道義の要素を無視する現実主義も非現実的な姿勢のリアリズムである」と述べ、「政治に宿命的な二元性からして、道義について考慮すべき事情と力についてのそれとは、つねにからみ合ってゆくことになる」と説いた。イギリスが生んだ著名な歴史家もまた、現実主義と理想主義との統一的把握の必要性を説いている(3)。

ルカーチのこうしたケナン評価はまた、ウィルソン外交の権威アーサー・リンクの、「より高次の現実主義」(higher realism)というウィルソン評価を想起させる。周知のように、ケナンがアメリカ外交の「法律家的＝道徳家的アプローチ」を批判したとき念頭にあったのは、ウィルソンの「宣教師外交」とも称されるアプローチであった。しかし、リンクは、ウィルソン大統領は国際連盟、自決の原則、自由民主主義の世界への普及など高い理念を掲げた外交を展開し、たしかに「理想主義者」であったとしても、未来を先取りし、究極的・長期的には国際社会に承認される理念を追求したという意味において、「より高次の現実主義」なのだと擁護した。(4)

民主主義や自由という自国民が信じる価値観をストレートに国際社会に反映させようとする傾向の強かったウィルソンと、他方で、つねにアメリカと向き合い、内政を外交より優先する傾向のあるアメリカ社会の性癖を批判し続けたケナンとでは、外交観に大きな違いがあることは確かである。しかし、二人とも「原則の人」であり、「信念の人」であった。それゆえ、ある意味で、この「より高次の現実主義」という概念はケナンにも該当するといえなくもない。

要は、両者の組み合わせをどうするかということであろう。リアリズムは、理想主義を軽視したとき、得てして政治や外交へのシニシズムを助長するか、現状に流される危険をともなう。沖縄の在日米軍基地をめぐる日本政府の現状追認政策は、その典型的な事例だろう。そうしたことを考えると、現実主義と理想主義に関するルカーチの洞察から、日本の外交が学びとる教訓というものも、少なからずあるのではないだろうか。

ケナンのソ連観と「ソヴィエトの行動の源泉」

ルカーチはケナンとは長い親交があり、二人は二〇〇通を超える書簡を取り交わしている。その書簡の一部を編集したのが、冒頭にあげた著書（3）である。書簡のやり取りからも、また本書からも、冷戦に関する両者の見解は共通点が多いことがわかる。ルカーチがケナンの提言、分析、歴史認識を高く評価していることからすれば、それは当然のことである。

例をあげれば、両者とも一九一七年のボルシヴィキ革命は第一次世界大戦の結果であるとして、後者をより重視する。また、冷戦は第二次世界大戦の帰結であるとして、後者に重きを置いた歴史観を共有している。二人はまた、冷戦史研究者のあいだで続けられている冷戦の起源と責任をめぐる論争でも、いわゆるオーソドックスな解釈に立ち、アメリカの対応はソ連の膨張主義に対する防衛的なものだったと主張する。むしろ、冷戦の開始の公式宣言であるトルーマン・ドクトリン（一九四七年三月）の発表は、タイミングとしては遅きに失したという立場である。

ケナンの歴史認識に対するルカーチの批判は、ヒトラーに対抗するためにアメリカが開始した対ソ援助と「大同盟」に関するものである。ルカーチは、ヒトラーを打ち負かすために必要な援助をスターリンに提供することでは、ケナンと見解を同じくする。だがケナンは、ソ連を同盟国として扱うというフランクリン・ローズヴェルト大統領の方針には反対であった。これに対して、ルカーチは、ヒトラーに勝利するためには、英米、英ロのいずれか二国では無理であり、ソ連の協力を必要としたとの立場から、ケナンの主張するような扱いをソ連におこなった場合、ソ連が戦線から離脱する危険もあったとして、ケナンに批判的である。これに対して、ケナンは、独ソ戦の開始によって、スターリンは喉から手が出るほどアメリカの援助を必要としていたのであるから、外交目標も戦後秩序についての考えも異なるソ連を同盟国として遇しなくても、スターリンはこの種のリアリズムを受け入れたはずだ、と反論している。

本書を読むと、ケナンのロシア観やソ連観がどのように形成されていったのかがよくわかる。そして、このことは、ケナンの「封じ込め」政策の意図のみならず、彼の情勢分析や政策提言を理解するためには不可欠である。ケナンはマルクス主義の理解には、その背後にあるロシア的な要素を踏まえる必要があると洞察していた。彼はすでに一九三八年五月、モスクワからワシントンに一時帰国したさいに外交官養成所でおこなった講演のなかで、「ボルシェヴィズムがロシアをどの程度変えたのかという陳腐な問いを当面放棄し、ロシアがどの程度ボルシェヴィズムを変えたのかという問い」（本書四二ページ）に関心を向けるべきだと語った。

さらに、「七年後のロシア」（一九四四年九月）という文書において、一九三〇年代のスターリンの粛清を観察・分析するなかで、「国家が共産主義のドグマの束縛から解放された」（本書七二ページ）との結論を下している。それゆえ、スターリンは革命家ではなく、徹底的な独裁者であり、そのような観点からスターリン外交を理解すべきである、とケナンは考えた。こうした彼の考えは一貫しており、一九四五年五月に執筆された「ドイツとの戦争終結時におけるロシアの国際的地位」（本書七九〜八〇ページ）という文書のなかでも、「革命的マルクス主義の炎」は消滅し、「愛国心と民族主義的感情」が、戦後のソ連外交により大きな影響力を及ぼすことになる、と論じた。

なにゆえソ連の諸目的が「つねにマルクス主義の礼服」をまとわなければならないのか、という疑問に対して、ケナンはつぎのように答えた。それはソ連の指導者たちが、軍事力の増強を優先し、民衆を抑圧するなど、ロシア国民に多大の犠牲を強いてきたからだ。クレムリンの指導者たちが、ソ連のあらゆる行動をマルクス・レーニン主義のレトリックで正当化するため、西側世界では、イデオロギーがスターリンおよびソヴェト体制の推進力だと考えがちだが、そうではなく、イデオロギーは、彼らの「道徳的、知的体面のイチジクの葉」なのである。スターリンの行動の源泉は、世界共産主義運動とソヴィエト国家に対する絶対的支配の維持にあり、そのために必要な絶大な権力の保持にあるのであり、それゆえ彼は国際関係における力関係に合理的に反応する、と考えた。

ケナンの右のようなソ連観、ロシア観、スターリン観は、ソ連の脅威を共産主義だと考える人たちと違って、問題の本質は共産主義ではなくロシアであり、イデオロギーではなく歴史的、領土的なものだという理解にもとづいているのである。

欧州分断の克服を模索するケナン

また、東欧を勢力圏下に置いたソ連はいずれ「消化不良」を起こすと考えるケナンは、東欧を獲得したソ連が、こんどは西欧を勢力圏に置こうとするだろうと恐れる人たちと一線を画することになった。ケナンは、ソ連が東欧支配に手こずることになると見通していたがゆえに、軍事力を行使してまで、彼らが、西欧に勢力圏を拡大する意図も用意もないと見ていた。

この点に関してさらに特筆すべきは、ケナンは一九五五年四月二八日付けルカーチ宛書簡のなかで、つぎのように述べている点だ。西欧をソ連の支配下に置き、ドイツを共産主義政権のもとに統一するということは、スターリンがもっとも望まなかったことである。なぜなら、共産主義国家ドイツの出現は、世界共産主義運動におけるソ連の主導権をドイツが脅かすか、奪う可能性を意味するからである[5]。これこそ、スターリンがぜひとも避けたいことであっただろう。それゆえスターリンが、東欧支配ののち、さらに軍事力に訴えてまで西欧に勢力圏を拡大しようとするとは考えられないというケナンの洞察は、説得力に富む。

さらに付言するならば、この点に関するケナンの洞察は、中ソの利害は一致しておらず、やがて両国が対立を深めることになるだろうと考える彼の見解とパラレルな関係にあり、非常に興味深い。周知のとおり、中ソ対立は一九五〇年代末から一九六〇年代初めにかけて顕在化していく。ケナンの予見どおりに展開するのである。中ソ関係が現実にたどった展開過程を視野に入れたとき、そしてドイツの生産力と地政学的な重要性を考慮したとき、共産化されたドイツが、中国と同様に、国際共産主義運動におけるソ連の主導権争いに挑戦することはなかっただろうと考えるのは、現実的とはいえないだろう。

いいかえると、ソ連の侵略を怖れ、ソ連の脅威に対抗するためだとして、ドイツ再軍備、NATOの強化、水爆の開発など軍事的抑止力を強化する路線を追求していったハリー・トルーマンやディーン・アチソン、「大量報復戦略」を唱え、世界中に米軍基地を張り巡らすことに熱中したジョン・F・ダレスやアイゼンハワーと比べたとき、ケナンの洞察に富む分析と提言に耳を傾ける意義は十分あると考えるのは、訳者だけではないだろう。翻って、ケナンを批判した冷戦の闘士といわれる反共主義者たちは、欧州の分断を固定化し冷戦の長期化に貢献したとはいえても、冷戦の終焉にともない彼らが見せたアメリカの冷戦政策への自画自賛に、果たしていかほどの論拠があるのだろうか。

右のようなソ連認識および、モスクワが当時直面した諸々の困難な状況についての鋭い分析と考察の延長線上において提唱されたのが、ケナンのリース講演（一九五七年）での兵力相互引き離し構想である。ケナンは一貫して、欧州の分断状況、なかでもドイツの分断は不自然であり、是正されるべきだとの強い信念を抱いていた。ケナンは一九四八年から一九四九年の初めにかけて、ソ連が東欧を支配下に置いたことで抱え込んだ脆弱性の兆候にくわえ、一九四八年のソ連＝ユーゴ紛争、フィンランドを共産化しないというスターリンの決定などに注目していた。実際のところ、ケナンは一九四八年に、欧州からの兵力の相互引き離しを目的とする交渉をモスクワとのあいだで始めるよう公式に国務省に進言しているが、この進言は入れられなかった。

その後、一九五二年三月、スターリンが民主的で非軍事化された統一ドイツならびに、東西両ドイツからの占領軍の相互撤退を提案してきたことにも注目した。さらに、一九五四年から一九五五年にかけて、スターリンの後継者たちは、オーストリアの中立を受け入れロシア地区からの撤退を決め、フィンランドのロシア基地を放棄し、中国の沿岸部と満州における権益を手放し、ユーゴスラヴィアとの関係を修復させ、西ドイツ政府の承認に踏み切り、つづいて一九五六年二月には、フルシチョフが第二〇回ソ連共産党大会での秘密演説において、スターリン批判をおこなった。同年六月にはポーランドのポズナンで暴動が起き、一一月にはハンガリーで学生と労働者による動乱が発生した。ソ連帝国に亀裂が生じていたことは明らかであり、ケナンが予見したように、ソ連は東欧で「消化不良」を起こしていた。

一九五七年のリース講演での欧州中央部からの兵力相互引き離しの提唱は、そうしたソ連の行動の変化の兆候を踏まえておこなわれたのである。前述のルカーチ宛書簡のなかで、ケナンは、このときの心境をつぎのように回顧している。

われわれがソ連の指導者たちに、欧州における彼らの政治的な膨張が完全に行き詰まったことを明白に認識させることができるようになったとき、彼らと交渉のテーブルにつき、欧州大陸の将来についてなんらかの実行可能な了解に関する合意を得ることが可能か否かを見きわめるときが到来するだろう。私はつねづねこのように考えていた。そうした話し合いの中心となる争点は必然的にドイツ問題の処理であった[6]。

右のようなソ連外交の変化の兆候を踏まえて、この問題で少なくともソ連と交渉を開始する価値はある、とケナンは判断した。だが当時、アイゼンハワー政権もドイツのアデナウアー政権も、そうは考えなかった。

ケナンはそうした可能性に期待をつないでいたので、欧州における情勢の変化を注意深く観察し続けると同時に、他方で、欧州分断の固定化につながるワシントンの行動には反対を唱え続けた。西ドイツ再軍備とＮＡＴＯへの西ドイツの編入は分断の解消の障害となると考えたし、トルーマン大統領やアチソン国務長官が水爆の開発を決定したことにも異を唱えた。また、トルーマンが当初設定していた一九五一会計年度の国防予算の上限である一三五億ドルを大幅に上回る大軍拡予算（五〇〇億ドル）を勧告した、国家安全保障会議文書（ＮＳＣ六八）にも反対した。ソ連の脅威は軍事的なものではなく、主として心理的・政治的・外交的・経済的なものだと考えるケナンにとって、トルーマン政権やアイゼンハワー政権の軍事的「封じ込め」路線は、ソ連との交渉の可能性を閉ざすものであり、欧州の分断を固定化するものであった。

ケナンのこうした提言は、なによりも彼の歴史に対する深い造詣と鋭い洞察に根ざしていた。そのことは、本書全体をとおしてルカーチが強調する点であり、著者は適切にも、歴史家としてのケナンの記述に一章を割いている。外交官、政策決定者としてのケナン、学究、歴史家としてのケナン。彼の人生をこのように二分するとすれば、本書の強調点はどちらかというと、後者におかれている。その骨子は、「作家であり思想家であるケナンは、政治的な意見を述べるケナンよりもはるかに重要」である、「アメリカについて語るケナンは、ロシアについて語るケナンよりもはるかに重要で風雪に耐えられる」、「歴史家であり評論家でもあるケナンは、政治家としてのケナンよりもはるかに価値あるものを残してくれている」(本書九ページ)という、ルカーチのケナン評価に凝縮されているといってよい。

ケナンの魅力

ルカーチは、二〇〇七年五月二日、ワシントンのハンガリー大使館で本書の刊行を踏まえてケナンに関する講演をおこなっている。講演の最後の質疑応答のなかで、参加者のひとりから、ケナンの後継者あるいはケナンに匹敵する人物はいまのアメリカにいるのか、という質問が出された。それに対するルカーチの答えは、「見当たらない」というものであった。おそらく事情は日本でも同じだろう。だが、本書に目を通すことによって、読者は、ケナンの魅力を十分感じ取ることができるし、また多くのことを学び、考えさせられる、と訳者は信じている。

＊

最後になったが、法政大学出版局の勝康裕氏には、編著『アメリカの戦争と世界秩序』(二〇〇八年)、『冷戦史の再検討』(二〇一〇年)に続いて、たいへんお世話になった。もともと、訳書の原本をご紹介いただいたのは、勝氏である。一読して、訳出する価値があると判断し、本書の翻訳を引き受けることになった。二〇〇七年八月に原本が手元に届いて以来、上記二冊の編著の作業があいだに入ったこともあり、翻訳の完成まで長い時間がかかってしまった。この間、勝氏にはご迷惑をおかけすることになったが、辛抱強く待っていただいたことに対して、お詫びと同時に深く感謝の意を表したい。また、索引については、川上耕平氏と森實麻子さんの手を煩わした。お二人にも心よりお礼を申し上げたい。

二〇一一年三月二一日春分の日を迎えて

訳　者

註　記

（1）菅英輝『米ソ冷戦とアメリカのアジア政策』ミネルヴァ書房、一九九二年、第三章、引用は一六〇ページ。

（2）ジョージ・ケナン／松本重治編訳『アメリカ外交の基本問題』岩波書店、一九六五年、三二ページ。

（3）E・H・カー／井上茂訳『危機の二十年——一九一九—一九三九』岩波文庫、一九九六年［初版一九五二年］、四二五ページ（Edward H. Carr, *The Twenty Years' Crisis 1919-1939: An Introduction to the Study of International Relations*, London: Curtis Brown Group Ltd., 1939 and 1981）。

（4）この点については、アーサー・S・リンク／松延慶二・菅英輝訳『地球時代の先駆者——外政家ウィルソン』（Arthur S. Link, *Wilson the Diplomatist*, Baltimore: Johns Hopkins University Press, 1957）玉川大学出版部、一九七九年、およびその解説を参照されたい。

（5）John Lukacs, *George F. Kennan and the Origins of Containment, 1944-1946: the Kennan-Lukacs Correspondence*（Columbia, Missouri: University of Missouri Press, 1997）, pp. 65-66.

（6）*Ibid*., p. 71.

索　引

［ア　行］

アイゼンハワー，ドワイト Eisenhower, Dwight D.　76, 125, 131, 133, 143, 145, 148, 151, 235

アダムズ，ジョン・クインジー Adams, John Quincy　132

アダムズ，ヘンリー Adams, Henry　9

アチソン，ディーン Acheson, Dean　88, 90-91, 93, 105, 110, 113, 114-15, 120, 122, 123, 124, 154, 158, 211n（2）, 219n（7）, 222n（22）, 233, 234

アームストロング，ハミルトン・フィッシュ Armstrong, Hamilton Fish　97

アリルーエワ，スヴェトラーナ Alliluyeva, Svetlana I.　166

アルバニア　221n（21）

イタリア　45, 64, 65, 104, 155, 220n（13）

イラク　216n（18）, 230n（8）

ヴァージニア大学　87

ウィルソン，ウッドロー Wilson, Woodrow　40, 48, 177, 180-83, 227n（5）

ウィルバー，リチャード Wilbur, Richard 225n（16）

ヴェトナム　165

ウォーレン委員会 Warren Commission 224n（8）

エストニア　32, 33

エリオット，トマス・スターンズ Eliot, Thomas Stearns　7

オーストリア　44, 94, 114, 125, 151, 155

オーストリア＝ハンガリー　189

オックスフォード　24, 152, 184

オッペンハイマー，ロバート Oppenheimer, Robert　138-39

オブルチョフ大将，ニコライ Obruchev, General Nikolai　187

オルソップ，スチュアート Alsop, Stewart 124

［カ　行］

カー，ウィルバー Carr, Wilbur J.　47

カー，エドワード Carr, Edward H.　217n（22）

「解放ヨーロッパ宣言」“Declaration of Liberated Europe”　78

カーク，アレキサンダー Kirk, Alexander 47, 55

カーター，ジェームズ Carter, James　126

カチン　70

カナダ　114

ガフラー，バーナード Gufler, Bernard　22

北大西洋条約機構（NATO: North Atlantic Treaty Organization）　111, 114-15, 202

ギボン，エドワード Gibbon, Edward　6

キャッスル，ウィリアム Castle, William 213n（3）

キューバ　158

国際主義者 Internationalists　29, 213n（1）
国際連合 United Nations　71, 74, 121-22, 125, 177, 232
コシュート，ラヨース Kossuth, Louis　14, 15
孤立主義者 Isolationists　29, 213n（1）
ゴルバチョフ，ミハイル Gorbachev, Mikhail　167-68

［サ　行］
財務省　81
サイロン，エリー Cyron, Elie　188
サマーズ，マッデン Summers, Madden　182
サラザール，アントニオ・デ・オリヴェイラ Salazar, António de Oliveira　45, 61
サンフランシスコ　74
ジェイコブズ，ピーター Jacobs, Pieter　228n（10）
シカゴ大学　150, 174
シッソン，エドガー Sisson, Edgar　181
ジャクソン，チャールズ Jackson, Charles D.　133
自由放送 Radio Liberty　110
自由ヨーロッパ委員会 Free Europe Committee　110
シュペングラー，オズワルト Spengler, Oswald　30
ジュネーヴ　30, 213
ジョンソン，リンドン Johnson, Lyndon　145
「心理戦争」Psychological Warfare　110, 133
スイス　114, 155, 213n（4）, 221n（18）
スウェーデン　114, 155, 221n（20）
スカイラー将軍，コートランド・ヴァン・レンスラー General Schuyler, Courtlandt Van Rensselaer　102
スコット，ウォルター Scott, Walter　223n（1）
スコットランド　11, 205, 206
スターリン，ヨシフ Stalin, Joseph V.　41, 42, 43, 48, 50, 56, 67-70, 72, 75-76, 77, 78, 79, 80, 107, 110, 112, 128-29, 131, 151, 166, 183, 184, 185, 198, 217n（22）, 219n（5）, 220n（16）, 221n（20）, 228n（6）
スティーヴンソン，アドレイ Stevenson, Adlai　148, 223n（4）
ステッティニアス，エドワード Stettinius, Edward　77
ステファンソン，アンダース Stephanson, Anders　230n（5）
スミス将軍，ウォルター・ベデル General Smith, Walter Bedell　88
スロヴァキア　50
政策企画室 Policy Planning Staff　92-94, 100, 110, 112, 115, 118, 157
戦略局（OSS: Office of Strategic Services）　108
ソルジェニーツィン，アレクサンドル Solzhenitsyn, Alexandr　166, 217n（22）

［タ　行］
タッカー，ロバート Tucker, Robert　198
タリン　32-34
ダレス，アレン Dulles, Allen　221n（18）
ダレス，ジョン・フォスター Dulles, John Foster　105, 121-22, 124, 130, 131, 132, 133, 151, 220n（15）, 235
チェコスロヴァキア　46, 47-49, 101, 103-04, 111
チェスタートン，ギルバート・ケイス Chesterton, Gilbert Keith　20, 146
チェーホフ，アントン Chekhov, Anton　8, 33

チトー，ヨシップ・ブロズ Tito, Josip Broz　104, 157, 159, 221n（21）
チャーチル，ウィンストン Churchill, Winston S.　45, 48, 54, 56, 67, 76, 80, 83, 143, 215n（14）, 219n（5）,（8）
中央情報局（CIA: Central Intelligence Agency）108, 110, 132, 161
中国　76, 102-03, 121-22, 126, 151, 161, 165, 175, 187
中南米　119
朝鮮戦争 Korean War　120-25
デーヴィス，ジョセフ Davies, Joseph E.　43, 45
デーヴィス，ジョン・パットン Davies, John Paton　76
「鉄のカーテン」演説　83
デュトゥール，ジャン Dutourd, Jean　193
デンマーク　155
ドイツ　15, 30, 33, 38-39, 49, 50, 51-53, 54-55, 56-57, 58, 60, 67, 73, 79, 82, 95, 96, 101, 106, 107, 108, 112-14, 125, 128, 130, 134, 150, 153-55, 164, 169, 176, 179, 186, 187, 188, 189, 215n（11）,（12）,（15）, 220n（16）, 249
トクヴィル，アレクシス・ド Tocqueville, Alexis de　199
特殊プロジェクト局 Office of Special Projects　108-09, 110, 222n（21）
ドゴール，シャルル De Gaulle, Charles　80
ドーソン，ウィリアム Dawson, William　31, 213n（3）
トルコ　90, 91, 114, 158
トルーマン，ハリー Truman, Harry S.　75, 77, 82, 90, 103, 109, 112, 118, 121, 124, 127, 130
トルーマン・ドクトリン　90, 91, 95

［ナ　行］
ナショナル・ウォー・カレッジ National War College　84-86, 87, 133-34, 219n（6）
南米　71, 119, 222n（1）
ニクソン，リチャード Nixon, Richard M.　126, 145
日本　101-02, 125-26, 160, 175
ニーバー，ラインホルド Niebuhr, Reinhold　204
『ニューヨーカー』*New Yorker*　161, 203
ニューヨーク　11, 16, 20, 97, 154, 189, 205, 206
『ニューヨーク・タイムズ』*New York Times*　97, 132, 202, 203, 230n（4）
『ニューヨーク・ヘラルド・トリビューン』*New York Herald Tribune*　124
『ニューヨーク・レヴュー・オブ・ブックス』*New York Review of Books*　148, 203
ノートルダム大学　144, 226, 235
ノルウェイ　34-35, 155, 160, 161-62, 187, 196

［ハ　行］
ハーヴァード　13, 29, 94, 184, 188
バーク，エドモンド Burke, Edmund　66, 78, 143
バターフィールド，ハーバート Butterfield, Herbert, 226n（2）
バックリー，ウィリアム Buckley, William F., Jr.　225n（14）
ハーディング，ウォーレン Harding, Warren G.　40
バート・ナウハイム　57
バーナム，ジェームズ Burnham, James　141, 225n（14）
ハプスブルク家 Habsburgs　48-49

パリ　42, 47, 54, 67, 100, 122, 154, 161, 187, 215, 233
ハリマン，アヴェレル Harriman, Averell　40, 62-64, 72, 73, 74, 79, 81, 211n（2），217n（20）
ハーレー，パトリック Hurley, Patrick　76
ハンガリー　50, 67, 151, 158, 189, 213n（4）
バーンズ，ジェームズ Byrnes, James F.　77, 80
ハンブルク　30-31, 38, 53, 113, 213n（2）
ビスマルク，オットー・フォン Bismarck, Otto von　186, 189, 192, 216n（16），229n（12）
ヒトラー，アドルフ Hitler, Adolf　37, 38, 47-50, 52-55, 56-57, 66-67, 185, 215n（11），228n（7）
フィッツジェラルド，F. スコット Fitzgerald, F. Scott　24
フィルビー，キム Philby, Kim　222n（21）
フィンランド　110, 114, 151, 155, 183, 220n（11），221n（20）
フーヴァー，ハーバート Hoover, Herbert　40
『フォーリン・アフェアーズ』*Foreign Affairs*　97
フォレスタル，ジェームズ Forrestal, James　96, 219n（9）
ブッシュ，ジョージ（子）Bush, George W.　145, 200, 207
ブッシュ，ジョージ（父）Bush, George H. W.　126
ブラジル　119
プラハ　46-47, 49, 224
フランクフルト大学　150
フランクリン，ベンジャミン Franklin, Benjamin　10
フランクリン，ローレル Franklin, Laurel F.　225n（15），247
フランス　47, 48, 54, 68, 155, 179, 183, 189, 191, 229n（13），230n（8）
ブリット，ウィリアム Bullitt, William C.　40-43, 214n（8），（9）
プリンストン　5, 6, 13, 16, 18, 20-24, 27, 29, 118, 128, 134-45, 138, 139, 148, 162, 169, 196, 205, 207, 214n（10）
プール，デ・ウィト・クリントン Poole, De Witt Clinton　182
ブルクハルト，ヤーコプ Burckhardt, Jacob　226n（2）
フルシチョフ，ニキータ Khrushchev, Nikita　151, 224n（6）
ヘスマン，ドロシー Hessman, Dorothy　82, 179
ベネズエラ　119
ヘミングウェイ，アーネスト Hemingway, Ernest　24, 35
ペルー　119
ベルナノス，ジョルジュ Bernanos, Georges　226n（18）
ベルリン　32, 33, 34, 38, 47, 51, 52, 55-57, 73, 101, 103, 108, 112, 113, 130, 131, 161, 215n（12），216n（17），220n（16）
ヘンダーソン，ロイ Henderson, Loy　42, 55, 90
ボアデッフル将軍，ラウール・ル・ムートン・ド General Boisdeffre, Raoul Le Mouton de　187
ホイジンガ，ヨハン Huizinga, Johan　226n（1）
ボストン　27, 177
ポツダム　74, 79
ホプキンス，ハリー Hopkins, Harry　76, 79
ポーランド　67, 70, 76, 151, 156, 186
ポルトガル　45, 59, 61, 64
ボーレン，チャールズ Bohlen, Charles

33, 42, 62, 63, 105, 122-23, 211n(2), 233

［マ　行］
マーシャル，ジョージ Marshall, George C. 88, 92-95, 99-103, 110, 113
マーシャル・プラン Marshall Plan 83, 88, 93-94
マッカーサー，ダグラス MacArthur, Douglas 102, 121, 122, 124
マッカーシー，ジョセフ McCarthy, Joseph 219n(7), 235
マックロイ，ジョン McCloy, John 105, 211n(2)
マリク，ヤコブ Malik, Jakob 125
マルクス主義 42, 79-80
ミスキャンブル，ウィルソン Miscamble, Wilson D. 221n(17), 221n(19), 222n(22)
ミソロンギス Missolonghies 22
ミューラー，ハインリッヒ Müller, Heinrich 221n(18)
ムッソリーニ，ベニト Mussolini, Benito 45
メキシコ 119
メッサースミス，ジョージ Messersmith, George S. 44, 47
モウラー，エドガー Mowrer, Edgar 53
モスクワ 5, 39, 40, 41, 43, 45, 55, 59, 61-68, 74, 75, 77, 78, 80, 81, 85, 92, 101, 103, 104, 108-09, 126-31, 161, 182, 187, 197, 215n(14), 219n(5), 220n(16), 221n(21)
モーム，サマーセット Maugham, Somerset 6
モーリー，ジョン Morley, John 143
モリス，ルランド Morris, Leland 58
モルトケ，ヘルムート・フォン Moltke, Helmuth von 55, 216n(16)
モロトフ，ヴャチェスラフ Molotov, Vyacheslav M. 75, 76, 77

［ヤ　行］
ヤルタ 74, 78
ユーゴスラヴィア 104, 114, 151, 155, 156-58, 213n(4), 221n(21)
ヨーロッパ諮問委員会 European Advisory Commission 61

［ラ　行］
ラスク，ディーン Rusk, Dean 157, 159, 223n(4)
ラトヴィア 32
ラパツキー，アダム Rapacki, Adam（ポーランド外相）224n(6)
ランガー，ウィリアム Langer, William 188
リガ 32, 33-35, 214, 161
リース，ジーン Rhys, Jean 137
リスボン 59-60, 108
『リーダーズ・ダイジェスト』*Reader's Digest* 119
リップマン，ウォルター Lippmann, Walter 100, 101
リッペントロップ，ヨアヒム Ribbentrop, Joachim 58
リポン大学 224
ルテアニア（カルパチアン＝ウクライナ）50
『レヴュー・オブ・ポリティクス』*Review of Politics* 226n(2)
レーガン，ロナルド Reagan, Ronald 126, 145, 166, 197-98
レーニン，ウラジミール Lenin, Vladimir I. 40, 181, 182, 184, 185, 217n(22)
ロヴェット，ロバート Lovett, Robert 105, 110, 211n(2)

ロジャーズ法 Rogers Act　28
ローズヴェルト，フランクリン
Roosevelt, Franklin D.　35, 39, 40, 42, 52, 56, 58, 60, 61-62, 63, 67, 75, 78
ロビンズ，レイモンド Robins, Raymond
179, 182, 227
ロンドン　22, 59, 61, 67, 68, 130, 152

評伝　ジョージ・ケナン
　　対ソ「封じ込め」の提唱者

2011 年 8 月 10 日　初版第 1 刷発行
2011 年 11 月 21 日　　　第 2 刷発行

著　者　ジョン・ルカーチ
訳　者　菅　英輝
発行所　財団法人法政大学出版局
　　　　〒 102-0073 東京都千代田区九段北 3-2-7
　　　　電話 03（5214）5540 ／振替 00160-6-95814
組　版　HUP ／印刷　平文社／製本　誠製本
装　幀　奥定 泰之

ISBN 978-4-588-36606-2　Printed in Japan

著　者

ジョン・ルカーチ（John Adalbert Lukacs）

1924年ハンガリー生まれ。1946年，共産化するハンガリーを離れ，アメリカに移住する。1947〜94年までチェスナット・ヒル・カレッジ（Chestnut Hill College）歴史学部で教鞭をとったほか，ジョンズ・ホプキンス大学，コロンビア大学，プリンストン大学などの客員教授を務めた。30冊を超える著書があるが，邦訳書として，『大過渡期の現代』（救仁郷繁訳，ぺりかん社，1978年），『ブダペストの世紀末』（早稲田みか訳，白水社，1991年），『ヒトラー対チャーチル』（秋津信訳，共同通信社, 1995年）がある。また，近著には，*Churchill: Visionary, Statesmen, Historian*（New Haven, Conn.: Yale University Press, 2004）, *June 1941: Hitler and Stalin*（Yale UP, 2006）, *The Legacy of the Second World War*（Yale UP, 2010）, *The Future of History*（Yale UP, 2011）などがある。

訳　者

菅　英輝（かん ひでき）

1942年生まれ。現在，西南女学院大学人文学部教授。専攻はアメリカ外交史，国際関係論。主な著書に，『アメリカの世界戦略——戦争はどう利用されるのか』（中公新書，2008年），『東アジアの歴史摩擦と和解可能性——冷戦後の国際秩序と歴史認識をめぐる諸問題』（編著，凱風社，2011年），『冷戦史の再検討——変容する秩序と冷戦の終焉』（編著，法政大学出版局，2010年），『アメリカの戦争と世界秩序』（編著，同，2008年），『21世紀の安全保障と日米安保体制』（共編著，ミネルヴァ書房, 2005年），『アメリカ20世紀史』（共著，東京大学出版会，2003年），ほか。

関連書

北 美幸 著 3200円
半開きの〈黄金の扉〉
アメリカ・ユダヤ人と高等教育

R. A. ダール／飯田文雄・辻 康夫・早川 誠 訳 1800円
政治的平等とは何か

W. ブラウン／向山恭一 訳 4300円
寛容の帝国
現代リベラリズム批判

吉田 徹 著 4000円
ミッテラン社会党の転換

川越 修・辻 英史 編著 3600円
社会国家を生きる
20世紀ドイツにおける国家・共同性・個人

J. トーピー／藤川隆男 監訳 3200円
パスポートの発明
監視・シティズンシップ・国家

A. O. ハーシュマン／矢野修一・宮田剛志・武井 泉 訳 2200円
連帯経済の可能性
ラテンアメリカにおける草の根の経験

M. ヴィヴィオルカ／宮島 喬・森 千香子訳 3000円
差異
アイデンティティと文化の政治学

Z. バウマン／澤田眞治・中井愛子 訳 2600円
グローバリゼーション
人間への影響

丸山直起 著 5800円
太平洋戦争と上海のユダヤ難民

張玉萍 著 5200円
戴季陶と近代日本

馬場公彦 著 2200円
『ビルマの竪琴』をめぐる戦後史

関連書

菅英輝 編著　3800円
アメリカの戦争と世界秩序

菅英輝 編著　3800円
冷戦史の再検討
変容する秩序と冷戦の終焉

藤原帰一・永野善子 編著　3200円
アメリカの影のもとで
日本とフィリピン

太田勝洪・袖井林二郎・山本満 編　1200円
冷戦史資料選
東アジアを中心として

袖井林二郎 編訳　9500円
吉田＝マッカーサー往復書簡集

C.オッフェ／野口雅弘 訳　2000円
アメリカの省察
トクヴィル・ウェーバー・アドルノ

A.ランコフ／下斗米伸夫・石井知章 訳　3300円
スターリンから金日成へ
北朝鮮国家の形成　1945〜1960年

李東俊 著　6000円
未完の平和
米中和解と朝鮮問題の変容　1969〜1975年

李昊宰／長澤裕子 訳　7300円
韓国外交政策の理想と現実
李承晩外交と米国の対韓政策に対する反省

小菅信子・H.ドブソン 編著　5200円
戦争と和解の日英関係史

M.カルドー／山本武彦・宮脇昇・木村真紀・大西崇介 訳　2800円
グローバル市民社会論
戦争へのひとつの回答

M.カルドー／山本武彦・宮脇昇・野崎孝弘 訳　3600円
「人間の安全保障」論
グローバル化と介入に関する考察